LA GRANDE DÉSILLUSION

Globalisation

1)- Social & Cultural : UNESCO, OMS, ONU..., Greenpace

2)- ECONOMIC & FINANCIAL : IMF, WORLBANK, IFC

3)- TRADE : OMC (1995 replace GATT) (Competitive Advantage)

1) OK

pb 2) → idéologie ultra liberale : open financial market

IMF → Keynesian principles but do contrary
↓ Austerity when recession!
Stabilize World Eco ≠ Open Fin Mkt
↓
Apply experience in Latin America to world
Consensus Washington in 80's
↳ Austerity, liberalization, Privatization

3) OMC - Seattle : Anti Mondialisaⁿ
↳ Unilatérale : Pays Riches veulent ouverture mais protègent & subventionnent

défendent { intérêts privés parfois
vision du Treasury US

Néolibéralisme/ idéologie de Marché (Adam Smith) marche ssi
- information & concurrence parfaite
→ juste equilibre entre Etat & Marché (justice sociale)
institutions, éducation, santé, emploi, concurrence

privatisation : → d'abord privatiser bq sinon invt improductifs
→ mettre en place concurrence pas monopoles ou oligarchies privées & corrompues.
→ créer instit² juridiques garantit propt privée
→ pression fiscale

China : Kenneth Arrow Stanford

Mondialisation doit apporter bienfaits
population : santé, travail, condn vie
environnement
démocratie
commerce équitable & dévt durable

Pas de preuve bienfaits libéralisation totale Mché financier
- Même US réglementé → Glass Stegall until Clinton
- Faillite Caisse d'épargne US : 80's
- Europe → Controle Change → 70's
↳ impose mesures que US/EU rejettent pour leurs éco → impose aux pays en dévelopt

Eco marché cyclique avec crise
- l'Etat a un rôle stabilisateur, incitatif à la croissance et justice sociale

Crise Asie : sauvetage sert à rembourser bq étrangère et soutenir taux de change inutilement alors que devrait maintenir flux de crédit à taux bas pour soutenir la croissance

Short term loans → all kind of loans, even long-term fixed if break covenants → prepay
only long-term → bonds & stock financing

Joseph E. Stiglitz
Prix Nobel d'économie

LA GRANDE DÉSILLUSION

Traduit de l'anglais (américain)
par Paul Chemla

Fayard

Titre original :
Globalization and Its Discontents

À ma mère et à mon père, qui m'ont enseigné la conscience et la raison, et à Anya, qui a fait le lien et bien plus.

Remerciements

La liste des personnes auxquelles je dois beaucoup, sans lesquelles je n'aurais pu écrire ce livre, est sans fin. Le président Bill Clinton et le président de la Banque mondiale James Wolfensohn, en me donnant l'occasion de servir mon pays et les peuples en développement, m'ont aussi donné celle, relativement rare pour un universitaire, d'entr'apercevoir la façon dont se prennent des décisions déterminantes pour notre vie à tous. Ma dette est grande envers des centaines de collaborateurs de la Banque mondiale, non seulement pour les discussions animées que nous avons eues au fil des ans sur tous les problèmes évoqués dans ce livre, mais pour l'expérience de terrain, accumulée pendant des années, qu'ils ont bien voulu partager avec moi. Ils ont aussi contribué à organiser les nombreux voyages qui m'ont permis d'observer directement, d'un point de vue privilégié, ce qui se passait dans les pays en développement. J'hésite à citer des noms de peur de me montrer injuste envers d'autres, mais je manquerais à tous mes devoirs si je n'exprimais pas ma gratitude à certains au moins de ceux avec qui j'ai coopéré très étroitement, et notamment à Masood Ahmed, Lucie Albert, Amar Bhattacharya, François Bourguignon, Gérard Caprio, Ajay Chhibber, Uri Dadush, Carl Dahlman, Bill Easterly, Giovanni Ferri, Coralie Gevers, Noemi Giszpenc, Maria Ionata, Roumeen Islam, Anupam Khanna, Lawrence MacDonald, Ngozi Ojonjo-Iweala, Guillermo Perry, Boris Pleskovic, Jo Ritzen, Halsey Rogers, Lyn Squire, Vinod Thomas, Maya Tudor, Mike Walton, Shahid Yusuf et Hassan Zaman.

J'aimerais aussi remercier d'autres membres du personnel de la Banque mondiale : Martha Ainsworth, Myrna Alexander,

Shaida Badiee, Stijn Claessens, Paul Collier, Kemal Dervis, Dennis de Tray, Shanta Devarajan, Ishac Diwan, David Dollar, Mark Dutz, Alan Gelb, Isabel Guerrero, Cheryl Gray, Robert Holzman, Ishrat Husain, Greg Ingram, Manny Jimenez, Mats Karlsson, Danny Kaufman, Ioannis Kessides, Homi Kharas, Aart Kray, Sarwar Lateef, Danny Leipzinger, Brian Levy, Johannes Linn, Oey, Astra Meesook, Jean-Claude Milleron, Pradeep Mitra, Mustapha Nabli, Gobind Nankani, John Nellis, Akbar Noman, Fayez Omar, John Page, Guy Pfeffermann, Ray Rist, Christof Ruehl, Jessica Seddon, Marcelo Selowski, Jean-Michel Sévérino, Ibrahim Shihata, Sergio Shmuckler, Andres Solimano, Eric Swanson, Marilou Uy, Tara Viswanath, Debbie Wetzel, David Wheeler et Roberto Zagha.

J'ai beaucoup appris aussi de membres des autres organisations économiques internationales avec lesquels j'ai discuté des nombreux problèmes analysés dans ce livre – dont Ruben Recupero à la CNUCED (Conférence des Nations unies sur le commerce et le développement), Marc Malloch-Brown au PNUD, Enrique Iglesias, Nancy Birdsall et Ricardo Haussman à la Banque de développement inter-américaine, Jacques de Larosière, ancien président de la Banque européenne pour la reconstruction et le développement, et bien d'autres dans les bureaux régionaux de l'ONU et les Banques de développement asiatique et africaine. Après mes collègues de la Banque mondiale, c'est peut-être avec les membres des services du FMI que j'ai le plus dialogué et, si l'on verra clairement au fil des pages que j'ai souvent été en désaccord avec leurs politiques et leurs méthodes, les longues discussions que nous avons eues ont été pour moi très enrichissantes. Elles m'ont permis notamment de mieux comprendre leur état d'esprit. Je tiens à le dire clairement : même si je suis extrêmement critique à leur égard, je sais aussi qu'ils travaillent énormément, dans des conditions difficiles, et qu'ils sont prêts, au niveau personnel, à engager des discussions bien plus libres et ouvertes qu'ils ne peuvent le faire dans le cadre de leurs fonctions officielles.

J'exprime aussi ma gratitude aux nombreux responsables des pouvoirs publics des pays en développement – des grands comme la Chine et l'Inde aux petits comme l'Ouganda et la

Bolivie –, aux chefs d'État et Premiers ministres, ministres des Finances et gouverneurs de banques centrales, ministres de l'Éducation et autres membres des gouvernements, qui ont accepté de prendre sur leur temps pour s'entretenir avec moi de la façon dont ils voient leur pays et des problèmes et frustrations auxquels ils sont confrontés. Au cours de nos longues conversations, ils m'ont souvent parlé confidentiellement. Beaucoup, comme l'ancien Premier ministre de la République tchèque Vaclav Klaus, vont être en désaccord avec une bonne partie de ce que j'écris, mais nos discussions ont tout de même été pour moi très instructives. D'autres, comme Andreï Illarionov, aujourd'hui premier conseiller économique de Vladimir Poutine, Grzegorz W. Kolodko, ancien vice-Premier ministre et ministre des Finances de Pologne, Meles Zanawi, Premier ministre d'Éthiopie, ou Yoweri Museveni, président de l'Ouganda, vont approuver nombre de mes propos, voire presque tous. Certains membres des organisations économiques internationales qui m'ont aidé m'ont aussi demandé de ne pas les remercier, et j'ai respecté leur souhait.

Si j'ai passé une grande partie de mon temps à m'entretenir avec des membres de gouvernement, j'ai eu également l'occasion de rencontrer de nombreux responsables d'entreprise qui ont pris sur leur temps, eux aussi, pour m'expliquer leurs problèmes et me donner leur interprétation de ce qui se passait dans leur pays. Il est certes difficile de mettre en avant l'un d'entre eux, mais je tiens à mentionner Howard Golden, car les récits détaillés qu'il m'a faits de ses expériences dans de très nombreux pays m'ont été particulièrement précieux.

En tant qu'universitaire, j'avais mes propres entrées dans les pays que je visitais, ce qui me permettait d'entendre des points de vue qui n'étaient pas dictés par des « positions officielles ». Ce livre doit beaucoup à ce réseau planétaire d'enseignants du supérieur, qui est l'une des manifestations les plus salubres de la mondialisation. J'ai une gratitude particulière envers mes collègues de Stanford, Larry Lau, qui dirigeait à l'époque le Centre Asie-Pacifique, Masa Aoki, aujourd'hui directeur de la recherche au ministère de l'Économie et du Commerce international du Japon, et Yingi Qian, non seulement pour les analyses pénétrantes sur l'Asie dont ils m'ont fait part, mais pour les nombreuses portes qu'ils m'ont ouvertes. Au fil des ans, des collègues universitaires et anciens étudiants comme Jungyoll Yun en Corée, Mrinal Datta Chaudhuri en Inde, K.S. Jomo en Malaisie, Justin Lin en Chine et Amar Siamwalla en Thaïlande m'ont aidé à mieux voir et à mieux comprendre leur pays.

Mes années trépidantes à la Banque mondiale et au Council of Economic Advisers ont été suivies par une période plus réfléchie d'enseignement et de recherche. Je remercie la Brookings Institution, l'université de Stanford, l'université Columbia – ainsi que mes étudiants et collègues au sein de ces institutions – pour des débats d'un intérêt inestimable sur les idées exprimées dans ce livre. Je dois beaucoup aussi à mes associés Ann Florini et Tim Kessler, qui ont œuvré avec moi à créer l'Initiative for Policy Dialogue, d'abord basée à l'université de Stanford et au Carnegie Endowment for Peace, et aujourd'hui installée à l'université Columbia (www.gsb.edu/ipd), pour promouvoir le débat démocratique informé sur des politiques alternatives que j'appelle de mes vœux dans cet ouvrage. Au cours de cette période, j'ai aussi reçu un soutien financier des fondations Ford, Macarthur et Rockefeller, du PNUD et de l'Agence du développement international du Canada.

Bien que j'aie écrit ce livre en m'appuyant essentiellement sur mes expériences personnelles, celles-ci ont été amplifiées non seulement par mes collègues mais par de très nombreux journalistes. L'un des thèmes de l'ouvrage – et j'espère qu'il rencontre un certain écho – est l'importance du libre accès à l'*information*. Si nombre des problèmes évoqués ici se sont produits, c'est parce que trop de décisions se prennent à huis clos. J'ai toujours été persuadé qu'une presse libre et active constitue un moyen essentiel pour contrôler ces abus et qu'elle est nécessaire à la démocratie. De nombreux journalistes avec lesquels j'ai été en contact régulier se sont consacrés à cette mission. Ils m'ont beaucoup appris, car nous avons partagé nos interprétations des événements en cours. Je devrais exprimer ma reconnaissance à un grand nombre d'entre eux mais, là encore, je ne me risquerai à en citer que deux ou trois : Chrystia Freeland, qui m'a considérablement aidé pour le chapitre sur la

Russie ; Paul Blustein et Mark Clifford, pour leurs précieuses analyses sur l'expérience de l'Asie orientale.

L'économie est la science des choix. Étant donné la richesse des analyses et de l'information, sur des sujets aussi compliqués et fascinants que ceux que j'évoque ici on pourrait écrire des volumes. Ce fut malheureusement l'un de mes gros problèmes dans la rédaction de ce livre : il a fallu restructurer les volumes que j'ai effectivement écrits en un récit beaucoup plus court. J'ai dû laisser de côté une partie des idées et glisser sur certaines nuances, malgré toute l'importance qu'elles revêtent à mes yeux. J'avais l'habitude de deux formes d'écriture : les gros ouvrages universitaires sérieux et les brefs exposés de vulgarisation. Ce livre relève pour moi d'un genre nouveau. Il n'aurait pu être publié sans les efforts inlassables d'Anya Schiffrin, qui a passé des mois à m'aider à l'écrire et à le réviser, et qui m'a aussi aidé à faire les choix difficiles, si pénibles qu'ils aient pu parfois me paraître. Drake McFeely – mon éditeur depuis vingt ans – n'a cessé de m'encourager et de me soutenir. Les corrections de Sarah Stewart ont été admirables, Jim Wade a travaillé sans répit pour mettre au point le manuscrit final et Eve Lazovitz m'a accordé un important soutien à diverses étapes cruciales.

Nadia Roumani a été mon bras droit pendant des années. Sans elle, rien ne serait possible. Sergio Godoy et Monica Fuentes ont consciencieusement vérifié les faits et récolté les statistiques dont j'avais besoin. Leah Brooks m'a considérablement aidé pour les premières rédactions. Niny Khor et Ravi Singh, mes assistants de recherche à Stanford, ont beaucoup travaillé sur l'avant-dernière version.

Cet ouvrage s'appuie sur un corpus considérable de travaux académiques, tant les miens, réalisés en coopération avec un grand nombre de coauteurs, que ceux d'autres chercheurs, eux aussi trop nombreux pour être cités. J'ai également bénéficié d'innombrables discussions avec des collègues du monde entier. Je me dois de mentionner le professeur Robin Wade, de la London School of Economics, ex-membre de l'équipe de la Banque mondiale, qui a étudié en profondeur dans ses écrits non seulement les problèmes généraux des institutions économiques internationales, mais aussi plusieurs thèmes particuliers abordés ici, dont l'Asie orientale et l'Éthiopie. La transition du communisme à l'économie de marché est un sujet qui suscite depuis quinze ans le très vif intérêt des économistes universitaires. Janos Kornai, notamment, m'a fait profiter de ses analyses ; je tiens aussi à mentionner quatre autres spécialistes de premier plan : Peter Murrell, Jan Svejnar, Marshall Goldman et Gérard Roland. Ce livre (c'est l'un de ses thèmes centraux) valorise le débat ouvert, et j'ai beaucoup appris en lisant ceux avec lesquels je suis parfois – souvent, peut-être – en désaccord sur l'interprétation des événements, et en discutant avec eux. Je pense en particulier à Richard Layard, Jeff Sachs, Anders Aslund et Andreï Shleifer. J'ai aussi bénéficié de discussions avec un très grand nombre d'universitaires des économies en transition, dont Oleg Bogomolov et Stanislav Menchikov en Russie.

Steve Lewis, Peter Eigen et Charles Harvey m'ont fait part de leurs analyses sur le Botswana, fondées sur leur expérience directe, et Charles Harvey m'a remis un commentaire détaillé du chapitre 2. Au fil des ans, j'ai été particulièrement stimulé dans ma réflexion par le travail et les discussions avec Nick Stern (qui m'a succédé à la Banque mondiale après avoir été économiste en chef à la BERD), Partha Dasgupta, Ravi Kanbur (qui a eu la responsabilité du très important *Rapport sur le développement dans le monde 2001* consacré à la pauvreté, entamé alors que j'étais encore économiste en chef de la Banque mondiale), Avi Braverman (aujourd'hui président de l'université Ben-Gourion, mais longtemps chercheur à la Banque mondiale), Karla Hoff, Raaj Sah, David Bevan, Mark Gersovitz, David Newbery, Jim Mirrlees, Amartya Sen et David Ellerman. J'ai une dette particulière envers Andy Weiss pour sa connaissance pratique des problèmes de la transition, ses analyses empiriques des conséquences de la privatisation et son point de vue d'ensemble sur les imperfections des marchés des capitaux. Mon travail antérieur sur l'Asie orientale pour la Banque mondiale, réalisé avec Marilou Uy, en collaboration avec Howard Pack, Nancy Birdsall, Danny Leipzinger et Kevin Murdoch, entre autres, m'a donné sur la région des connaissances précises qui m'ont bien servi pour comprendre la crise quand elle s'est produite. Je suis spécialement reconnaissant à Jason Furman, qui a travaillé avec moi tant à la Maison-Blanche qu'à la Banque mondiale, pour tout son travail, mais en particulier celui qu'il a accompli sur l'Asie orientale et la critique du consensus de Washington. Je remercie également Hall Varian pour avoir suggéré le titre anglais de l'ouvrage. Le lecteur de cet ouvrage y verra clairement aussi l'influence des idées sur l'information imparfaite et les marchés – centrales pour comprendre comment fonctionne toute économie de marché, mais en particulier celles des pays en développement. Mon travail avec Carl Shapiro, Michael Rothschild, Sandy Grossman, Steve Salop et Richard Arnott m'a aidé dans mes analyses sur le chômage, les imperfections des marchés des capitaux, les limitations à la concurrence, l'importance – et les limites – des institutions. Et, à la fin de cette longue liste, il y a toujours Bruce Greenwald, mon collaborateur et ami depuis plus de vingt-cinq ans.

Préface

En 1993, j'ai quitté l'université pour le Council of Economic Advisers (CEA) du président Bill Clinton – il s'agit d'un comité de trois experts nommés par le Président pour conseiller en matière économique les institutions du pouvoir exécutif américain. Après tant d'années d'enseignement et de recherche, c'était la première fois que je m'aventurais vraiment dans le monde des décideurs – pour être précis : dans la politique. Puis, en 1997, je suis entré à la Banque mondiale, où j'ai occupé les fonctions de premier vice-président et économiste en chef pendant environ trois ans, avant de la quitter en janvier 2000. Je n'aurais pu choisir époque plus fascinante. Les sept années que j'ai passées à Washington m'ont mis en situation exceptionnellement favorable pour observer la transition en Russie et la crise financière qui, partie d'Asie orientale en 1997, a fini par s'étendre au monde entier. Je me suis toujours intéressé au développement économique, et ce que j'ai vu a changé radicalement mes idées sur le sujet, et sur la mondialisation. J'écris ce livre parce que j'ai directement constaté, quand j'étais à la Banque mondiale, l'impact dévastateur que peut avoir la mondialisation sur les pays en développement, et d'abord sur leurs populations pauvres. Je suis persuadé que la mondialisation – la suppression des entraves au libre-échange et l'intégration des économies nationales grâce à l'action d'une série d'institutions conçues pour amener la croissance économique à tous – peut être une force bénéfique, qu'elle est *potentiellement* capable d'enrichir chaque habitant de la planète, en particulier les pauvres. Mais je suis convaincu aussi que, pour qu'elle le fasse réellement, la façon dont on l'a gérée doit être radicalement revue. Notamment les accords commerciaux internationaux qui ont tant fait pour supprimer les entraves, et les politiques qu'on a imposées aux pays en développement dans le cadre de la mondialisation.

En tant que professeur, j'ai consacré beaucoup de temps à la recherche et à la réflexion rigoureuse sur les problèmes économiques et sociaux dont je me suis occupé pendant ces sept ans à Washington. Il me paraît important de les aborder sans passion. En laissant de côté l'idéologie, en examinant les faits pour déterminer le meilleur parti à prendre. Durant mon séjour à la Maison-Blanche en qualité de membre, puis de président du Council of Economic Advisers, et à la Banque mondiale, j'ai malheureusement constaté – ce n'était évidemment pas une surprise – que les décisions étaient souvent prises sur des bases idéologiques et politiques. D'où de nombreuses initiatives malvenues, bien incapables de résoudre les problèmes mais conformes aux intérêts ou aux convictions des dirigeants. L'intellectuel français Pierre Bourdieu a conseillé aux responsables politiques d'agir davantage en universitaires – d'engager un débat scientifique fondé sur les faits et les chiffres. Hélas, on voit trop souvent le contraire : les universitaires qui font des recommandations se politisent, ils déforment les réalités en fonction des idées chères aux dirigeants politiques.

Si ma carrière académique ne m'avait pas préparé à tout ce que j'ai rencontré à Washington, elle m'avait du moins formé professionnellement. Avant d'entrer à la Maison-Blanche, j'avais réparti mon temps de recherche et d'écriture entre l'économie mathématique abstraite (dont j'ai contribué à développer une branche, baptisée depuis « économie de l'information ») et certains domaines de l'économie appliquée, en particulier le secteur public, le développement et la politique monétaire. J'ai passé plus de vingt-cinq ans à écrire sur des sujets comme la faillite, la « gouvernance d'entreprise », l'ouverture et l'accès à l'information (ce que les économistes appellent la « transparence »). Autant de problèmes cruciaux dans le déclenchement de la crise financière mondiale en 1997.

Je participe aussi depuis près de vingt ans à des débats sur la transition des économies communistes vers l'économie de marché. Mon expérience en la matière a débuté en 1980 : j'en ai discuté pour la première fois avec les dirigeants chinois quand la Chine a commencé à s'orienter dans ce sens. J'ai fermement soutenu l'approche gradualiste qu'ils ont adoptée, et qui prouve ses mérites depuis deux décennies. Et j'ai durement critiqué les stratégies de réforme extrémistes, comme la « thérapie de choc », qui ont si misérablement échoué en Russie et dans d'autres pays nés de l'ex-Union soviétique.

Pour le développement, mon engagement remonte encore plus loin : aux années 1969-1971, quand je travaillais en tant qu'universitaire au Kenya, indépendant depuis peu (1963). Certains de mes ouvrages théoriques les plus importants ont été inspirés par ce que j'y ai vu. Je savais le Kenya confronté à de redoutables défis, mais j'espérais que l'on allait pouvoir faire quelque chose pour améliorer le sort des milliards de personnes en ce monde qui, comme les Kenyans, vivaient dans l'extrême pauvreté. Si, en tant que discipline, l'économie peut paraître sèche et ésotérique, le fait est que des politiques économiques judicieuses peuvent changer la vie des pauvres. J'estime que les gouvernements doivent – et peuvent – adopter des orientations qui aident leurs pays à se développer, mais qui assurent aussi un partage plus équitable des fruits de la croissance. Pour ne citer qu'un seul exemple, je crois à la privatisation (la vente des monopoles d'État à des sociétés privées), mais seulement si elle aide ces entreprises à devenir plus efficaces et à baisser les prix qu'elles demandent aux consommateurs. Il y a plus de chances de les voir évoluer dans ce sens si le marché est concurrentiel, et c'est l'une des raisons pour lesquelles je suis favorable à des mesures fortes pour stimuler la concurrence.

Tant à la Banque mondiale qu'à la Maison-Blanche, les politiques que j'ai préconisées étaient étroitement liées à mon travail antérieur en économie, largement théorique, lequel porte en grande partie sur les « imperfections du marché » – les raisons pour lesquelles les marchés ne fonctionnent pas aussi parfaitement que l'affirment les modèles simplistes fondés sur les postulats de la concurrence et de l'information parfaites. Je me suis aussi inspiré de mes travaux sur l'économie de l'information, notamment sur les *asymétries de l'information*, le différentiel d'information entre le salarié et l'employeur, l'emprunteur et le prêteur, l'assuré et la compagnie d'assurances. Des asymétries de ce genre sont omniprésentes dans toutes les économies. Ces travaux ont posé les bases de théories plus réalistes du marché du travail et des marchés financiers, en expliquant, par exemple, pourquoi il y a du chômage, et pourquoi le crédit est souvent rare quand on en a le plus besoin – pourquoi il y a, dit le jargon, « rationnement du crédit ». Les modèles standard que les économistes utilisaient depuis des générations soutenaient soit que les marchés fonctionnent parfaitement – ils niaient alors jusqu'à l'existence du chômage –, soit que l'unique raison du chômage est le niveau trop élevé des salaires, d'où l'évidence du remède : les réduire. L'économie de l'information, grâce à de meilleures analyses des marchés des biens, des capitaux et du travail, a permis de construire des modèles macroéconomiques qui ont fondé une analyse bien plus approfondie du chômage et ont expliqué les fluctuations – les récessions et dépressions – qu'a connues le capitalisme depuis ses débuts. Ces théories ont des conséquences pratiques fortes, dont certaines sont évidentes pour la quasi-totalité de ceux qui sont en contact avec le monde réel : chacun sait par exemple que, si l'on porte les taux d'intérêt à un niveau exorbitant, les entreprises très endettées risquent de faire faillite et que ce sera mauvais pour l'économie. Je croyais que les prescriptions qui en découlaient étaient évidentes aussi. Or elles se heurtaient à celles que préconisait si souvent, et avec tant d'insistance, le Fonds monétaire international.

Les prescriptions du FMI, en partie fondées sur l'hypothèse dépassée selon laquelle le marché aboutit spontanément aux résultats les plus efficaces, n'autorisent pas les interventions souhaitables de l'État sur le marché : les mesures qui peuvent guider la croissance économique et améliorer le sort de *tous*. Ce qui est en cause, donc, dans la plupart des affrontements que je vais rapporter, ce sont des *idées*, et les conceptions du rôle de l'État qui en découlent.

Si certaines idées ont beaucoup contribué à orienter mes prescriptions pour le développement, la gestion des crises et la transition, elles sont également au cœur de ma pensée sur la réforme des institutions internationales qui sont censées promouvoir le développement, gérer les crises et faciliter la transition. Mes recherches m'ont rendu particulièrement attentif aux conséquences du manque d'information. J'ai été heureux de voir combien on a souligné, pendant la crise financière de 1997-1998, l'importance de la transparence, mais attristé par l'hypocrisie des institutions – le FMI et le département du Trésor des États-Unis – qui la réclamaient en Asie : elles comptaient elles-mêmes parmi les moins transparentes que j'aie jamais connues dans la vie publique. C'est pourquoi j'insiste tant sur la nécessité d'accroître la transparence de ces institutions, de mieux informer les citoyens sur ce qu'elles font et de donner à ceux qui vont subir les effets de leurs décisions la possibilité d'intervenir davantage dans la conception de ces mesures. Mon analyse du rôle de l'information dans les institutions *politiques* découle tout naturellement de mon travail antérieur sur son rôle en économie.

L'un des côtés excitants de mon expérience à Washington, c'est qu'elle m'a donné l'occasion de mieux comprendre comment fonctionne l'État, mais aussi de promouvoir certains points de vue auxquels avaient abouti mes recherches. En tant que président du Council of Economic Advisers sous Clinton, je me suis efforcé, par exemple, d'élaborer une politique et une philosophie économiques qui envisageaient l'État et les marchés dans un rapport de complémentarité, de partenariat, et qui admettaient que, si les marchés sont au centre de l'économie, l'État aussi a un rôle à jouer, limité mais important. J'avais étudié les insuffisances des marchés *et* celles de l'État, et je n'avais pas la naïveté de croire que l'État pouvait pallier toutes les lacunes des marchés. Je n'étais pas non plus fou au point d'imaginer que les marchés allaient résoudre par eux-mêmes l'ensemble des problèmes sociaux. L'inégalité, le chômage, la pollution : sur ces plans-là, l'État avait une place importante à tenir. J'avais travaillé à l'initiative « Réinventer l'État » – le rendre plus efficace et plus ouvert au dialogue. J'avais vu les domaines où il n'était ni l'un ni l'autre, j'avais compris combien il était difficile à réformer, mais j'avais compris aussi qu'il était possible de l'améliorer, si peu que ce fût. Quand je suis passé à la Banque mondiale, j'espérais appliquer ce point de vue équilibré, et tout ce que j'avais appris, aux problèmes infiniment plus redoutables qu'affrontait le monde en développement.

Au sein de l'administration Clinton, j'avais adoré les débats politiques, dans lesquels j'avais parfois gagné, parfois perdu. En ma qualité de membre du cabinet du président, j'étais bien placé non seulement pour les observer et voir comment les problèmes étaient tranchés, mais aussi, notamment s'ils touchaient à l'économie, pour y participer. Je savais bien que, si les idées sont importantes, la politique compte également, et ma tâche consistait en partie à persuader les autres que mes propositions n'étaient pas seulement économiquement souhaitables mais encore de bonne politique. Or, quand je suis passé à l'international, j'ai découvert que la prise de décision n'était régie par aucun de ces deux facteurs, en particulier au Fonds monétaire international. Elle était fondée, semblait-il, sur un curieux mélange d'idéologie et de mauvaise économie, un dogme qui parfois dissimulait à peine des intérêts privés. Quand les crises frappaient, le FMI prescrivait des solutions certes « standard », mais archaïques et inadaptées, sans tenir compte des effets qu'elles auraient sur les habitants des pays auxquels on disait de les appliquer. J'ai rarement vu réaliser des études prévisionnelles de leur impact sur la pauvreté. J'ai rarement vu des débats et des analyses réfléchies sur les effets d'autres orientations possibles. Il y avait une ordonnance et une seule. On ne cherchait pas d'avis différents. Le débat franc et ouvert était découragé – on ne lui faisait aucune place. L'idéologie guidait la prescription, et les pays étaient censés suivre sans discussion la ligne du FMI.

Ces façons d'agir m'atterraient. Pas seulement parce qu'elles donnaient souvent de mauvais résultats. Elles étaient antidémocratiques. Dans notre vie privée, jamais nous n'appliquerions aveuglément une idée sans chercher à prendre d'autres avis. Or nous disions aux pays du monde entier d'agir exactement ainsi. Les problèmes des pays en développement sont difficiles, et le FMI est souvent sollicité dans les pires situations, quand il y a crise. Mais ses remèdes ont échoué aussi souvent – ou même plus souvent – qu'ils n'ont réussi. Ses politiques d'ajustement structurel (les mesures censées aider un pays à s'ajuster face à des crises et à des déséquilibres chroniques) ont provoqué dans de nombreux cas des famines et des émeutes ; et même quand leurs effets n'ont pas été aussi terribles, même quand elles ont réussi à susciter une maigre croissance pour un temps, une part démesurée de ces bénéfices est souvent allée aux milieux les plus riches de ces pays en développement, tandis qu'au bas de l'échelle la pauvreté s'était parfois aggravée. Mais ce qui me paraissait stupéfiant, c'est que, chez beaucoup de hauts dirigeants du FMI et de la Banque mondiale, ceux qui prenaient les décisions cruciales, il n'y avait pas le moindre doute sur le bien-fondé de ces politiques. Des doutes, il y en avait, certes, chez les gouvernants des pays en développement. Cependant, beaucoup craignaient tant de risquer de perdre les financements du FMI, et avec eux bien d'autres fonds, qu'ils les exprimaient avec la plus grande prudence – quand ils le faisaient –, et seulement en privé. Mais, si personne ne se réjouissait des souffrances qui accompagnaient souvent les plans du Fonds monétaire international, à l'intérieur de l'institution on postulait simplement que c'était l'une des expériences douloureuses par où un pays doit nécessairement passer pour devenir une économie de marché prospère, et que les mesures du FMI allaient en fin de compte alléger les épreuves que ce pays aurait à affronter à long terme.

Il est hors de doute qu'une certaine souffrance était inévitable, mais, à mon sens, celle qu'ont subie les pays en développement dans le processus de mondialisation tel qu'il a été dirigé par le FMI et par les autres institutions économiques internationales a été de loin supérieure au nécessaire. Le choc en retour contre la mondialisation doit sa force à la prise de conscience de deux phénomènes : les ravages qu'ont opérés dans ces pays des politiques inspirées par l'idéologie, mais aussi les injustices du système commercial mondial. Peu de gens aujourd'hui – sauf ceux qui bénéficient personnellement de l'exclusion des produits des pays pauvres – défendent cette grande hypocrisie : on prétend aider les pays en développement alors qu'on les force à ouvrir leurs marchés aux produits des pays industriels avancés, qui eux-mêmes continuent à protéger leurs propres marchés. Ces politiques sont de nature à rendre les riches encore plus riches, et les pauvres encore plus pauvres – et plus furieux.

L'agression barbare du 11 septembre 2001 nous a rappelé avec force que nous partageons tous une même planète. Nous sommes une communauté mondiale, et, comme toutes les communautés, il nous faut respecter des règles pour pouvoir vivre ensemble. Elles doivent être équitables et justes, et cela doit se voir clairement. Elles doivent accorder toute l'attention nécessaire aux pauvres comme aux puissants, et témoigner d'un sens profond de l'honnêteté et de la justice sociale. Dans le monde d'aujourd'hui, elles doivent être fixées par des procédures démocratiques. Les règles qui régissent le fonctionnement des autorités et institutions de gouvernement doivent garantir qu'elles prêtent l'oreille et qu'elles répondent aux désirs et aux besoins de tous ceux qu'affectent les mesures et les décisions qu'elles prennent.

Ce livre est fondé sur mon expérience. Il est loin d'être aussi riche en notes et en citations que le serait un travail de recherche universitaire. J'ai voulu décrire les événements dont j'ai été témoin et rapporter ce que j'ai entendu. Cet ouvrage ne contient pas de révélations explosives, on n'y trouvera pas les preuves formelles d'une odieuse conspiration de Wall Street et du FMI pour faire main basse sur la planète. Je ne crois pas à l'existence d'un tel complot. La vérité est plus subtile : souvent, dans les débats auxquels j'ai participé, c'est le ton d'une intervention, une réunion à huis clos, un mémorandum qui ont décidé de l'issue. Beaucoup de ceux que je critique vont dire que je me suis trompé. Peut-être produiront-ils même des preuves pour contredire ma version des faits. Mais toute histoire a de multiples faces, et je ne peux offrir ici que l'interprétation que je fais de ce que j'ai vu.

Quand je suis entré à la Banque mondiale, j'avais l'intention de consacrer l'essentiel de mon temps aux questions du développement et aux problèmes des pays qui s'efforcent de réussir leur transition vers l'économie de marché. Mais la crise financière mondiale et les débats sur la réforme de l'architecture économique internationale – le « système directeur » de la vie économique et financière internationale –, pour rendre la mondialisation plus humaine, efficace et équitable, en ont occupé une large part. J'ai visité des dizaines de pays dans le monde entier et discuté avec des milliers de personnes – hauts responsables, ministres des Finances, gouverneurs de banque centrale, universitaires, praticiens du développement, membres d'organisations non gouvernementales, banquiers, entrepreneurs, étudiants, militants politiques, agriculteurs. J'ai rendu visite à des guérilleros islamistes à Mindanao (île des Philippines depuis longtemps en état de rébellion), cheminé dans l'Himalaya pour aller voir de lointaines écoles du Bhoutan ou un projet d'irrigation dans un village népalais, constaté le succès des programmes de crédit rural pour mobiliser les femmes au Bangladesh, et celui des plans de réduction de la pauvreté dans les villages de certaines des régions montagneuses les plus déshéritées de Chine. J'ai vu l'histoire en train de se faire, et j'ai beaucoup appris. Je vais m'efforcer de distiller dans cet ouvrage l'essentiel de ce que j'ai vu et compris.

J'espère que mon livre ouvrira un débat. Et pas seulement à huis clos, au sein des gouvernements et des institutions internationales, ni même dans le cadre plus ouvert des universités. Tous ceux qui vont ressentir dans leur vie les effets des décisions à venir sur la mondialisation ont le droit d'y participer. Et ils ont le droit de savoir comment ces décisions ont été prises jusqu'à présent. Cet ouvrage apportera, à tout le moins, davantage d'informations sur les événements de la décennie écoulée. Une information plus riche devrait conduire à de meilleures politiques, et celles-ci à de meilleurs résultats. S'il en va bien ainsi, j'aurai le sentiment d'avoir fait œuvre utile.

1

La promesse des institutions internationales

Voici les bureaucrates internationaux, symboles sans visage de l'ordre économique mondial, partout assaillis. Les réunions autrefois bien ternes de ces obscurs technocrates, sur des sujets aussi peu exaltants que les prêts concessionnels et les quotas, sont devenues le théâtre de combats de rue acharnés et de gigantesques manifestations. Celles qui ont accompagné l'assemblée de l'Organisation mondiale du commerce (OMC) à Seattle en 1999 ont été un choc. Depuis, le mouvement s'est encore étendu et la fureur aussi. Pratiquement toutes les réunions importantes du Fonds monétaire international, de la Banque mondiale et de l'Organisation mondiale du commerce donnent lieu désormais à des affrontements, à des troubles. La mort d'un manifestant à Gênes en 2001 n'est-elle qu'un début ? La guerre contre la mondialisation fera-t-elle d'autres victimes ?

Manifester contre ce que pensent et font les institutions mondialisatrices n'a rien d'une nouveauté. Cela fait des décennies que, dans le monde en développement, les populations recourent à l'émeute quand les plans d'austérité imposés à leur pays se révèlent trop durs. Mais leurs mouvements sont passés à peu près inaperçus en Occident. Ce qui est nouveau, c'est que la vague des manifestations touche désormais les pays développés.

Autrefois, des questions comme les prêts à l'ajustement structurel (les programmes censés aider les pays à s'ajuster et à résister aux crises) ou les quotas sur les bananes (les limites que certains États européens imposent à l'importation des bananes venues d'autres pays que leurs ex-colonies) intéressaient fort peu de gens. Aujourd'hui, dans les banlieues, des jeunes de seize ans ont des opinions bien arrêtées sur des traités comme le GATT (General Agreement on Tariffs and Trade) ou l'ALENA (Accord de libre-échange nord-américain, signé en 1992 par le Mexique, les États-Unis et le Canada, qui accroît la libre circulation des biens, des services et des investissements – mais pas des personnes – entre ces pays). Les manifestations ont suscité un vaste examen de conscience chez les dirigeants. Même des hommes d'État conservateurs comme le président français Jacques Chirac se sont déclarés inquiets : la mondialisation n'améliore pas le sort de ceux qui ont le plus besoin des bienfaits qu'elle promet[1]. Il est clair pour tout le monde, ou peu s'en faut, que quelque chose a horriblement mal tourné. Subitement, la mondialisation est devenue le problème le plus brûlant de notre époque. On en parle partout : dans les conseils d'administration, les éditoriaux, les écoles du monde entier.

Pourquoi la mondialisation, cette dynamique qui a fait tant de bien, est-elle maintenant si controversée ? S'ouvrir au commerce international a aidé de nombreux pays à se développer beaucoup plus vite. Quand les exportations propulsent la croissance, le commerce extérieur contribue au développement économique. L'élément clef de la politique industrielle qui a enrichi la majeure partie de l'Asie orientale et amélioré le sort de millions de ses habitants, c'est la croissance fondée sur les exportations. Grâce à la mondialisation, beaucoup d'êtres humains dans le monde vivent aujourd'hui plus longtemps, et bien mieux. Les Occidentaux estiment peut-être que les emplois mal payés chez Nike relèvent de l'exploitation mais, pour de nombreux habitants du monde en développement, travailler en usine vaut infiniment mieux que rester à la ferme à faire pousser du riz.

La mondialisation a réduit le sentiment d'isolement qui régnait dans tant de pays pauvres et donné à beaucoup de leurs habitants un accès au savoir très supérieur à celui dont pouvait jouir l'individu le plus riche de n'importe quel pays voilà un siècle. Les manifestations antimondialisation elles-mêmes sont un effet de cette « mise en relation ». Ce sont les liens entre les militants des diverses régions du monde, en particulier ceux qu'ils ont tissés sur Internet, qui ont imposé, à force de pressions, le traité international d'interdiction des mines antipersonnel – en dépit de l'opposition de nombreux États puissants. Signé par 121 pays en 1997, il réduit les risques de voir des enfants et d'autres victimes innocentes se faire mutiler par des mines. De même, une campagne publique bien orchestrée a obligé la communauté internationale à annuler les dettes de certains des pays les plus pauvres. Même quand la mondialisation a des effets négatifs, elle a souvent aussi des côtés positifs. L'ouverture du marché jamaïcain aux exportations de lait des États-Unis, en 1992, a été néfaste pour les producteurs laitiers locaux, mais elle a permis aux enfants pauvres d'avoir du lait meilleur marché. Les firmes étrangères qui prennent pied dans un pays nuisent aux entreprises d'État protégées, mais elles introduisent des technologies nouvelles, ouvrent des marchés, créent des secteurs d'activité.

Malgré tous ses défauts, l'aide internationale, autre dimension de la mondialisation, a bénéficié à des millions de personnes, souvent sous des formes qui sont passées quasi inaperçues. Quand ils ont déposé les armes, des guérilleros philippins ont obtenu des emplois dans le cadre d'un projet financé par la Banque mondiale. Grâce à des programmes d'irrigation, les revenus des cultivateurs qui ont eu la chance d'obtenir de l'eau ont plus que doublé. Des efforts d'éducation ont répandu l'alphabétisation dans des zones rurales. Dans quelques pays, des actions contre le sida ont contribué à contenir la diffusion de cette maladie mortelle.

Ceux qui vilipendent la mondialisation négligent trop souvent ses avantages. Mais ceux qui en chantent les louanges sont encore plus injustes. À leurs yeux, la mondialisation (qu'on associe généralement à l'acceptation d'un capitalisme triomphant de style américain), *c'est* le progrès. Les pays en développement sont tenus de l'admettre s'ils veulent se développer et combattre efficacement la pauvreté. Or, à beaucoup d'habitants du monde en développement, la mondialisation n'a pas apporté les bienfaits promis.

L'écart entre les riches et les pauvres s'élargit, et il condamne toujours plus d'habitants du tiers monde au pire dénuement, avec moins d'un dollar par jour pour vivre. En dépit des promesses de réduction de la pauvreté si souvent réitérées dans la dernière décennie du XXe siècle, le nombre réel des pauvres s'est accru de près de cent millions[2]. Et cela dans une période où, globalement, le revenu mondial a augmenté en moyenne de 2,5 % par an.

En Afrique, les grands espoirs qui avaient suivi les indépendances sont presque entièrement restés lettre morte. Le continent s'enfonce dans la misère. Les revenus s'effondrent, le niveau de vie baisse. Les progrès de l'espérance de vie, durement gagnés au cours des dernières décennies, ont commencé à s'inverser. D'abord à cause du fléau du sida, mais aussi parce que la pauvreté tue. Même des pays qui ont abandonné le socialisme africain, qui ont réussi à mettre en place des États raisonnablement honnêtes, qui ont équilibré leur budget et vaincu l'inflation découvrent qu'il leur est tout simplement impossible d'attirer des investisseurs privés. Et, sans investissements, ils ne peuvent avoir de croissance durable.

Si la mondialisation n'a pas réduit la pauvreté, elle n'a pas non plus assuré la stabilité. Les crises asiatiques et latino-américaines ont menacé l'économie et l'équilibre d'autres pays en développement. On redoute une contagion financière qui toucherait le monde entier, on craint que l'effondrement de la devise d'un marché émergent n'annonce la chute d'autres monnaies. Un moment, en 1997 et 1998, la crise asiatique a paru menacer l'ensemble de l'économie mondiale.

La mondialisation et l'introduction d'une économie de marché n'ont pas produit les effets promis en Russie, ni dans la plupart des autres économies engagées dans la transition du communisme au marché. L'Occident avait dit à ces pays que le nouveau système économique allait leur apporter une opulence sans précédent. Il leur a apporté une pauvreté sans précédent. À bien des égards, et pour la grande majorité des habitants, l'économie de marché s'est révélée encore pire que leurs dirigeants communistes ne l'avaient prédit. On ne saurait concevoir plus frappant contraste qu'entre la transition de la Russie, mise en œuvre par les institutions économiques internationales, et celle de la Chine, conçue par elle-même. En 1990, le PIB de la Chine représentait 60 % de celui de la Russie. Dix ans plus tard, c'est l'inverse. La pauvreté a considérablement augmenté en Russie, considérablement diminué en Chine.

Les adversaires de la mondialisation accusent les pays occidentaux d'hypocrisie. Et ils ont raison. Les États d'Occident ont poussé les pays pauvres à démanteler leurs barrières douanières, mais ils ont conservé les leurs, empêchant ainsi les pays en développement d'exporter leurs produits agricoles et les privant d'un revenu à l'exportation dont ils avaient désespérément besoin. Les États-Unis, bien sûr, ont été l'un des grands coupables, et c'est une question qui me tient à cœur. Quand j'étais président du Council of Economic Advisers, j'ai lutté avec acharnement contre cette hypocrisie. Non seulement elle nuit aux pays en développement, mais elle coûte des milliards de dollars aux Américains, à la fois comme consommateurs, qui paient le prix fort, et comme contribuables, qui financent les énormes subventions. Trop souvent, mes combats ont été vains. Des intérêts commerciaux et financiers particuliers l'ont emporté – et, quand je suis passé à la Banque mondiale, je n'en ai vu que trop clairement les conséquences pour les pays en développement.

Mais, en dehors même de cette hypocrisie, l'Occident a organisé la mise en place de la mondialisation de façon à recevoir une part disproportionnée de ses bénéfices, aux dépens du monde en développement. Pas seulement parce que les pays industriels avancés n'ont pas voulu ouvrir leurs marchés aux produits des pays pauvres – par exemple en maintenant leurs quotas sur une multitude de produits, des textiles au sucre – tout en insistant pour que ces derniers ouvrent leurs marchés aux produits du monde riche. Pas seulement parce qu'ils ont continué à subventionner leur agriculture, ce qui rend bien difficile aux pays en développement de la concurrencer, tout en exigeant que ceux-ci suppriment leurs subventions aux produits industriels. Si l'on observe, après le dernier accord commercial de 1995 (le huitième), ce que sont devenus les « termes de l'échange » – les prix que les pays développés et moins développés obtiennent respectivement pour ce qu'ils produisent –, on constate que son effet *net* a été de réduire les prix des produits de certains des pays les plus pauvres du monde par rapport à ceux qu'ils doivent payer pour leurs importations[3]. L'accord a donc aggravé leur situation.

Les banques occidentales ont tiré profit de l'assouplissement du contrôle sur les marchés des capitaux en Amérique latine et en Asie, mais ces régions ont souffert quand les capitaux spéculatifs qui y avaient afflué s'en sont brusquement retirés. (Il s'agit de flux d'argent qui entrent et sortent d'un pays, souvent du jour au lendemain, sans autre raison que de parier sur l'appréciation ou la dépréciation de sa devise.) Ce reflux brutal a laissé derrière lui des devises effondrées et des systèmes bancaires très affaiblis. L'Uruguay Round a aussi renforcé les droits de propriété intellectuelle : les firmes pharmaceutiques américaines – et plus généralement occidentales – pouvaient désormais empêcher celles de l'Inde et du Brésil de leur « voler » leurs brevets. Mais les médicaments sauvaient des vies, et les sociétés pharmaceutiques des pays en développement les vendaient à leurs habitants bien au-dessous du prix qu'en exigeaient les firmes occidentales. Les décisions prises dans le cadre de l'Uruguay Round étaient donc à double portée. D'une part, les profits des compagnies pharmaceutiques occidentales allaient augmenter. Les partisans de la mesure assuraient que cette hausse inciterait les firmes à innover mais, dans le monde en développement, les profits réalisés sur les ventes n'allaient guère progresser puisque peu de gens pouvaient payer les médicaments; l'effet « incitation » serait donc, dans le meilleur des cas, fort limité. L'autre effet, c'était que des milliers de personnes se trouvaient de fait condamnées à mort car, dans le monde en développement, les États et les particuliers ne pouvaient pas payer les prix élevés qu'on leur demandait. Dans le cas du sida, l'indignation internationale a été telle que les firmes pharmaceutiques ont dû reculer et accepter fin 2001 de baisser leurs prix, de vendre leurs médicaments à prix coûtant. Mais le problème de fond demeure : le droit de la propriété intellectuelle établi par l'Uruguay Round n'est pas équilibré. Il reflète les intérêts et les points de vue des producteurs, qu'il favorise largement aux dépens des utilisateurs, tant dans les peuples développés que dans les pays en développement.

Dans la libéralisation du commerce, mais aussi dans tous les autres domaines de la mondialisation, même des efforts apparemment bien intentionnés ont souvent eu des effets néfastes. Quand des projets agricoles ou d'infrastructure recommandés par l'Occident, conçus sur les conseils d'experts occidentaux et financés par la Banque mondiale ou par d'autres institutions se soldent par un échec, ce sont néanmoins les pauvres du monde en développement qui doivent rembourser les prêts – sauf s'il y a effacement de la dette.

Si, dans trop de cas, les bienfaits de la mondialisation ont été moindres que ne l'affirment ses partisans, le prix à payer a été plus lourd : l'environnement a été détruit, la corruption a gangrené la vie politique et la rapidité du changement n'a pas laissé aux pays le temps de s'adapter culturellement. Les crises, qui ont apporté dans leur sillage le chômage de masse, ont légué des problèmes durables de dissolution sociale – de la violence urbaine en Amérique latine aux conflits ethniques dans d'autres régions du monde comme l'Indonésie.

Tout cela n'est pas nouveau, mais la réaction mondiale – de plus en plus virulente – contre les politiques qui régissent la mondialisation est un immense changement. Pendant des décennies, les cris des pauvres d'Afrique et d'autres régions du monde en développement n'ont pas été entendus en Occident. Ceux qui peinaient dans les pays en développement savaient bien que quelque chose ne tournait pas rond puisqu'ils voyaient les crises financières se multiplier et le nombre de pauvres augmenter. Mais ils n'avaient aucun moyen de changer les règles, ni d'influencer les institutions financières internationales qui les écrivaient. Les esprits attachés à la démocratie voyaient combien la « conditionnalité » – les conditions que les prêteurs internationaux imposaient en échange de leur aide – bafouait la souveraineté nationale. Mais, avant qu'éclatent les manifestations, il n'y avait guère d'espoir de changer les choses, et aucun espace pour se faire entendre. *Certains* manifestants ont commis des excès, *certains* ont réclamé des barrières protectionnistes encore plus hautes contre les pays en développement, ce qui aurait aggravé leurs souffrances, mais, malgré tout, ce sont ces syndicalistes, étudiants, écologistes – ces simples citoyens –, qui, en marchant dans les rues de Prague, de Seattle, de Washington et de Gênes, ont mis l'impératif de la réforme à l'ordre du jour du monde développé.

Les protestataires voient la mondialisation d'un tout autre œil que le secrétaire au Trésor des États-Unis et les ministres du Commerce ou des Finances de la plupart des pays industriels avancés. D'un œil si différent que l'on se demande si manifestants et hommes d'État parlent bien de la même réalité. Ont-ils les mêmes chiffres, les mêmes informations ? Les gouvernants se laissent-ils à ce point aveugler par des intérêts privés ?

Qu'est-ce que cette mondialisation qui inspire simultanément tant de critiques et tant d'éloges ? Fondamentalement, c'est l'intégration plus étroite des pays et des peuples du monde qu'ont réalisée, d'une part, la réduction considérable des coûts du transport et des communications, et, d'autre part, la destruction des barrières artificielles à la circulation transfrontière des biens, des services, des capitaux, des connaissances et (dans une moindre mesure) des personnes. La mondialisation s'est accompagnée de la création d'institutions nouvelles, qui se sont unies à d'autres, préexistantes, pour coopérer par-delà les frontières. Dans la société civile internationale, de nouveaux regroupements, tel le mouvement du Jubilé, qui fait campagne pour une remise des dettes aux pays les plus pauvres, établissent des fronts communs avec des organisations aussi bien établies que la Croix-Rouge internationale. La mondialisation est énergiquement propulsée par les firmes transnationales, qui font circuler par-dessus les frontières non seulement des capitaux et des produits mais aussi des technologies. Et elle conduit à regarder d'un œil neuf des institutions internationales *intergouvernementales* qui existent depuis longtemps : les Nations unies, qui s'efforcent de maintenir la paix ; l'Organisation internationale du travail, qui fait avancer dans le monde entier le programme que résume son mot d'ordre : « Un travail décent » ; l'Organisation mondiale de la santé, qui s'est particulièrement préoccupée d'améliorer la situation sanitaire du monde en développement.

Beaucoup de ces aspects de la mondialisation – la plupart, peut-être – ont été bien accueillis : personne ne veut voir mourir ses enfants quand le savoir et les médicaments pour les sauver existent ailleurs. Ce qui a déchaîné les controverses, ce sont ses aspects strictement *économiques*, et les institutions internationales qui ont fixé des règles de nature à imposer ou promouvoir, par exemple, la libéralisation des marchés financiers (l'élimination des réglementations stabilisatrices que de nombreux pays en développement avaient conçues pour contrecarrer la volatilité des flux de capitaux, entrants et sortants).

Pour comprendre ce qui ne va pas, tournons-nous vers les trois grandes institutions qui gouvernent la mondialisation : le FMI, la Banque mondiale et l'OMC. Certes, un grand nombre d'autres institutions jouent aussi un rôle dans le système économique international : plusieurs banques régionales, petites sœurs plus jeunes de la Banque mondiale, et un grand nombre d'organisations de l'ONU, tels le Programme des Nations unies pour le développement (PNUD) ou la Conférence des Nations unies pour le commerce et le développement (CNUCED). Ces institutions ont souvent des idées tout à fait distinctes de celles du FMI et de la Banque mondiale. L'Organisation internationale du travail, par exemple, regrette que le FMI accorde si peu d'attention aux droits des travailleurs ; la Banque de développement asiatique préconise, de son côté, un «pluralisme concurrentiel» qui consisterait à indiquer à un pays plusieurs stratégies de développement alternatives, en particulier le «modèle asiatique» dans lequel l'État, tout en prenant appui sur les marchés, intervient très activement pour les créer, les façonner, les guider, se faisant même le promoteur de technologies nouvelles, tandis que les entreprises assument de très importantes responsabilités de soutien social à leurs salariés : ce modèle est nettement différent du modèle américain cher aux institutions basées à Washington.

Dans ce livre, je me concentre surtout sur le FMI et la Banque mondiale parce qu'ils ont été au cœur des plus grands problèmes économiques des deux dernières décennies, dont les crises financières et la transition des pays ex-communistes vers l'économie de marché. Tous deux sont nés pendant la Seconde Guerre mondiale, à la suite de la conférence monétaire et financière des Nations unies à Bretton Woods, New Hampshire, en juillet 1944, dans le cadre d'un effort concerté pour financer la reconstruction de l'Europe dévastée par la guerre et sauver le monde de futures dépressions. Le vrai nom de la Banque mondiale – Banque internationale pour la reconstruction et le développement – rappelle sa mission initiale. Le dernier mot, « développement », a été rajouté *in extremis*, un peu comme si on y avait soudain pensé. À cette date, la plupart des pays concernés étaient encore des colonies, et l'on estimait que les maigres efforts de développement économique qui pouvaient y être entrepris étaient du ressort de leurs maîtres européens.

Une mission plus difficile fut assignée au FMI : assurer la stabilité économique du monde. La dépression planétaire des années trente était très présente à l'esprit des négociateurs de Bretton Woods : le capitalisme avait alors affronté sa crise la plus grave jusque-là. La Grande Dépression avait touché le monde entier et fait monter le chômage à des niveaux sans précédent. Au pire moment, le quart de la population active des États-Unis avait été sans travail. L'économiste britannique John Maynard Keynes, qui jouerait un rôle crucial à Bretton Woods, avança alors une explication simple, et un ensemble de prescriptions tout aussi simples. C'était l'insuffisance de la demande globale qui expliquait l'effondrement de l'économie. En prenant certaines mesures, l'État pouvait aider à stimuler cette demande globale. Si la politique monétaire se révélait inefficace, il pouvait recourir à la politique budgétaire, soit en augmentant ses dépenses, soit en réduisant les impôts. Les modèles qui sous-tendaient l'analyse de Keynes ont depuis été critiqués et affinés, ce qui a permis de mieux comprendre pourquoi les forces du marché ne peuvent ramener rapidement l'économie au plein emploi. Mais ses conclusions fondamentales restent justes.

Le Fonds monétaire international a donc été chargé d'empêcher une nouvelle dépression à l'échelle du monde. Il exercerait une pression internationale sur les pays qui, en laissant stagner leur économie, n'assuraient pas leur juste part de l'effort de maintien de la demande globale. Si nécessaire, il fournirait aussi des liquidités, sous forme de prêts, aux pays qui, confrontés à des difficultés économiques, n'étaient pas en mesure de stimuler la demande globale par leurs propres moyens.

Dans sa conception initiale, donc, le FMI était fondé sur une constatation première : on avait compris que les marchés, souvent, ne fonctionnent pas bien – qu'ils peuvent aboutir au chômage massif et se révéler incapables de procurer aux pays les fonds nécessaires pour les aider à redresser leur économie. On a créé le FMI parce qu'on estimait nécessaire une *action collective au niveau mondial* pour la stabilité économique, exactement comme on a créé les Nations unies parce qu'on jugeait indispensable une action collective au niveau mondial pour la stabilité politique. Le FMI est une institution *publique*, qui fonctionne avec l'argent que versent les contribuables du monde entier. Il faut s'en souvenir, parce qu'il ne rend de comptes directement ni aux citoyens qui le financent, ni à ceux dont il change la vie. Il adresse ses rapports aux ministères des Finances et aux banques centrales des États du monde. Ceux-ci exercent leur contrôle dans le cadre d'un système de vote fort complexe, qui reflète essentiellement la puissance économique des divers pays à la fin de la Seconde Guerre mondiale. Il y a bien eu, depuis, quelques ajustements mineurs, mais les grands pays développés mènent le bal, et un seul, les États-Unis, a un droit de veto effectif. (Ce qui n'est pas sans rappeler le fonctionnement de l'ONU, où un anachronisme historique détermine qui détient le droit de veto : les puissances victorieuses de la Seconde Guerre mondiale. Mais à l'ONU, au moins, ce droit est partagé entre cinq pays.)

Depuis sa naissance, le FMI a beaucoup changé. On l'a créé parce qu'on estimait que les marchés fonctionnaient souvent mal, et le voici devenu le champion fanatique de l'hégémonie du marché. On l'a fondé parce qu'on jugeait nécessaire d'exercer sur les États une pression internationale pour les amener à adopter des politiques économiques expansionnistes (augmentation des dépenses publiques, réductions d'impôts ou baisse des taux d'intérêt pour stimuler l'économie), et voici qu'aujourd'hui, en règle générale, il ne leur fournit des fonds que s'ils mènent des politiques d'austérité (réduction des déficits, augmentations d'impôts ou hausse des taux d'intérêt entraînant une contraction de l'économie). Keynes doit se retourner dans sa tombe en voyant ce qu'est devenu son enfant.

Le bouleversement le plus spectaculaire dans ces organismes internationaux a eu lieu au cours des années quatre-vingt, quand Ronald Reagan et Margaret Thatcher prêchaient l'idéologie du libre marché aux États-Unis et en Grande-Bretagne. Le FMI et la Banque mondiale sont alors devenus les nouvelles institutions missionnaires chargées d'imposer ces idées aux pays pauvres réticents, mais qui avaient souvent le plus grand besoin de leurs prêts et de leurs dons. Pour obtenir des fonds, leurs ministres des Finances étaient prêts à se convertir s'il le fallait, même si l'immense majorité des gouvernants de ces pays et – plus important – de leurs populations restait souvent sceptique. Dans les années quatre-vingt, une purge a eu lieu à la Banque mondiale au sein de son département de la recherche, qui guidait sa pensée et son orientation. Hollis Chenery, l'un des économistes du développement les plus éminents des États-Unis, professeur à Harvard, à qui l'on devait des contributions fondamentales sur la recherche en économie du développement ainsi que dans d'autres domaines, avait été le conseiller et le confident de Robert McNamara. Celui-ci avait été nommé président de la Banque mondiale en 1968. Touché par la pauvreté qu'il constatait dans tout le tiers monde, il avait réorienté la politique de la Banque de manière à ce qu'elle œuvre à son élimination, et Chenery avait rassemblé un groupe d'économistes de premier ordre, venus du monde entier, pour travailler avec lui. Mais, avec le changement de la garde, un nouveau président arriva en 1981, William Clausen, et une nouvelle économiste en chef, Ann Krueger, spécialiste du commerce international et surtout connue pour ses travaux sur la « recherche de rentes » – l'utilisation des droits de douane et autres mesures protectionnistes par des intérêts particuliers pour augmenter leurs revenus aux dépens des autres. Tandis que Chenery et son équipe s'étaient concentrés sur les insuffisances des marchés dans les pays en développement, cherchant ce que l'État pouvait faire pour les améliorer et réduire la pauvreté, Ann

Krueger considérait que l'État était le problème. La solution aux difficultés des pays en développement, c'était le libre marché. Dans ce nouveau climat de ferveur idéologique, beaucoup des économistes de première grandeur qu'avait réunis Chenery sont partis.

Si les missions des deux institutions sont restées distinctes, c'est à cette époque que leurs activités ont commencé à s'entremêler de plus en plus. Dans les années quatre-vingt, la Banque mondiale a cessé de se limiter au financement des projets (par exemple des routes ou des barrages). Elle s'est mise à apporter un soutien financier général : des *prêts à l'ajustement structurel.* Mais elle ne le faisait que lorsque le FMI donnait son approbation – et, pour avoir l'aval du FMI, il fallait accepter ses conditions. Le Fonds était censé ne s'occuper que des crises, mais les pays en développement avaient toujours besoin d'aide. Il est donc devenu un acteur permanent dans la vie de la majorité d'entre eux. Puis la chute du mur de Berlin lui a ouvert un nouveau champ d'action : gérer la transition vers l'économie de marché dans l'ex-Union soviétique et les pays de l'ancien bloc communiste en Europe. Plus récemment, quand les crises se sont aggravées et que même les coffres bien garnis du FMI ont paru insuffisants, la Banque mondiale a été invitée à fournir des dizaines de millions de dollars de secours d'urgence – mais strictement en tant qu'associé subalterne, les lignes directrices des plans étant dictées par le FMI. En principe, il y avait division du travail. Le FMI, quand il traitait avec un pays, était *censé* se limiter aux questions macroéconomiques : le déficit budgétaire, la politique monétaire, l'inflation, le déficit commercial, la dette extérieure. Le rôle de la Banque mondiale était de s'occuper des *problèmes structurels* : la nature des dépenses de l'État, les institutions financières, le marché du travail, les politiques commerciales. Mais le FMI avait sur la question un point de vue assez impérialiste : puisque tout problème structurel, ou presque, pouvait avoir un impact sur le comportement global de l'économie, donc sur le budget de l'État ou sur le déficit commercial, pratiquement tout lui paraissait relever de son domaine. Il perdait souvent patience avec la Banque mondiale, où, même quand régnait l'idéologie du libre marché, surgissaient souvent des controverses pour déterminer les mesures les plus adaptées à la situation d'un pays. Le FMI, lui, avait les réponses (fondamentalement les mêmes pour tous les pays), il ne comprenait pas la nécessité de toutes ces discussions, et, pendant que la Banque mondiale débattait de ce qu'il fallait faire, il se voyait bien intervenir lui-même pour combler le vide et apporter les réponses.

Les deux institutions auraient pu soumettre aux pays plusieurs orientations possibles face à certains défis du développement et de la transition, et, si elles l'avaient fait, peut-être cela aurait-il stimulé leur vie démocratique. Mais elles étaient toutes deux animées par la volonté collective du G7, c'est-à-dire les gouvernements des sept pays industriels avancés les plus importants[4], et en particulier de leurs ministres des Finances et secrétaires au Trésor. Or, trop souvent, un vif débat démocratique autour de diverses stratégies possibles était vraiment ce qu'ils souhaitaient le moins.

Un demi-siècle après sa fondation, il est clair que le FMI a échoué dans sa mission. Il n'a pas fait ce qu'il était censé faire – fournir des fonds aux pays confrontés à une récession pour leur permettre de revenir à une situation de quasi-plein emploi. En dépit des immenses progrès accomplis depuis cinquante ans dans la compréhension des processus économiques, et malgré les efforts du FMI, les crises, dans le monde entier, se sont faites plus fréquentes depuis un quart de siècle, et aussi plus graves (si l'on excepte la Grande Dépression). Selon certains calculs, près d'une centaine de pays en ont subi[5]. Pis : de nombreuses mesures promues par le FMI, en particulier la libéralisation prématurée des marchés des capitaux, ont contribué à l'instabilité mondiale. Et, lorsqu'un pays s'est trouvé en crise, non seulement les fonds et les prescriptions du FMI n'ont pas réussi à stabiliser sa situation mais, dans bien des cas, ils l'ont dégradée, en particulier pour les pauvres. Le FMI a échoué dans sa mission initiale, promouvoir la stabilité mondiale ; et il n'a pas été plus brillant dans les nouvelles tâches qu'il s'est fixées, par exemple guider la transition des pays ex-communistes vers l'économie de marché.

Les accords de Bretton Woods avaient prévu la création d'une troisième organisation économique internationale : une Organisation internationale du commerce destinée à régir les relations commerciales dans le monde comme le FMI régissait les relations financières. Les politiques commerciales du type « dépouille ton voisin » – où chaque pays augmente ses droits de douane pour maintenir son économie, mais aux dépens des autres – avaient été jugées largement responsables de la diffusion et de la gravité de la Grande Dépression. Une organisation internationale était nécessaire pour prévenir leur retour, mais aussi pour encourager la libre circulation des biens et des services. Le GATT a réussi à réduire considérablement les droits de douane, mais il a été difficile d'aboutir à l'accord final : ce n'est qu'en 1995, un demi-siècle après la fin de la guerre et deux tiers de siècle après la Grande Dépression, qu'est née l'Organisation mondiale du commerce. L'OMC se différencie nettement des deux autres institutions. Elle ne fixe pas de règle : elle offre un forum au sein duquel les négociations commerciales se poursuivent, et elle veille au respect des accords conclus.

Les idées et intentions qui ont présidé à la création des institutions économiques internationales étaient bonnes mais, au fil des ans, elles ont peu à peu évolué et se sont totalement transformées. L'orientation keynésienne du FMI, qui soulignait les insuffisances du marché et le rôle de l'État dans la création d'emplois, a cédé la place à l'hymne au libre marché des années quatre-vingt, dans le cadre d'un nouveau « consensus de Washington » – le consensus entre le FMI, la Banque mondiale et le Trésor américain sur la *bonne* politique à suivre pour les pays en développement – qui a marqué un tournant radical dans la conception du développement et de la stabilisation.

Les idées qui constituaient ce consensus avaient souvent été élaborées en réaction aux problèmes de l'Amérique latine, où des États avaient totalement perdu le contrôle de leur budget et mené des politiques monétaires fort peu rigoureuses qui avaient déchaîné une inflation galopante. Une poussée de croissance dans certains pays de la région au cours des premières décennies de l'après-guerre n'avait pas eu de suite, et l'on disait que c'était à cause d'une intervention excessive de l'État dans l'économie. Conçus pour répondre à des problèmes que l'on pouvait considérer comme spécifiques aux pays latino-américains, ces principes ont ensuite été jugés applicables au monde entier. On a préconisé la libéralisation des marchés financiers sans avoir la moindre preuve qu'elle stimulait la croissance économique. Dans d'autres cas, cette politique économique, devenue le « consensus de Washington », s'est révélée inadaptée à des pays qui se trouvaient aux toutes premières phases du développement, ou au tout début de la transition.

Pour ne prendre que quelques exemples, la plupart des pays industriels avancés – dont les États-Unis et le Japon – ont édifié leur économie en protégeant judicieusement et sélectivement certaines de ses branches, jusqu'au moment où elles ont été assez fortes pour soutenir la concurrence étrangère. Si le protectionnisme généralisé n'a pas été efficace dans les pays qui l'ont mis en œuvre, la libéralisation rapide du commerce ne l'a pas été davantage. Contraindre un pays en développement à s'ouvrir à des produits importés qui vont rivaliser avec ceux de certaines de ses industries, dangereusement vulnérables à la concurrence de leurs homologues étrangères bien plus puissantes, peut avoir de désastreuses conséquences – sociales et économiques. Les paysans pauvres des pays en développement ne pouvant évidemment pas résister aux produits massivement subventionnés en provenance d'Europe et des États-Unis, des emplois ont été systématiquement détruits avant que les secteurs industriel et agricole nationaux aient pu engager une dynamique de croissance forte et en créer de nouveaux. Pis : en exigeant que les pays en développement suivent des politiques monétaires restrictives, le FMI leur a imposé des taux d'intérêt qui auraient interdit toute création d'emploi même dans le contexte le plus favorable. Et, comme le commerce a été libéralisé avant la mise en place de filets de sécurité sociale, ceux qui ont perdu leur emploi ont été précipités dans l'indigence. Donc, trop souvent, la libéralisation n'a pas apporté la croissance promise mais a accru la misère. Et même ceux qui ont conservé leur emploi se sont sentis beaucoup moins en sécurité.

Autre exemple : les contrôles sur les flux de capitaux. Les

pays européens ont interdit leur libre circulation jusqu'aux années soixante-dix. On pourrait dire qu'il est injuste d'exiger des pays en développement, dont le système bancaire fonctionne à peine, qu'ils se risquent à ouvrir leurs marchés financiers. Mais, toute question de justice mise à part, c'est une mauvaise décision économique. Les capitaux spéculatifs, dont l'afflux et le reflux suivent si souvent la libéralisation des marchés financiers, laissent le chaos dans leur sillage. Les petits pays en développement sont comme de petits bateaux. Avec la libéralisation rapide des marchés des capitaux effectuée comme l'exigeait le FMI, on leur a fait prendre la mer par gros temps avant qu'ils aient pu colmater les trous dans la coque, apprendre son métier au capitaine et embarquer les gilets de sauvetage. Même dans le meilleur des cas, il y avait une forte probabilité de naufrage quand ils seraient frappés de plein fouet par une grosse vague.

La mise en œuvre de théories économiques erronées n'aurait pas posé tant de problèmes si la fin du colonialisme d'abord, celle du communisme ensuite n'avaient donné au FMI et à la Banque mondiale l'occasion d'élargir considérablement leurs mandats respectifs et d'étendre énormément leur champ d'action. Aujourd'hui, ces institutions sont devenues des acteurs dominants de l'économie mondiale. Les pays qui sollicitent leur aide, mais aussi ceux qui recherchent leur « approbation » pour avoir une meilleure image sur les marchés financiers internationaux, doivent suivre leurs prescriptions économiques, lesquelles reflètent leur idéologie et leurs théories du libre marché.

Le résultat a été pour bien des gens la pauvreté, et pour bien des pays le chaos social et politique. Le FMI a fait des erreurs dans tous les domaines où il est intervenu : le développement, la gestion des crises et la transition du communisme au capitalisme. Les plans d'ajustement structurel n'ont pas apporté la croissance forte, même aux États – comme la Bolivie – qui se sont pleinement pliés à leurs rigueurs. Dans de nombreux pays, une cure d'austérité excessive a étouffé la croissance. Le succès d'une stratégie économique exige un soin extrême dans l'établissement du calendrier – l'ordre dans lequel sont effectuées les réformes – et dans le choix du rythme. Si, par exemple, les marchés sont ouverts trop précipitamment à la concurrence, avant la mise en place d'institutions financières fortes, les emplois vont être détruits plus rapidement qu'on ne pourra en créer de nouveaux. Dans bien des pays, des erreurs de calendrier et de rythme ont abouti à une hausse du chômage et de la pauvreté[6]. Après la crise asiatique de 1997, la politique du FMI a exacerbé les difficultés en Indonésie et en Thaïlande. Les réformes « de marché » en Amérique latine ont connu un ou deux succès – on ne cesse de citer le cas du Chili –, mais la majorité des pays du continent n'ont pas encore rattrapé la décennie de croissance perdue qui a suivi les « redressements » prétendument réussis du début des années quatre-vingt, opérés par le FMI. Beaucoup ont aujourd'hui un taux de chômage élevé, devenu chronique – l'Argentine, par exemple, où il est à deux chiffres depuis 1995 –, même si l'inflation a baissé. (L'effondrement de l'Argentine en 2001 est d'ailleurs le dernier en date de toute une série d'échecs au cours des récentes années. Après sept ans de chômage massif, l'étonnant n'est pas que des émeutes aient fini par éclater, mais que les Argentins aient supporté si longtemps et dans le calme une telle situation.) Enfin, dans les pays qui ont connu un peu de croissance, celle-ci a profité aux riches, et tout particulièrement aux très riches (les 10 % supérieurs) ; la pauvreté est restée forte ; parfois, les revenus des plus défavorisés ont baissé.

Derrière le problème du FMI, de toutes les institutions économiques internationales, il y en a un autre : celui de leur direction. Qui décide ce qu'elles font ? Elles sont dominées non seulement par les pays industriels les plus riches, mais aussi par les intérêts commerciaux et financiers en leur sein. Naturellement, leurs orientations reflètent cette situation. Le choix du plus haut dirigeant illustre parfaitement ce qui pose problème dans ces institutions, et ce choix a trop souvent contribué à leur dysfonctionnement. Alors que la quasi-totalité des activités du FMI et de la Banque mondiale (et certainement l'ensemble de leurs prêts) s'exercent aujourd'hui dans le monde en développement, ces institutions ont à leur tête des représentants du monde industrialisé (par coutume ou accord tacite, le FMI est toujours dirigé par un Européen, la Banque mondiale par un Américain). Les dirigeants sont choisis à huis clos, et l'on n'a jamais jugé nécessaire de leur demander la moindre expérience préalable du monde en développement. Les institutions internationales ne sont donc pas représentatives des nations qu'elles servent.

Les problèmes ont aussi une autre source : qui parle pour le pays ? Au FMI, ce sont les ministres des Finances et les gouverneurs de banque centrale ; à l'OMC, les ministres du Commerce. Chacun de ces ministres est étroitement lié à une communauté bien précise dans son pays. Les ministres du Commerce reflètent les préoccupations du monde des affaires – les exportateurs qui veulent voir s'ouvrir de nouveaux marchés pour leurs produits et les producteurs de biens concurrencés par les importations. Cette communauté veut, bien sûr, conserver le plus d'entraves au commerce possible et toutes les subventions qu'elle pourra persuader le Congrès (ou le parlement de son pays) de lui donner. Certes, les entraves au commerce augmentent les prix pour les consommateurs et les subventions imposent des charges financières aux contribuables, mais on se préoccupe moins de leur sort que des profits des producteurs – et on se soucie encore moins de la protection de l'environnement et des droits des travailleurs, sauf comme obstacles à surmonter. De même, très généralement, les ministres des Finances et les gouverneurs de banque centrale sont étroitement liés à la communauté financière. Ils viennent des firmes financières et, après avoir servi l'État, ils y retournent. Robert Rubin, secrétaire au Trésor pendant l'essentiel de la période évoquée dans ce livre, venait de la plus grande banque d'affaires, Goldman Sachs, et à son retour il est entré à Citigroup, la firme qui contrôle la plus grande banque commerciale, Citibank. Le numéro deux du FMI pendant cette période, Stanley Fischer, est passé tout droit du FMI à Citigroup. Bien entendu, ces personnes voient le monde avec les yeux de la communauté financière. Les décisions de toute institution reflètent naturellement les points de vue et les intérêts des décideurs. Ne soyons donc pas surpris de ce que nous allons constater tant de fois au fil des chapitres suivants : les politiques des institutions économiques internationales sont trop souvent étroitement alignées sur les intérêts commerciaux et financiers de ces milieux précis au sein des pays industriels avancés.

Pour les paysans des pays en développement qui triment afin de rembourser les dettes de leur pays au FMI, pour les entrepreneurs qui subissent la hausse de la TVA qu'a imposée ce dernier, le système actuel que domine le Fonds monétaire international, c'est de la «taxation sans représentation». La déception monte face à la mondialisation sous l'égide du FMI quand les pauvres d'Indonésie, du Maroc ou de Papouasie Nouvelle-Guinée constatent que l'on réduit le soutien aux prix des combustibles et des produits alimentaires; quand, en Thaïlande, on voit le sida se répandre parce que le FMI a imposé la réduction des dépenses de santé; quand, dans de nombreux pays en développement, les familles contraintes de payer la scolarisation de leurs enfants, dans le cadre des plans dits «de récupération des coûts», font le choix pénible de ne pas envoyer les filles à l'école.

Ne voyant aucune issue, aucun moyen d'exprimer leurs inquiétudes et de faire pression pour que ça change, les populations descendent dans la rue. Ce n'est pas dans la rue, bien sûr, que l'on discute des problèmes, que l'on formule des politiques, que l'on forge des compromis. Mais les manifestations ont incité les gouvernants et leurs économistes, dans le monde entier, à trouver d'autres voies que ces politiques du «consensus de Washington» que l'on présente comme l'unique chemin de la croissance et du développement. Car ce ne sont plus seulement les citoyens, mais aussi les décideurs politiques, et plus seulement dans les pays en développement, mais aussi dans les pays développés, qui voient de plus en plus clairement que la mondialisation telle qu'elle a été mise en œuvre n'a pas fait ce que ses promoteurs avaient promis – et qu'elle peut et doit accomplir. Dans certains cas elle n'a pas même apporté la croissance, et quand elle l'a fait celle-ci n'a pas profité à tous. L'effet net des politiques du «consensus de Washington» a été, trop souvent, d'avantager une petite minorité aux dépens de la grande majorité, les riches aux dépens des pauvres. Dans bien des cas, des valeurs et des intérêts commerciaux ont évincé le souci de l'environnement, de la démocratie, des droits humains et de la justice sociale.

En soi, la mondialisation n'est ni bonne ni mauvaise. Elle a le *pouvoir* de faire énormément de bien et, pour les pays d'Asie qui l'ont embrassée à leurs conditions, à leur rythme, elle a été un immense bienfait, malgré le revers de la crise de 1997. Mais, dans de très nombreux pays du monde, elle n'a pas apporté de bénéfices comparables. Pour bien des gens, elle s'apparente plutôt à un désastre absolu.

L'expérience des États-Unis au XIXᵉ siècle offre un bon parallèle avec l'actuelle mondialisation : le contraste aide à comprendre le succès d'hier et l'échec d'aujourd'hui. Comme le coût des transports et des communications avait baissé et que des marchés jusqu'alors locaux s'étaient étendus, le XIXᵉ siècle a vu naître de nouvelles économies nationales, et avec elles des entreprises d'envergure nationale qui menaient leurs activités à l'échelle de tout le pays. Mais on n'a pas laissé les marchés se développer spontanément. L'État a joué un rôle vital pour orienter l'évolution de l'économie. Aux États-Unis, il a obtenu une très ample liberté d'action en matière économique quand les tribunaux ont interprété au sens large l'article de la Constitution qui autorise les autorités fédérales à réglementer le commerce inter-États. L'État fédéral s'est mis à fixer des règles au système financier, à prendre des décisions sur le salaire minimal et les conditions de travail, et il a fini par mettre en place des systèmes d'indemnisation du chômage et des prestations sociales pour répondre aux problèmes que crée un système de marché. Il a aussi stimulé la naissance de certains secteurs d'activité (c'est lui, par exemple, qui a installé la première ligne télégraphique, entre Baltimore et Washington, en 1842) et en a soutenu d'autres, comme l'agriculture, en contribuant à créer des universités pour faire de la recherche agronomique et en organisant les services de vulgarisation agricole qui ont formé les agriculteurs aux nouvelles technologies. Il a joué un rôle central, et pas seulement pour promouvoir la croissance américaine. Même s'il n'a pas pris de mesures de redistribution directe, il a mené des politiques dont les bénéfices étaient largement partagés – celles qui ont développé l'éducation et amélioré la productivité agricole, mais aussi les concessions de terres qui donnaient un minimum de chance à tous les Américains.

Aujourd'hui, avec la baisse continue du coût des transports et des communications et la réduction des barrières artificielles à la libre circulation des biens, des services et des capitaux (celle de la main-d'œuvre se heurtant toujours à de sérieuses entraves), nous avons un processus de « mondialisation » analogue à ceux qui ont constitué hier les économies nationales. Malheureusement, nous n'avons pas d'État mondial, responsable envers les peuples de tous les pays, pour superviser les progrès de la mondialisation, comme les États-Unis et d'autres États nationaux ont guidé ceux de la « nationalisation ». Notre système, c'est une « gestion mondiale sans gouvernement mondial ». Un système où dominent quelques institutions (la Banque mondiale, le FMI, l'OMC) et quelques acteurs (les ministères des Finances, de l'Industrie et du Commerce, étroitement liés à certains intérêts économiques et financiers), mais où beaucoup de ceux qui sont touchés par leurs décisions n'ont pratiquement aucun droit à la parole. Il est temps de changer les règles qui régissent l'ordre économique international, de penser moins à l'idéologie et davantage à ce qui se montre efficace, de réexaminer comment les décisions sont prises au niveau international – et dans l'intérêt de qui. Il faut que la croissance ait lieu. Il est crucial que le développement réussi qui s'est produit en Asie orientale ait lieu ailleurs, car l'instabilité mondiale chronique a un coût énorme. On peut réorienter la mondialisation et, si on le fait, si on la gère de façon équitable et adaptée, en donnant à tous les pays le droit de s'exprimer sur les mesures qui les touchent, peut-être aidera-t-elle à créer une nouvelle économie mondiale où la croissance sera plus durable et où ses fruits seront plus justement partagés.

NOTES

1. J. Chirac, « L'économie au service de l'homme », discours à la Conférence internationale du travail, juin 1996.

2. En 1990, les personnes vivant avec moins de 2 dollars par jour étaient

2718000000; on estime qu'en 1998 elles étaient 2801000000 (Banque mondiale, *Global Economic Prospects and the Developing Countries 2000*, Washington DC, Banque mondiale, 2000, p. 29). Pour d'autres données, voir les *Rapports sur le développement dans le monde* et les *World Economic Indicators* (publications annuelles de la Banque mondiale). On trouvera les chiffres et informations sur la santé dans *Report on the HIV/AIDS Epidemic 1998*, Organisation mondiale de la santé, UNAIDS.

3. Ce huitième accord a été le résultat des négociations dites de l'Uruguay Round, parce qu'elles se sont ouvertes en 1986 à Punta del Este en Uruguay. Ce round a pris fin le 15 décembre 1993 à Marrakech, où 117 pays ont adhéré à l'accord de libéralisation du commerce. Il a été enfin signé pour les États-Unis par le président Clinton le 8 décembre 1994. L'Organisation mondiale du commerce est entrée officiellement en activité le 1er janvier 1995, et plus de 100 pays y avaient adhéré en juillet. L'une des clauses de l'accord stipulait que le GATT devenait l'OMC.

4. Ce sont les États-Unis, le Japon, l'Allemagne, le Canada, l'Italie, la France et le Royaume-Uni. Aujourd'hui, le G7 se réunit en général avec la Russie (c'est le G8). Ces sept pays ne sont plus les sept premières économies du monde. La composition du G7, comme la répartition des membres du Conseil de sécurité de l'ONU, est en partie due à des contingences historiques.

5. Voir Gerard Caprio Jr. *et al.* (éd.), *Preventing Bank Crises : Lessons from Recent Global Bank Failures : Proceedings of a Conference Co-Sponsored by the Federal Reserve Bank of Chicago and the Economic Development Institute of the World Bank*, Washington DC, Banque mondiale, «EDI Development Studies», 1998.

6. Il y a eu quantité de critiques des plans d'ajustement structurel, et même le bilan qu'en a fait le FMI relève leurs nombreux défauts. Ce bilan a trois composantes : une étude interne réalisée par les services du FMI (*The ESAF at Ten Years : Economic Adjustment and Reform in Low-Income Countries*, «Occasional Papers», n° 156, 12 février 1998); une étude externe due à un comité d'experts indépendants (K. Botchwey *et al.*, *Report by a Group of Independent Experts Review : External Evaluation of the ESAF*, Washington DC, FMI, 1998); un rapport des services du FMI au conseil d'administration du FMI, qui distille les leçons des deux études (*Distilling the Lessons from the ESAF Reviews*, Washington DC, juillet 1998).

2

Promesses non tenues

Le jour où j'ai pris mes fonctions de premier vice-président et économiste en chef de la Banque mondiale, le 13 février 1997, ce qui a retenu mon regard dès mon entrée dans les vastes locaux splendides et modernes de son siège central, 19ᵉ Rue à Washington, c'est sa devise : « Notre rêve : un monde sans pauvreté ». Dans une sorte d'atrium de treize étages se dresse une statue : un jeune garçon conduisant un vieillard aveugle. Elle commémore l'éradication de l'onchocercose : avant que la Banque mondiale, l'Organisation mondiale de la santé et d'autres institutions n'aient uni leurs forces pour la combattre, des milliers de personnes perdaient la vue chaque année en Afrique à cause de cette maladie guérissable. De l'autre côté de la rue, un autre monument splendide élevé à la richesse publique : le siège du Fonds monétaire international. À l'intérieur, l'atrium de marbre, qu'agrémente une flore luxuriante, rappelle aux ministres des Finances en visite qu'ils sont au centre de la fortune et du pouvoir.

Ces deux institutions, que l'opinion publique confond souvent, présentent des contrastes marqués : elles diffèrent par leurs cultures, par leurs styles et par leurs missions. L'une est vouée à l'éradication de la pauvreté, l'autre au maintien de la stabilité mondiale. Les deux envoient des équipes d'économistes en mission pour trois semaines, mais la Banque mondiale fait de gros efforts pour qu'une partie importante de ses membres s'installent dans le pays qu'ils essaient d'aider. Le FMI, lui, n'a le plus souvent sur place qu'un unique « représentant résident », dont les pouvoirs sont limités. Ses plans, en règle générale, sont dictés de Washington et mis en forme au cours de brèves missions de hauts responsables : dès leur descente d'avion, ils s'immergent dans les chiffres du ministère des Finances et de la banque centrale et, pour le reste, résident confortablement dans les hôtels cinq étoiles de la capitale. La différence n'est pas seulement symbolique : on ne peut apprendre à connaître et à aimer un pays sans parcourir ses campagnes. Il ne faut pas voir le chômage comme une simple statistique, un « dénombrement des cadavres » – des victimes non intentionnelles de la guerre contre l'inflation ou pour le remboursement des banques occidentales. Les chômeurs sont des personnes de chair et d'os, ils ont des familles, et toutes ces vies sont éprouvées, parfois détruites, par les mesures économiques que recommandent les experts étrangers – dans le cas du FMI, qu'ils imposent. La guerre technologique moderne est conçue pour supprimer tout contact physique : les bombes sont jetées de 15 000 mètres d'altitude pour que le pilote ne « ressente » pas ce qu'il fait. La gestion moderne de l'économie, c'est pareil. Du haut d'un hôtel de luxe, on impose sans merci des politiques que l'on penserait à deux fois si l'on connaissait les êtres humains dont on va ravager la vie.

Ce que disent les statistiques, ceux qui sortent des capitales le voient de leurs yeux dans les villages d'Afrique, du Népal, de Mindanao, d'Éthiopie : l'abîme entre les pauvres et les riches s'est creusé, le nombre de personnes qui vivent dans la pauvreté absolue – moins d'un dollar par jour – a augmenté. Même là où l'onchocercose a disparu, la pauvreté demeure, en dépit de toutes les bonnes intentions, de toutes les promesses des pays développés aux pays en développement, pour la plupart leurs anciennes colonies.

Les mentalités ne changent pas en un jour : c'est aussi vrai dans les pays riches que dans le monde en développement. Concéder l'indépendance aux colonies (en général après les y avoir fort peu préparées) a rarement fait changer d'avis leurs anciens maîtres : ils se perçoivent toujours comme « ceux qui savent ». La mentalité colonialiste est restée – la certitude de savoir mieux que les pays en développement ce qui est bon pour eux. Quant aux États-Unis, devenus puissance dominante sur la scène économique mondiale, ils avaient en matière de colonialisme un héritage bien plus léger. Mais ils ont malgré tout penché du même côté, moins par leur expansionnisme de la fin du XIXe et du début du XXe siècle (la doctrine de la « Destinée manifeste ») que du fait de la guerre froide, au cours de laquelle les principes de la démocratie ont été bafoués ou ignorés au nom de la lutte sans merci contre le communisme.

La veille de mon entrée à la Banque mondiale, j'avais tenu ma dernière conférence de presse en tant que président du Council of Economic Advisers. Puisque nous tenions bien en main l'économie intérieure, j'estimais que le plus grand défi pour un économiste était désormais le problème de la pauvreté dans le monde, qui s'aggravait. Que pouvions-nous faire pour tous ces habitants de la planète – 1,2 milliard – qui survivaient avec moins d'un dollar par jour, ou pour tous ceux – 2,8 milliards, plus de 45 % de la population mondiale – qui en avaient moins de deux ? Que pouvais-je faire pour que se réalise le rêve d'un monde sans pauvreté ? Et d'abord le rêve plus modeste d'un monde où il y en aurait moins ? Je me fixais trois tâches : déterminer les stratégies les plus efficaces pour stimuler la croissance et réduire la pauvreté ; travailler à leur mise en œuvre avec les gouvernements des pays en développement ; et plaider de toutes mes forces en faveur des intérêts et préoccupations du monde en développement auprès des pays développés, en faisant pression pour qu'ils ouvrent leurs marchés ou fournissent une assistance plus efficace. Je savais ces tâches difficiles, mais je n'aurais jamais imaginé que l'un des pires obstacles auxquels se heurtaient les pays en développement avait été créé par l'homme, sans la moindre nécessité – et qu'il se trouvait juste en face, de l'autre côté de la rue : chez notre institution « sœur », le FMI. Je pensais bien que, dans les institutions financières internationales ou dans les gouvernements qui les soutenaient, tous les responsables n'avaient pas pour priorité absolue d'éliminer la pauvreté, mais je croyais qu'il y aurait un débat ouvert sur des stratégies dont l'échec était manifeste à tant d'égards, et d'abord pour les pauvres. Sur ce point, j'allais être déçu.

Après quatre ans passés à Washington, je m'étais habitué au monde étrange des bureaucraties et de la politique. Mais c'est en me rendant en Éthiopie, l'un des pays les plus pauvres du monde, en mars 1997, un mois à peine après avoir pris mes fonctions à la Banque mondiale, que j'ai été soudain plongé dans l'univers politico-arithmétique ahurissant du FMI. L'Éthiopie avait un revenu par tête de 110 dollars par an et avait subi des sécheresses et des famines répétées qui avaient tué deux millions de personnes. J'allais rencontrer le Premier ministre, Meles Zenawi. Il avait dirigé pendant dix-sept ans une guérilla contre le sanglant régime marxiste de Mengistu Hailé Mariam. Ses forces l'avaient emporté en 1991, après quoi le gouvernement s'était attelé à la tâche éprouvante de la reconstruction. Médecin de formation, Meles avait étudié l'économie dans les règles, car il savait que, pour libérer son pays de siècles de pauvreté, il ne faudrait rien de moins qu'un bouleversement économique. Il faisait preuve d'une connaissance de l'économie – et, disons-le, d'une inventivité – qui lui aurait valu de dominer la classe dans tous mes cours d'université. Il comprenait mieux les principes économiques – et avait certainement une connaissance plus détaillée des réalités de son pays – que beaucoup des bureaucrates spécialistes de l'Éthiopie au sein des institutions économiques internationales avec lesquels j'ai dû traiter dans les trois années suivantes.

Meles associait à ces qualités intellectuelles une intégrité sans faille : nul ne mettait en doute son honnêteté, et il y avait peu d'accusations de corruption contre son gouvernement. Ses adversaires politiques étaient essentiellement issus des groupes ethniques proches de la capitale, longtemps dominants, qui avaient perdu le pouvoir quand il avait accédé au gouvernement et qui s'interrogeaient sur son attachement aux principes démocratiques. Mais il n'était pas un autocrate de la vieille école. Il avait engagé, avec son gouvernement, une démarche générale de décentralisation qui rapprochait l'État du peuple et assurait que le centre garderait le contact avec chaque région. La nouvelle Constitution donnait même à chacune d'elles le droit de faire sécession par un vote démocratique : ainsi, les élites politiques de la capitale, quelles qu'elles soient, ne pourraient pas prendre le risque d'ignorer les préoccupations des simples citoyens dans tout le pays, et une région ne pourrait pas imposer ses vues aux autres. L'État a tenu ses engagements quand l'Érythrée s'est déclarée indépendante en 1993. (Certains événements ultérieurs – comme ceux du printemps 2000 où l'État a occupé l'université d'Addis-Abeba et incarcéré des étudiants et des professeurs – montrent la précarité, en Éthiopie comme ailleurs, des libertés démocratiques fondamentales.)

Lorsque je suis allé le voir, en 1997, Meles était engagé dans une âpre controverse avec le FMI, qui avait suspendu ses prêts. Les résultats « macroéconomiques » de l'Éthiopie – sur lesquels le FMI était censé se concentrer – n'auraient pu être meilleurs. L'inflation était inexistante. En fait, les prix baissaient. La production augmentait régulièrement depuis que Meles avait réussi à chasser Mengistu[1]. Il faisait la preuve que, avec une bonne politique, même un pays africain pauvre pouvait connaître une croissance économique soutenue. Après des années de guerre et de reconstruction, l'aide internationale commençait à revenir en Éthiopie. Mais Meles avait des problèmes avec le FMI. Et l'enjeu n'était pas seulement les 127 millions de dollars qu'apportait le Fonds dans le cadre de sa « facilité d'ajustement structurel renforcée » (FASR) – des prêts à taux très subventionnés pour aider les pays très pauvres –, mais aussi les financements de la Banque mondiale.

Le FMI joue un rôle particulier dans l'aide internationale. Il est censé surveiller la situation macroéconomique de chaque pays récipiendaire et s'assurer qu'il ne vit pas au-dessus de ses moyens. Car, si c'est le cas, d'inévitables difficultés sont à prévoir. Un pays peut vivre ainsi à court terme en empruntant, mais l'heure de vérité finira par sonner et il y aura crise. Le FMI est particulièrement attentif à l'inflation. Lorsque l'État dépense plus qu'il ne reçoit en rentrées fiscales et en aide étrangère, il y aura souvent inflation, notamment s'il finance son déficit grâce à la planche à billets. Certes, une bonne politique macroéconomique a aussi d'autres dimensions que l'inflation. Le préfixe « macro » renvoie au comportement global de l'économie, à ses taux de croissance, de chômage et d'inflation. Un pays peut avoir une inflation faible mais une croissance nulle et un chômage élevé. La plupart des économistes jugeront alors sa situation macroéconomique catastrophique. À leurs yeux, réduire l'inflation n'est pas une fin en soi, c'est un moyen au service d'une autre fin. Si l'inflation inquiète tant, c'est parce qu'une inflation trop élevée entraîne souvent une croissance faible, et celle-ci un chômage massif. Mais le FMI, semble-t-il, confond souvent fins et moyens, et perd de vue la préoccupation fondamentale : même si le chômage y est à deux chiffres depuis des années, il notera « A » un pays comme l'Argentine tant que son budget paraîtra en équilibre et son inflation sous contrôle !

Si un pays ne répond pas à certains critères minimaux, le FMI suspend son aide, et, quand il le fait, il est d'usage que d'autres donateurs l'imitent. La Banque mondiale et le FMI, on le comprendra, ne prêtent qu'à des pays dont la situation macroéconomique est saine. Si ces pays ont des déficits énormes et une inflation galopante, il y a fort à parier que l'argent sera mal dépensé. Les États qui ne parviennent pas à gérer globalement leur économie font en général mauvais usage de l'aide étrangère. Mais si les indicateurs macroéconomiques – les taux d'inflation et de croissance – sont positifs, comme ils l'étaient en Éthiopie, il est certain que la situation macroéconomique fondamentale est bonne. Non seulement les bases économiques de l'Éthiopie étaient saines, mais la Banque mondiale avait des témoignages directs de la compétence du gouvernement et de son engagement en faveur des pauvres. L'Éthiopie avait élaboré une stratégie de développement rural attentive aux pauvres, en particulier aux 85 % de la population qui vivaient dans les campagnes. Elle avait considérablement réduit ses dépenses militaires – initiative remarquable pour un gouvernement arrivé au pouvoir par les armes –, car ses dirigeants savaient que l'argent dépensé en armements n'irait pas à la lutte contre la pauvreté. C'était, de toute évidence, le type même de gouvernement que la communauté internationale aurait dû aider. Mais le FMI avait suspendu son programme de prêts à l'Éthiopie, en dépit de ses bons résultats macroéconomiques, parce qu'il s'inquiétait, disait-il, de l'équilibre budgétaire du pays.

Le gouvernement éthiopien avait deux sources de revenus : les impôts et l'aide étrangère. Le budget d'un État est en équilibre tant que ses revenus couvrent ses dépenses. L'Éthiopie, comme beaucoup de pays en développement, tire une bonne part de ses revenus de l'aide étrangère. Le FMI s'inquiétait du fait que, si cette aide venait à se tarir, le pays aurait des problèmes. Par conséquent, soutenait-il, on ne pourrait juger solide l'équilibre budgétaire de l'Éthiopie que si ses dépenses ne dépassaient pas ses rentrées fiscales.

La logique du FMI pose un problème évident : elle implique que, s'il obtient de l'aide pour une réalisation quelconque, un pays pauvre ne pourra jamais dépenser cet argent. Si la Suède, par exemple, octroie une aide financière à l'Éthiopie pour qu'elle construise des écoles, la logique du FMI impose à cette dernière de conserver ces fonds dans ses réserves. (Tous les pays ont, ou devraient avoir, des réserves pour les « mauvais jours ». L'instrument de réserve traditionnel est l'or, mais il a été remplacé aujourd'hui par les devises fortes et par les titres libellés dans ces devises qui produisent des intérêts. Le plus souvent, ces réserves consistent en bons du Trésor des États-Unis.) Mais ce n'est pas pour cela que les donateurs internationaux accordent leur aide. En Éthiopie, les donateurs, qui travaillaient indépendamment et n'avaient aucune obligation envers le FMI, voulaient que de nouvelles écoles et de nouveaux hôpitaux soient construits, et c'était aussi l'intention du gouvernement éthiopien. Meles n'a pas mâché ses mots : il m'a déclaré qu'il ne s'était pas battu avec acharnement pendant dix-sept ans pour qu'un bureaucrate international vienne lui dire qu'il ne pouvait pas construire des écoles et des hôpitaux pour son peuple alors qu'il avait réussi à convaincre des donateurs de les financer.

Le point de vue du FMI ne s'expliquait pas par des doutes sur le devenir à long terme du projet. On avait vu des pays utiliser les dollars de l'aide pour construire des écoles ou des hôpitaux puis, l'argent de l'aide épuisé, ne plus avoir les moyens de les faire fonctionner. Les donateurs avaient pris conscience du problème et en tenaient compte dans leurs projets, en Éthiopie et ailleurs. Mais ce que prétendait le FMI dans le cas éthiopien dépassait de loin ce souci. Il affirmait que l'aide internationale était trop instable pour que l'on puisse compter sur elle. J'estimais que sa position n'avait aucun sens, et pas seulement à cause de ses conséquences absurdes. Je savais que, souvent, l'aide est infiniment plus stable que les rentrées fiscales, qui peuvent varier très sensiblement suivant la situation économique. De retour à Washington, j'ai demandé à mes collaborateurs de le vérifier dans les statistiques, et ils me l'ont confirmé : l'aide internationale était plus stable que les rentrées fiscales. Donc, s'ils voulaient appliquer le raisonnement du FMI en toute logique, l'Éthiopie et les autres pays en développement devaient plutôt prévoir leur budget en comptant l'aide étrangère mais pas le produit des impôts. Et s'ils n'avaient le droit d'inscrire dans la colonne des recettes ni l'argent de l'aide ni celui des impôts, *tous* les pays étaient en fort mauvaise posture !

Mais le raisonnement du FMI était plus absurde encore. Il y a plusieurs réactions appropriées pour faire face à l'instabilité des revenus : par exemple, constituer des réserves supplémentaires, ou conserver de la flexibilité dans les dépenses – si les revenus, d'où qu'ils viennent, diminuent et s'il n'y a pas de réserve où puiser, l'État doit être prêt à dépenser moins. Mais l'aide que reçoit un pays pauvre comme l'Éthiopie est, dans sa majeure partie, *intrinsèquement* flexible. Si le pays ne reçoit pas d'argent pour construire une école de plus, il ne la construit pas. Les dirigeants de l'État éthiopien avaient conscience du problème. Ils comprenaient qu'il fallait réfléchir à ce qui pourrait se passer si les recettes (des impôts ou de l'aide) diminuaient, et ils avaient conçu des plans pour faire face à ces éventualités. Ce qu'ils ne comprenaient pas – et je ne le comprenais pas non plus –, c'est pourquoi le FMI n'arrivait pas à voir la logique de leur position. Et l'enjeu était important : des écoles et des hôpitaux pour certains des habitants les plus pauvres de la planète.

Outre ce désaccord sur la façon de prendre en compte l'aide étrangère, j'ai été aussi immédiatement mêlé à un autre différend entre le FMI et l'Éthiopie. Celle-ci, en puisant dans ses réserves, avait remboursé par anticipation un emprunt à une banque américaine. *Économiquement*, cette décision était parfaitement sensée. En dépit de la qualité du nantissement (un avion), l'Éthiopie payait un taux d'intérêt de loin plus élevé que celui qu'elle recevait pour ses réserves. Je lui aurais conseillé, moi aussi, de rembourser, d'autant plus que, s'il avait un jour besoin de cet argent, l'État pourrait très probablement l'obtenir sans problème en utilisant l'avion comme gage. Les États-Unis et le FMI avaient protesté contre ce remboursement anticipé. Ce n'était pas la logique de la décision qu'ils critiquaient, mais le fait que l'Éthiopie l'avait prise sans l'aval du FMI. Or pourquoi un État souverain demanderait-il la permission du FMI pour chaque décision qu'il prend ? On aurait pu comprendre le désaveu conjoint des États-Unis et du FMI si l'initiative de l'Éthiopie avait compromis sa capacité de rembourser ses dettes au Fonds, mais, puisque c'était une bonne décision financière, elle améliorait au contraire sa capacité de remboursement.

Pendant des années, au quartier général du FMI, 19e Rue à Washington, on avait dit et répété : « responsabilité financière » et : « Nous jugeons aux résultats. » Les résultats des politiques suivies par l'Éthiopie, et en grande partie conçues par elle-même, auraient dû convaincre qu'elle était capable de prendre en main son destin. Mais le FMI estimait que les pays à qui il versait de l'argent avaient obligation de lui soumettre tout ce qui pouvait avoir un rapport avec le prêt ; s'ils ne le faisaient pas, c'était une raison suffisante pour le suspendre, que l'initiative fût raisonnable ou non. Pour l'Éthiopie, cette volonté d'ingérence ressemblait fort à une nouvelle forme de colonialisme. Pour le FMI, ce n'était qu'une procédure administrative normale.

Il y avait un autre point de friction dans les relations Éthiopie-FMI : la libéralisation des marchés financiers éthiopiens. Le dynamisme des marchés financiers est le signe distinctif du capitalisme, et en nul autre domaine l'écart entre pays développés et moins développés n'est plus grand. L'ensemble du système bancaire de l'Éthiopie (mesuré, par exemple, à la taille de ses actifs) est un peu inférieur à celui de Bethesda, Maryland, petite banlieue de la périphérie de Washington qui compte 55277 habitants. Le FMI voulait non seulement que l'Éthiopie ouvre ses marchés financiers à la concurrence occidentale, mais aussi qu'elle scinde ses principales banques en plusieurs morceaux. Dans un monde où certaines méga-institutions financières américaines comme la Citibank et Travelers, ou Manufacturer Hanover et Chemical déclarent qu'elles ont fusionné pour pouvoir participer efficacement à la concurrence, un établissement de la taille de la North East Bethesda National Bank n'avait évidemment aucun moyen de rivaliser avec un géant planétaire du style Citibank. Quand les institutions financières mondiales entrent dans un pays, elles peuvent écraser la concurrence intérieure. Et, même si elles enlèvent des affaires aux banques locales dans un pays comme l'Éthiopie, elles seront infiniment plus attentives et généreuses quand il s'agira de consentir des prêts aux grandes multinationales que pour faire crédit aux petites entreprises et aux agriculteurs.

Le FMI voulait plus qu'une simple ouverture du système bancaire à la concurrence étrangère. Il entendait « renforcer » le système financier en créant un marché d'adjudication pour les bons du Trésor de l'État éthiopien – réforme qui, si souhaitable qu'elle puisse être dans de nombreux pays, était totalement sans rapport avec le niveau de développement de l'Éthiopie. Il voulait aussi que celle-ci « libéralise » son marché financier, c'est-à-dire laisse les forces du marché déterminer librement les taux d'intérêt – ce que les États-Unis et l'Europe occidentale n'ont pas fait avant les années soixante-dix, époque où leurs marchés, et l'appareil de régulation nécessaire, étaient infiniment plus développés. Le FMI confondait les fins et les moyens. L'un des premiers objectifs d'un bon système bancaire est de fournir à de bonnes conditions des crédits à des gens qui les rembourseront. Dans un pays majoritairement rural comme l'Éthiopie, il est important pour les paysans pauvres d'avoir accès au crédit à des conditions raisonnables pour acheter les semences et les engrais. Le leur assurer n'est pas une tâche facile ; même aux États-Unis, à des étapes cruciales de leur développement où l'agriculture était importante, l'État fédéral a joué un rôle capital pour fournir le type de crédit nécessaire. Le système bancaire éthiopien était, à première vue du moins, très efficace, puisque l'écart entre ses taux créditeurs et ses taux débiteurs était beaucoup plus faible que dans d'autres pays en développement qui avaient suivi les conseils du FMI. Mais le Fonds n'était pas satisfait : il estimait que les taux d'intérêt devaient être déterminés librement par les forces des marchés internationaux, que ces marchés fussent concurrentiels ou non. Pour le FMI, libéraliser le système financier était une fin en soi. Sa foi naïve dans les marchés le persuadait qu'un système libéralisé diminuerait les taux d'intérêt des emprunts, donc augmenterait les fonds disponibles. Il était si sûr de la justesse de sa position dogmatique qu'il ne voyait guère d'intérêt à examiner les expériences réelles.

L'Éthiopie avait d'excellentes raisons de résister au FMI quand il exigeait qu'elle « ouvre » son système bancaire. Elle avait vu ce qui s'était passé chez l'un de ses voisins d'Afrique orientale, le Kenya, qui avait cédé. Le FMI avait insisté pour que ce pays « libéralise » son marché financier, persuadé que la concurrence entre les banques allait faire baisser les taux d'intérêt. Les résultats avaient été catastrophiques. Cette mesure avait été suivie par la croissance très rapide de banques d'affaires indigènes, à une époque où la législation bancaire et la surveillance des banques étaient inadéquates, avec les résultats prévisibles : quatorze banqueroutes pour les seules années 1993 et 1994. En fin de compte, les taux d'intérêt n'avaient pas diminué, mais augmenté. Le gouvernement éthiopien, on le comprendra, était circonspect. Soucieux de relever le niveau de vie dans le secteur rural, il craignait que la libéralisation n'ait un effet dévastateur sur son économie. Les paysans qui avaient jusque-là réussi à se faire prêter de l'argent allaient se trouver dans l'incapacité d'acheter les semences, puis les engrais, parce qu'ils ne trouveraient pas de crédit, ou seraient contraints de payer des taux d'intérêt plus élevés, ce qu'ils pouvaient difficilement se permettre. Nous parlons d'un pays ravagé par les sécheresses, qui provoquent d'immenses famines. Ses dirigeants ne voulaient pas aggraver les choses. Les Éthiopiens redoutaient que le conseil du FMI n'entraîne une chute des revenus des paysans, ce qui allait exacerber une situation déjà critique.

Voyant l'Éthiopie réticente à céder à ses exigences, le FMI laissa entendre que son gouvernement ne s'engageait pas sérieusement dans la voie de la réforme, et il suspendit ses opérations. Heureusement, d'autres économistes de la Banque mondiale et moi-même avons pu persuader la direction de la

Banque qu'accroître nos prêts à l'Éthiopie serait une bonne décision. C'était un pays qui en avait désespérément besoin, il avait un cadre macroéconomique de premier ordre et un gouvernement honnête, soucieux d'améliorer le sort désastreux de ses pauvres. La Banque mondiale tripla ses prêts, même s'il fallut des mois pour que le FMI révise enfin ses positions. Pour rétablir la situation, j'avais lancé, avec le soutien inestimable de certains collègues, une campagne résolue de « lobbyisme intellectuel ». À Washington, nous avions, mes collègues et moi, organisé des conférences pour amener chacun, tant au FMI qu'à la Banque mondiale, à prendre conscience des problèmes de la libéralisation du secteur financier dans les pays extrêmement sous-développés, et des effets de l'austérité budgétaire imposée sans nécessité à des pays pauvres dépendant de l'aide étrangère, comme l'Éthiopie. J'ai tenté d'atteindre de hauts dirigeants du FMI, directement ou par l'intermédiaire de collègues de la Banque mondiale, et ceux d'entre nous qui travaillaient en Éthiopie se sont également efforcés de persuader leurs homologues du FMI. J'ai usé de l'influence que pouvaient m'apporter mes liens avec l'administration Clinton, et me suis même entretenu avec l'« administrateur » qui représente les États-Unis auprès du FMI. Bref, j'ai fait tout ce que j'ai pu pour amener le FMI à rétablir son aide.

Il l'a fait, et je me plais à penser que mes efforts ont aidé l'Éthiopie. Mais j'ai appris qu'il fallait un temps et des efforts considérables pour opérer un changement, même de l'intérieur, dans une bureaucratie internationale. Ces organisations sont opaques, quasiment étanches : non seulement la circulation de l'information vers l'extérieur est très insuffisante, mais elle l'est peut-être encore plus dans l'autre sens, tant il est difficile pour les informations externes de pénétrer à l'intérieur. Sans parler de la difficulté pour l'information émanant de la base de l'organisation à remonter jusqu'au sommet.

L'affrontement à propos des prêts à l'Éthiopie m'a beaucoup appris sur la façon dont fonctionne le FMI. On pouvait démontrer clairement qu'il avait tort sur la libéralisation des marchés financiers et sur la position macroéconomique de ce pays, mais ses économistes se devaient de suivre leur propre chemin. Ils ne cherchaient pas d'avis extérieurs, ils n'écoutaient pas les autres, si bien informés et désintéressés qu'ils fussent. Les problèmes de fond passaient après les questions de procédure. Il était certes raisonnable que l'Éthiopie rembourse son prêt, mais l'important, c'était qu'elle n'avait pas consulté le FMI. La libéralisation des marchés financiers – comment la réussir au mieux dans un pays au stade de développement de l'Éthiopie – était une question de fond, et on aurait pu demander leur opinion à des experts. Mais le non-recours à des experts extérieurs pour contribuer à arbitrer un problème clairement conflictuel est tout à fait dans le style du FMI, qui s'arroge le monopole des « bons » conseils. Bien que, en toute logique, le FMI n'ait pas à prendre position sur une initiative qui ne compromet pas mais renforce la capacité d'un pays à s'acquitter de ses dettes, même une question comme le remboursement du prêt aurait pu être soumise à des spécialistes indépendants pour juger s'il était « raisonnable ». Mais agir ainsi aurait été sacrilège pour le FMI. Et, puisqu'il prenait si souvent ses décisions à huis clos – il n'y a eu pratiquement aucun débat public sur les problèmes que je viens d'évoquer –, le FMI s'exposait à la méfiance : n'étaient-ce pas la politique de force, des intérêts privés ou d'autres motivations occultes, sans rapport avec son mandat et ses objectifs officiels, qui influençaient son orientation et son comportement ?

Il est difficile pour une institution de taille modeste comme le FMI d'en savoir très long sur toutes les économies du monde. Certains de ses meilleurs économistes ont reçu mission de travailler sur les États-Unis mais, lorsque j'étais président du Council of Economic Advisers, j'ai souvent eu le sentiment que le FMI avait une compréhension limitée de l'économie américaine, ce qui l'amenait à faire de mauvaises recommandations. Par exemple, ses experts estimaient que l'inflation allait commencer à monter aux États-Unis dès que le chômage tomberait sous la barre des 6 %. Ce n'est pas ce qu'indiquaient nos modèles au CEA, mais ce que nous avions à dire ne les intéressait pas beaucoup. Nous avions raison, et le FMI avait tort. Le chômage aux États-Unis est descendu au-dessous de 4 % et l'inflation n'a toujours pas augmenté. Sur la base de leur analyse erronée de l'économie américaine, les économistes du FMI avançaient une prescription inadaptée : augmenter les taux d'intérêt. Fort heureusement, la Federal Reserve ne leur a prêté aucune attention.

Mais, du point de vue du FMI, ignorer les détails n'est pas grave, car il recourt volontiers à une méthode « taille unique », applicable dans tous les cas. Face aux défis des économies en développement et en transition, cette approche pose des problèmes particulièrement épineux. Le FMI ne se prétend pas vraiment expert en développement – son mandat originel est de maintenir la stabilité économique mondiale, non de réduire la pauvreté. Mais il n'hésite pas à peser – et à peser lourd – sur les questions de développement. Il s'agit de problèmes complexes. Les pays en développement affrontent, à bien des égards, des difficultés beaucoup plus graves que les pays développés. C'est que, dans les premiers, les marchés font souvent défaut ; et, quand ils existent, ils fonctionnent la plupart du temps imparfaitement. Les problèmes d'information sont légion, et les habitudes culturelles peuvent avoir d'importants effets sur les comportements économiques. Trop souvent, malheureusement, la formation des macroéconomistes ne les prépare guère aux problèmes qu'ils vont rencontrer dans les pays en développement. Dans certaines universités au sein desquelles le FMI recrute régulièrement, le programme central porte sur des modèles où le chômage est inexistant. Dans le modèle standard de la concurrence – celui qui sous-tend le fanatisme du libre marché cher au FMI –, la demande est toujours égale à l'offre. Si la demande de travail est égale à l'offre, il n'y a jamais de chômage *involontaire*. Celui qui ne travaille pas a, de toute évidence, choisi de ne pas travailler. Vu sous cet angle, le chômage de la grande crise des années trente, quand une personne sur quatre était sans emploi, a dû résulter d'un désir irrépressible de loisirs. Chercher les raisons de cette soudaine aspiration au temps libre, et découvrir pourquoi ceux qui en jouissaient avaient l'air si tristes, voilà un beau sujet pour les psychologues, mais, selon le modèle standard, ces questions ne relèvent pas du champ de l'économie. Si ces modèles surannés peuvent encore amuser un peu au sein du monde académique, ils sont tout à fait inadaptés pour comprendre les problèmes d'un pays comme l'Afrique du Sud, accablé d'un taux de chômage de plus de 25 % depuis le démantèlement de l'apartheid.

Les économistes du FMI ne pouvaient évidemment pas ignorer l'existence du chômage. Mais puisque, du point de vue du fanatisme du marché (selon lequel, par définition, les marchés fonctionnent parfaitement et la demande doit être égale à l'offre pour le travail comme pour tout autre bien ou facteur), il ne peut pas y avoir de chômage, c'est que le problème ne peut pas venir des marchés. Il doit donc venir d'ailleurs, de l'interférence de syndicats cupides et de politiciens dans les mécanismes du libre marché : ils demandent, et obtiennent, des salaires bien trop élevés. D'où une évidente conclusion pratique : s'il y a du chômage, il faut réduire les salaires.

Mais, même si la formation du macroéconomiste moyen du FMI avait été mieux adaptée aux problèmes du monde en développement, il est peu probable qu'une mission de trois semaines dans la capitale de l'Éthiopie, Addis-Abeba, ou dans toute autre, aurait pu réellement élaborer les mesures appropriées pour un pays. Il est infiniment plus probable qu'elles seront l'œuvre des économistes très compétents qui habitent ce pays, qui en ont une connaissance approfondie et qui travaillent quotidiennement à résoudre ses problèmes. Les éléments extérieurs peuvent être utiles s'ils font connaître les expériences d'autres pays et proposent plusieurs interprétations possibles des forces économiques à l'œuvre. Mais le FMI n'entendait pas jouer ce rôle de simple conseiller, en concurrence avec d'autres qui pourraient aussi soutenir leurs idées. Il voulait la place centrale dans la détermination de la politique. Et il pouvait l'occuper parce que sa position était fondée sur une idéologie – le fanatisme du marché – qui s'intéresse fort peu, voire pas du tout, aux situations et aux problèmes concrets. Les économistes du FMI peuvent ignorer les effets immédiats de leurs mesures sur un pays : ils se contentent de se déclarer convaincus qu'*à long terme* il sera en meilleure posture. Tout impact négatif à court terme n'est pour eux qu'une épreuve nécessaire dans le cadre de ce processus : la forte hausse des taux d'intérêt peut aujourd'hui répandre la famine, mais la liberté des marchés est indispensable à l'efficacité, l'efficacité engendre la croissance, et la croissance profite à tous. La souffrance et la douleur deviennent des phases de la rédemption : elles prouvent qu'un pays est sur la bonne voie. Or, si la douleur est parfois nécessaire, j'estime qu'elle n'est pas une vertu en soi. Des politiques bien conçues peuvent éviter beaucoup d'épreuves, et certaines formes de souffrance sont contre-productives – la misère engendrée par des réductions soudaines du soutien aux prix alimentaires, par exemple, qui provoque l'émeute, la violence urbaine et la destruction du tissu social.

Le FMI a bien travaillé : il a persuadé quantité de gens que sa politique inspirée par l'idéologie est nécessaire pour qu'un pays réussisse à long terme. Les économistes insistent toujours sur l'importance de la rareté – la limitation des ressources – et le FMI se présente volontiers en simple « messager de la rareté » : les pays ne peuvent pas vivre continuellement au-dessus de leurs moyens. On n'a pas besoin, bien sûr, d'une institution financière raffinée, peuplée d'économistes de haut niveau, pour leur dire de ne pas dépenser plus qu'ils ne gagnent. Mais les plans de réforme du FMI font bien autre chose que de s'assurer simplement que chaque pays vit en fonction de ses moyens.

Il y a d'autres solutions que les trains de mesures du style FMI : des programmes qui peuvent impliquer des sacrifices raisonnables mais ne reposent pas sur l'austérité et le fanatisme du marché, et qui ont donné des résultats positifs. On en a un bon exemple à 3700 kilomètres au sud de l'Éthiopie : au Botswana, petit pays de 1,5 million d'habitants qui a réussi à rester une démocratie stable depuis son indépendance.

Quand le Botswana a obtenu sa pleine indépendance en 1966, c'était un pays désespérément pauvre, comme l'Éthiopie et la plupart des autres États d'Afrique. Il avait un revenu annuel par habitant de 100 dollars. Lui aussi était majoritairement agricole, manquait d'eau et avait une infrastructure rudimentaire. Mais le Botswana constitue l'une des *success stories* du développement. Bien qu'il subisse aujourd'hui les ravages du sida, de 1961 à 1997 il a connu, en moyenne, un taux de croissance de plus de 7,5 %.

Ce qui a aidé le Botswana, c'est qu'il a des diamants. Mais des pays comme la République démocratique du Congo (l'ex-Zaïre), le Nigeria et la Sierra Leone sont eux aussi riches en ressources naturelles. Or cette abondance y a nourri la corruption et engendré des élites privilégiées qui se sont entre-déchirées pour le contrôle des richesses. Le Botswana a réussi parce qu'il a su maintenir un consensus politique, fondé sur un sens plus large de l'unité nationale. Ce consensus, indispensable au bon fonctionnement du contrat social entre gouvernants et gouvernés, avait été soigneusement élaboré par l'État, avec la coopération de conseillers extérieurs issus de diverses institutions publiques et fondations privées, dont la fondation Ford. Ces conseillers ont aidé le Botswana à mettre au point une stratégie d'avenir. À la différence de ceux du FMI, qui négocient essentiellement avec les ministères des Finances et les banques centrales, ils expliquaient franchement et ouvertement leur politique quand ils œuvraient avec le gouvernement à obtenir un soutien populaire aux projets et mesures prévus. Ils en discutaient avec de hauts responsables du pays, dont des ministres et des parlementaires, tant dans le cadre de séminaires ouverts qu'en tête à tête.

L'une des raisons de ce succès fut le soin avec lequel les principaux dirigeants du Botswana choisissaient leurs conseillers. Quand le FMI proposa un gouverneur adjoint à la Banque du Botswana, celle-ci ne l'accepta pas d'emblée : son gouverneur prit l'avion pour Washington afin de s'entretenir avec le candidat. Ce dernier fit un travail splendide. Aucune réussite, bien sûr, n'est totale : en une autre occasion, la Banque du Botswana laissa le FMI choisir son directeur de la recherche, et ce fut un désastre.

La différence d'approche ne se voit pas seulement aux résultats. Si le FMI est vilipendé presque partout dans le monde en développement, la relation chaleureuse qui s'est établie entre le Botswana et ses conseillers a été symbolisée par la remise de la plus haute décoration du pays à Steve Lewis, qui, à l'époque où il conseillait le Botswana, était professeur d'économie du développement à Williams (il devint plus tard président du Carleton College).

Le consensus, cet élément vital, a été mis en danger il y a vingt ans, quand une crise économique a frappé le Botswana.

Une sécheresse menaçait les moyens d'existence des nombreux habitants qui vivaient de l'élevage, et des difficultés dans l'industrie du diamant compromettaient l'équilibre budgétaire du pays et sa position sur les marchés des changes. Le Botswana souffrait exactement du type de crise de liquidité que le FMI était, à l'origine, censé traiter – une crise que l'on pouvait adoucir en finançant un déficit qui empêcherait la récession et ses épreuves. Mais si telle avait été l'intention de Keynes quand il avait insisté pour que l'on crée le FMI, celui-ci ne se voit plus aujourd'hui en financeur de déficit pour maintenir le plein emploi. Il s'est rallié à la position prékeynésienne de l'austérité budgétaire en cas de crise, et n'avance des fonds que si le pays emprunteur se conforme à ses idées sur la politique économique appropriée – presque toujours des mesures restrictives qui conduisent à des récessions, ou pis encore. Le Botswana, conscient de la volatilité de ses deux activités principales, l'élevage et l'industrie du diamant, avait prudemment constitué des réserves pour parer à l'éventualité d'une crise. Les voyant diminuer, il comprit qu'il devrait prendre d'autres mesures. Il se serra la ceinture, unit ses forces et se tira d'affaire. Mais, grâce aux vastes compétences en politique économique que le pays avait acquises au fil des ans et à ses méthodes consensuelles de prise de décision politique, l'austérité n'a pas suscité les clivages sociaux qui accompagnent si souvent les plans du FMI. On peut présumer que si le FMI avait fait son devoir – qui est, rappelons-le, de fournir rapidement des fonds en temps de crise aux pays dont la politique économique est saine, sans chercher à leur imposer des conditions –, le Botswana serait sorti de ses difficultés encore moins douloureusement. (Détail amusant : ce pays ayant déjà pris la plupart des mesures que le FMI avait coutume de réclamer, la mission du Fonds arrivée en 1981 a eu beaucoup de mal à imposer de nouvelles conditions.) Depuis lors, le Botswana n'a jamais plus sollicité le FMI.

Avant même ces événements, l'aide de conseillers extérieurs – indépendants des institutions financières internationales – avait joué un rôle dans le succès du Botswana. Il n'aurait pas réussi comme il l'a fait s'il avait maintenu son contrat initial avec le cartel du diamant sud-africain. En 1969, trois ans après l'indépendance, celui-ci avait payé au Botswana 20 millions de dollars une concession de diamants qui rapportait 60 millions de dollars de profit par an. Autrement dit, il avait récupéré le capital investi en quatre mois ! Un avocat brillant et dévoué, envoyé par la Banque mondiale au gouvernement du Botswana, préconisa énergiquement de renégocier le contrat à un prix plus élevé. Consternation des intérêts miniers. De Beers (le cartel du diamant sud-africain) s'efforça d'expliquer que le Botswana était trop gourmand. Il exerça toutes les pressions politiques qu'il put au sein de la Banque mondiale pour stopper l'avocat. Et il finit par obtenir une lettre qui disait clairement que celui-ci ne parlait pas au nom de la Banque mondiale. « C'est bien pour cela que nous l'écoutons », répondirent les responsables botswanais. Finalement, la découverte d'une seconde grande mine de diamants donna au Botswana la possibilité de renégocier globalement ses rapports avec le cartel. Le nouvel accord a jusqu'ici bien servi les intérêts du pays, et lui a permis de maintenir de bonnes relations avec De Beers.

L'Éthiopie et le Botswana illustrent parfaitement les défis auxquels sont aujourd'hui confrontés les pays d'Afrique les plus dynamiques : des pays où les gouvernants veulent le bien-être de leur peuple, des démocraties fragiles et parfois imparfaites s'efforçant de créer une vie nouvelle à partir d'un héritage chaotique qui les a laissés sans institutions ni ressources humaines. Les deux pays symbolisent aussi les grands contrastes qui marquent le monde en développement : ici le succès et là l'échec, ici le riche et là le pauvre, ici l'espoir et là la réalité, ici ce qui est et là ce qui aurait pu être.

Ces contrastes, j'en ai pris conscience dès mon arrivée au Kenya, à la fin des années soixante. C'était un pays riche, fertile, où certaines des meilleures terres appartenaient toujours aux anciens colons. Les administrateurs coloniaux, eux aussi, étaient encore là. On les appelait désormais « conseillers ».

J'ai observé les événements en Afrique orientale au cours des années suivantes, et j'y suis retourné plusieurs fois en qualité d'économiste en chef de la Banque mondiale : le contraste entre les aspirations des années soixante et ce qui s'est passé ensuite est frappant. Lors de mon premier séjour, l'esprit d'*uhuru*, le mot swahili qui veut dire «liberté», et d'*ujama*, «compter sur ses propres forces», était omniprésent. Quand je suis revenu, les services de l'État étaient peuplés de Kenyans très instruits et s'exprimant bien, mais l'économie se dégradait depuis des années. Certains problèmes étaient dus aux Kenyans eux-mêmes – la corruption, qui apparemment faisait rage –, mais on pouvait accuser à juste titre l'influence étrangère d'être responsable, au moins en partie, des taux d'intérêt élevés que le pays devait aux conseils du FMI, et d'autres difficultés.

En sa qualité de pays producteur de café relativement riche, l'Ouganda avait entamé la transition dans une meilleure situation que tout autre État, mais il manquait d'administrateurs et de dirigeants indigènes formés. Les Britanniques n'avaient autorisé que deux Africains à se hausser au grade de sergent-chef dans leur armée. L'un d'eux était, malheureusement pour son pays, un Ougandais nommé Idi Amin, qui devint dans l'armée ougandaise le général Amin Dada et renversa le Premier ministre Milton Obote en 1971. (Amin Dada inspirait une certaine confiance aux Britanniques en raison de ses bons et loyaux services dans les King's African Rifles au cours de la Seconde Guerre mondiale et pendant la lutte de la Grande-Bretagne contre la révolte des Mau-Mau au Kenya.) Il fit du pays un charnier : 300000 personnes furent tuées parce qu'elles étaient jugées hostiles au «président à vie», titre qu'Amin s'était décerné en 1976. Le régime de terreur de ce dictateur, que l'on peut considérer comme psychopathe, ne s'est achevé qu'en 1979, quand il a été renversé par des exilés ougandais et des forces venues de la Tanzanie voisine. Aujourd'hui, le pays est sur la voie du redressement sous l'égide d'un dirigeant charismatique, Yoweri Museveni, qui a réalisé de grandes réformes avec un succès remarquable et fait reculer l'analphabétisme et le sida. Sans compter qu'il est aussi intéressant quand il parle de philosophie politique que de stratégie du développement.

Mais écouter les réflexions des «pays clients» sur des sujets comme la stratégie du développement ou l'austérité budgétaire n'intéresse pas beaucoup le FMI. Trop souvent, il s'adresse à eux sur le ton du maître colonial. Une image peut valoir mille mots, et une photo saisie au vol en 1998 et montrée dans le monde entier s'est gravée dans l'esprit de millions de personnes, en particulier dans les ex-colonies. On y voit le directeur général du FMI (on appelle directeur général le plus haut dirigeant du FMI), Michel Camdessus, un ex-bureaucrate du Trésor français, de petite taille et bien vêtu, qui se disait autrefois socialiste – il se définit lui-même, avec malice, comme un « socialiste de l'espèce néolibérale » –, debout, regard sévère et bras croisés, dominant le président indonésien assis et humilié. Celui-ci, impuissant, se voit contraint d'abandonner la souveraineté économique de son pays au FMI en échange de l'aide dont il a besoin. Paradoxalement, une bonne partie de cet argent n'a pas servi, en fin de compte, à aider l'Indonésie mais à tirer d'affaire les « puissances coloniales » – les créanciers du secteur privé. (Officiellement, la « cérémonie » était la signature d'une lettre d'accord – ses termes sont dictés par le FMI mais, par artifice, on fait comme si la « lettre d'intentions » venait du gouvernement concerné !)

Les défenseurs de Camdessus affirment que la photo est injuste, qu'elle a été prise à son insu et qu'il était vu hors contexte. Mais c'est bien là la question : dans les contacts ordinaires, loin des caméras et des journalistes, c'est exactement l'attitude qu'adoptent les agents du FMI, du directeur général au plus petit bureaucrate. Cette photo a posé aux habitants des pays en développement une question troublante. Les choses avaient-elles vraiment changé depuis la fin « officielle » du colonialisme, il y a un demi-siècle ? Quand je l'ai vue, des images d'autres signatures d'« accords » me sont revenues à l'esprit. Cette scène n'évoquait-elle pas l'« ouverture du Japon » par la diplomatie de la canonnière de l'amiral Perry, la fin des guerres de l'Opium, la reddition des maharadjahs en Inde ?

L'attitude du FMI, comme celle de son chef, était claire : il était la source vive de la sagesse, le détenteur d'une orthodoxie trop subtile pour être comprise dans le monde en développement. Ce message, il ne l'assenait que trop souvent. Dans le meilleur des cas, il y avait un membre de l'élite – un ministre des Finances ou le directeur d'une banque centrale – avec lequel le FMI pouvait, éventuellement, avoir un dialogue sensé. Hors de ce cercle, il n'était pas même question d'essayer de discuter : cela n'avait aucun intérêt.

Il y a un quart de siècle, les pays en développement auraient pu à bon droit témoigner un certain respect aux « experts » du FMI. Mais, de même qu'il y a eu inversion du rapport de forces militaire, il y a eu inversion plus spectaculaire encore du rapport de forces intellectuel. Aujourd'hui, le monde en développement a ses propres économistes, dont beaucoup sont formés dans les meilleures institutions académiques du monde. Ils ont un atout important : la politique, les réalités et les évolutions locales leur sont familières depuis toujours. Le FMI est comme tant d'autres bureaucraties; il a souvent cherché à étendre ses activités au-delà des limites que lui fixaient ses objectifs initiaux. Puisque sa mission l'éloigne insensiblement de son domaine central de compétence, la macroéconomie, pour l'entraîner dans des problèmes structurels comme les privatisations, les marchés du travail, les réformes des retraites, etc., et dans les vastes horizons des stratégies de développement, le rapport de forces intellectuel joue de plus en plus contre lui.

Le FMI, bien sûr, prétend qu'il ne dicte jamais un accord de prêt, qu'il en négocie toujours les termes avec le pays emprunteur. Mais ce sont des négociations unilatérales : il a toutes les cartes en main, pour la raison essentielle que beaucoup de pays qui sollicitent son aide ont désespérément besoin d'argent. Je l'avais déjà vu clairement en Éthiopie et dans les autres pays en développement dont je me suis occupé, et cela s'est encore imposé à moi lors de ma visite de décembre 1997 en Corée du Sud, en pleine crise asiatique. Les économistes coréens savaient que les orientations imposées à leur pays par le FMI seraient désastreuses. Si, après leur application, le FMI lui-même reconnaît rétrospectivement qu'il a imposé des mesures d'austérité trop rigoureuses, avant leur application peu d'économistes (à l'exception du FMI) pensaient que cette politique avait un sens[2]. Pourtant, les responsables économiques de la Corée n'ont pas dit un mot. Je me demandais pourquoi, mais ils ne m'ont donné aucune explication – jusqu'à une visite ultérieure, deux ans plus tard, à une date où l'économie coréenne s'était redressée. La raison était bien celle que, sur la base de l'expérience passée, je soupçonnais depuis le début. Les dirigeants coréens m'ont déclaré, avec réticence, qu'ils avaient eu peur de manifester ouvertement leur désaccord. Non seulement le FMI pouvait leur ôter ses propres financements, mais il risquait de fulminer du haut de sa chaire pour décourager les investissements privés, en faisant part aux institutions financières du secteur privé des doutes que lui inspirait l'économie coréenne. Donc la Corée n'avait pas le choix. Même une critique implicite du programme du FMI aurait pu avoir un effet désastreux. Le Fonds en aurait conclu que le gouvernement coréen ne comprenait pas pleinement l'« économie FMI », qu'il faisait des réserves, donc qu'une application effective du plan n'était pas très sûre. (On use au FMI d'une expression spéciale pour désigner ces situations : le pays est dit *off track*, il a « quitté la route ». Il n'y a qu'un seul « bon » chemin, et le moindre écart est l'annonce d'un déraillement imminent.) Un communiqué du FMI annonçant publiquement la rupture des négociations, ou même leur report, enverrait un signal très négatif aux marchés. Il provoquerait, au mieux, une hausse des taux d'intérêt, au pis, un retrait total des fonds privés. Il y a plus grave encore pour certains pays très pauvres, qui de toute façon n'ont guère accès aux capitaux privés : d'autres donateurs (la Banque mondiale, l'Union européenne et de nombreux pays) posent comme condition à leur aide que le pays ait reçu l'approbation du FMI. Et des initiatives récentes en matière d'allégement de la dette ont encore accru son pouvoir : tant que le FMI n'approuve pas la politique économique du pays, pas d'allégement ! Cela lui donne un énorme moyen de pression – et il le sait.

Le déséquilibre des forces entre le FMI et les « pays clients » crée inévitablement une tension entre eux, mais le comportement du premier dans les négociations exacerbe ce rapport déjà difficile. En dictant les termes des accords, le FMI étouffe de fait toute discussion au sein du gouvernement client – *a fortiori* tout débat dans le pays – sur d'autres solutions possibles. En temps de crise, le FMI défendait son attitude en alléguant simplement le manque de temps. Mais qu'il y eût crise ou non, son comportement ne changeait guère. Son point de vue était simple : les questions, en particulier posées à grand bruit et publiquement, seraient perçues comme un défi à l'orthodoxie inviolable. S'il les acceptait, elles pourraient même saper son autorité et sa crédibilité. Les chefs de gouvernement le savaient et jouaient le jeu : ils pouvaient argumenter en privé, mais pas en public. Les chances de faire évoluer les idées du FMI étaient négligeables ; celles de contrarier ses dirigeants, et de leur donner envie de se montrer encore plus durs sur d'autres problèmes, infiniment supérieures. Et, s'ils étaient furieux ou contrariés, le FMI risquait de reporter ses prêts à plus tard – perspective terrifiante pour un pays confronté à une crise. Cependant, lorsque les dirigeants des États semblaient aller dans le sens de ses recommandations, cela ne voulait pas dire qu'ils étaient vraiment d'accord, et le FMI le savait.

Même une lecture distraite des termes ordinaires des accords entre le FMI et les pays en développement montrait à quel point la confiance ne régnait pas. Le personnel du FMI surveillait non seulement l'évolution des indicateurs pertinents d'une gestion macroéconomique saine – l'inflation, la croissance et le chômage –, mais aussi celle de variables intermédiaires – telles que la masse monétaire – qui n'ont souvent que des liens assez lâches avec les variables réellement importantes. Les pays se voyaient fixer des objectifs stricts – ce qu'ils devaient accomplir en trente jours, en soixante jours, en quatre-vingt-dix jours. Dans certains cas, les accords stipulaient *quelles lois* leur parlement devrait voter pour satisfaire aux exigences – ou « cibles » – du FMI, et quand.

Ces « cibles » sont appelées « conditions », et la « conditionnalité » est un sujet chaudement débattu dans le monde en développement. Tout contrat de prêt, bien sûr, stipule des conditions fondamentales. Il précise au moins que le prêt est accordé à la condition qu'il sera remboursé, généralement selon un calendrier prévu. Beaucoup de contrats de prêt imposent des conditions conçues pour accroître les probabilités de remboursement. Mais le mot « conditionnalité » désigne des conditions plus rigoureuses, qui transforment souvent le prêt en arme politique. Si le FMI, par exemple, veut qu'un pays libéralise ses marchés financiers, il peut lui remettre l'argent du prêt en plusieurs fois, en liant chaque versement à une étape vérifiable de la libéralisation. Personnellement, j'estime que la conditionnalité, du moins avec le profil et l'envergure que le FMI lui a donnés, est une mauvaise idée. Il n'est guère prouvé qu'elle ait amélioré la gestion de l'économie, mais elle a des effets politiques négatifs, car les pays sont furieux de se voir imposer des conditions. Certains la défendent en arguant que tout banquier pose ses conditions à l'emprunteur pour être plus sûr de se faire rembourser. Mais la conditionnalité imposée par le FMI et la Banque mondiale est très différente. Dans certains cas, elle rend même *moins* probable le remboursement. Par exemple, les conditions qui risquent d'affaiblir l'économie à court terme, quels que soient leurs mérites à long terme, menacent d'aggraver la crise, donc de rendre plus difficile le remboursement des prêts à court terme du FMI. Éliminer les entraves au commerce, les monopoles et les distorsions fiscales peut stimuler la croissance à long terme, mais les perturbations que cela entraîne pour l'économie, quand elle s'efforce de s'ajuster, ne peuvent qu'approfondir sa récession. Si la conditionnalité n'est pas justifiable par la responsabilité fiduciaire du FMI, le serait-elle par ce que l'on pourrait appeler sa responsabilité morale, son devoir de tout faire pour renforcer l'économie des pays venus solliciter son aide ? Sur ce plan-là, le risque était clair : même quand elles étaient bien intentionnées, ces innombrables conditions – il y en avait parfois plus d'une centaine, chacune assortie d'un calendrier impératif – pouvaient réduire l'aptitude du pays à traiter ses urgences centrales.

Et ces conditions allaient au-delà de l'économie : elles portaient sur des points qui relèvent normalement de la politique. Dans le cas de la Corée, par exemple, les accords de prêt stipulaient que la charte de la banque centrale serait modifiée pour la rendre indépendante du processus politique, bien qu'il n'y ait guère de preuve que les pays qui ont des banques centrales indépendantes connaissent une croissance plus rapide[3] ou subissent des fluctuations moins nombreuses ou moins prononcées. Beaucoup pensent que la Banque centrale européenne – indépendante – a lourdement aggravé le ralentissement économique de l'Europe en 2001 parce qu'elle a réagi en enfant buté aux inquiétudes politiques bien naturelles qu'inspirait la montée du chômage. Simplement pour bien montrer qu'elle était indépendante, elle a refusé de baisser les taux d'intérêt, et personne n'a rien pu faire. Le problème est en partie dû au mandat de la Banque centrale européenne, qui lui impose de se concentrer sur l'inflation. Le FMI a préconisé d'adopter ce type de mandat dans le monde entier alors qu'il peut étouffer la croissance et aggraver les récessions. En pleine crise asiatique, la banque centrale de Corée s'est vu demander de se focaliser exclusivement sur l'inflation, alors que la Corée n'avait jamais eu aucun problème d'inflation et qu'il n'y avait aucune raison de croire qu'une mauvaise gestion de la politique monétaire avait joué le moindre rôle dans les événements. Le FMI a simplement profité de la position de force que lui assurait la crise pour faire avancer son programme politique. À Séoul, j'ai demandé à l'équipe du FMI pourquoi elle posait cette condition, et la réponse m'a atterré (bien qu'à cette date elle n'eût pas dû me surprendre) : nous exigeons toujours que les pays aient une banque centrale indépendante qui se concentre sur l'inflation. C'était un problème qui me tenait à cœur. Quand j'étais premier conseiller économique du président Clinton, nous avions repoussé une tentative du sénateur de Floride Connie Mack pour modifier la charte de la Federal Reserve afin qu'elle se focalise exclusivement sur l'inflation. La banque centrale des États-Unis a pour mandat d'œuvrer non seulement contre l'inflation mais aussi pour l'emploi et pour la croissance. Le Président a pris position contre le changement proposé, et nous savions que si le peuple américain avait une idée sur la question, c'était que la Fed se concentrait déjà *trop* sur l'inflation. Le Président fit savoir clairement que c'était un problème sur lequel il se battrait et, dès qu'il n'y eut plus aucun doute sur ce point, les promoteurs du projet abandonnèrent la partie. Et voici que le FMI – en partie sous l'influence des États-Unis – imposait à la Corée une condition politique que la plupart des Américains auraient jugée inacceptable pour eux-mêmes !

Parfois, on avait l'impression que les conditions n'étaient qu'une simple démonstration de force. Dans son accord de prêt de 1997 avec la Corée, le FMI a exigé que la date de l'ouverture des marchés coréens à certains produits japonais soit avancée, mesure qui ne pouvait sûrement pas aider la Corée à faire face aux difficultés de la crise. Dans certains cas, on « profitait de l'occasion » – on utilisait la crise pour imposer des changements que le FMI et la Banque mondiale réclamaient depuis longtemps. Mais, dans d'autres, c'était de la pure politique de puissance : on extorquait une concession sans grande valeur, uniquement pour montrer qui était le maître.

Si la conditionnalité a engendré de la rancœur, elle n'a pas réussi à engendrer du développement. Des études, à la Banque mondiale et ailleurs, ont prouvé non seulement qu'elle n'assurait pas une bonne utilisation de l'argent et une croissance plus rapide, mais même qu'elle n'avait aucun impact démontrable sur ces deux points. Une bonne politique, cela ne s'achète pas.

La conditionnalité a échoué pour plusieurs raisons. La plus simple est liée à un concept de base des économistes, la fongibilité. Puisque les fonds qui entrent à une fin précise en libèrent d'autres pour des usages différents, leur impact net n'aura peut-être rien à voir avec l'objectif prévu. Même si l'on impose des conditions qui assurent que ce prêt particulier sera bien utilisé, il libère des ressources ailleurs qui, elles, ne le seront pas forcément. Supposons qu'un pays ait deux routes en projet, l'une pour permettre au président de gagner plus facilement sa résidence d'été, l'autre pour donner à une importante communauté d'agriculteurs la possibilité d'acheminer ses récoltes jusqu'à un port, mais qu'il n'ait les moyens d'en financer qu'une seule. La Banque peut exiger que son argent aille au projet qui améliore les revenus des ruraux pauvres mais, en fournissant ces fonds, elle permet en fait à l'État de financer l'autre route.

D'autres raisons expliquent aussi l'incapacité de la conditionnalité à stimuler la croissance économique. Parfois, ce sont les conditions qui sont mauvaises : la libéralisation des marchés financiers au Kenya et l'austérité budgétaire en Asie orientale ont eu sur ces pays des effets négatifs. Dans d'autres cas, la façon dont on les a imposées les a rendues politiquement insoutenables : quand un nouveau gouvernement accède au pouvoir, elles sont abandonnées. Perçues comme des ingérences de la nouvelle puissance coloniale qui bafouent la souveraineté du pays, les conditions ne résistent pas aux vicissitudes de la vie politique.

La position du FMI était assez paradoxale. Il prétendait se situer au-dessus de la politique, mais il était clair que la politique jouait un grand rôle dans ses prêts. Il avait fait un *casus belli* de la corruption au Kenya : l'ayant constatée, il avait interrompu ses prêts, assez réduits, à destination de ce pays. Or il envoyait toujours de l'argent, des milliards de dollars, en Russie et en Indonésie. Certains ont pu dire qu'il fermait les yeux sur le grand banditisme mais était intraitable sur le vol à la tire. Il n'aurait pas dû se montrer plus tendre avec le Kenya – l'escroquerie était en fait de belle taille par rapport à l'économie –, mais plus dur avec la Russie. Ce n'est pas seulement un problème d'équité ou de cohérence : le monde est injuste, et nul ne s'attendait vraiment à voir le FMI traiter une puissance nucléaire de la même façon qu'un pays africain pauvre sans grande importance stratégique. C'est, tout simplement, que les décisions de prêts *sont* politiques, que les recommandations du FMI intègrent souvent des jugements politiques. L'une des raisons pour lesquelles le FMI soutient la privatisation, c'est qu'il estime que les États, quand ils gèrent des entreprises, ne peuvent pas « s'isoler » des pressions politiques. Croire possible de séparer l'économie de la politique, et plus largement de la société, est en soi une preuve d'étroitesse de vues : si des mesures imposées par les prêteurs provoquent des émeutes, comme on l'a vu dans tant de pays, la situation économique s'aggravera car les capitaux s'enfuiront et les entreprises hésiteront à faire de nouveaux investissements. Ce type de mesures ne mène donc ni au développement ni à la stabilité économique.

Les critiques contre les conditions du FMI ne portaient pas seulement sur leur nature et sur les moyens par lesquels on les imposait, mais aussi sur la façon dont on les élaborait. La procédure normale du Fonds consiste à rédiger un projet de rapport avant de se rendre dans le pays client. La visite n'a pour but que d'affiner ce projet et ses recommandations et de repérer d'éventuelles erreurs grossières. En pratique, le projet de rapport est souvent ce que l'on appelle un *boiler plate* : on y insère des paragraphes entiers empruntés au rapport d'un autre pays. Rien de plus simple, avec le traitement de texte. Une histoire, peut-être apocryphe, veut qu'un jour, un logiciel de traitement de texte ayant omis de faire un «rechercher-remplacer», le nom du pays auquel un rapport avait été emprunté dans sa quasi-totalité soit resté dans le document mis en circulation. S'agissait-il d'un cas unique s'expliquant par l'urgence ? Il est difficile de le savoir, mais cette bourde réelle ou supposée a renforcé dans bien des esprits l'image du rapport «taille unique»

Même les pays qui n'empruntent pas d'argent au FMI peuvent être atteints par ses idées. Ce n'est pas seulement par la conditionnalité qu'il impose ses points de vue à toute la planète. Le FMI a un entretien annuel avec tous les pays du monde. Ces consultations, dites «au titre de l'article IV», car c'est l'article de la charte qui les a prévues, ont pour raison d'être officielle de vérifier que chacun d'eux respecte les clauses de l'accord qui a créé le FMI (essentiellement, qu'il assure la convertibilité des devises à des fins commerciales). Mais le changement furtif de mission les a touchées, comme les autres activités du FMI. Les authentiques «consultations au titre de l'article IV» ne constituent qu'un élément mineur du processus global de surveillance. Ce rapport, c'est en fait la note qu'attribue le FMI à l'économie du pays.

Si les petits pays doivent souvent écouter très attentivement les évaluations «article IV», les États-Unis et d'autres pays développés peuvent les ignorer totalement. Le FMI souffrait d'une paranoïa de l'inflation, même lorsque son taux aux États-Unis était le plus bas depuis des décennies. Sa prescription était donc prévisible : augmenter les taux d'intérêt pour ralentir l'économie. Il ne comprenait absolument rien aux changements en cours dans l'économie américaine pendant la décennie quatre-vingt-dix, changements qui ont permis aux Américains de jouir simultanément d'une croissance rapide, d'une baisse du chômage et d'une inflation faible. S'ils avaient suivi le conseil du FMI, les États-Unis n'auraient pas alors connu l'expansion économique de cette période – qui n'a pas seulement apporté au pays une prospérité sans précédent, mais lui a également donné la possibilité de transformer son déficit budgétaire massif en excédent de belle taille. La baisse du chômage a eu aussi de profondes conséquences sociales, aspect des choses qui ne retient guère l'attention du FMI, où que ce soit. Des millions de personnes qui avaient été exclues de la population active y ont été réintégrées, ce qui a réduit la pauvreté et le nombre d'assistés à un rythme inégalé. Cette évolution s'est traduite par une baisse du taux de criminalité. Tous les Américains en ont bénéficié. Le bas niveau du chômage a encouragé les gens à prendre des risques, à accepter des emplois moins sûrs, et cet état d'esprit a été un ingrédient essentiel du succès des États-Unis dans la « nouvelle économie ».

Les États-Unis ont ignoré la recommandation du FMI. Ni l'administration Clinton ni la Federal Reserve n'en ont fait cas. Nous pouvions agir ainsi impunément car les États-Unis n'attendent pas d'aide du Fonds, ni d'autres donateurs, et nous savions que le marché prêterait à son rapport aussi peu d'attention que nous. Il n'allait pas nous punir d'avoir ignoré ce conseil, ni nous récompenser de l'avoir suivi. Mais les pays pauvres du monde n'ont pas cette chance. Ils ne peuvent ignorer l'avis du FMI qu'à leurs risques et périls.

Le FMI devrait consulter largement *à l'intérieur* d'un pays lorsqu'il procède à ses évaluations et élabore ses plans, pour deux raisons au moins : les nationaux en savent probablement plus sur leur économie que ses experts – je l'ai constaté très clairement, même dans le cas des États-Unis ; et, pour que la mise en œuvre des plans soit durable et efficace, il faut que tout le pays s'engage, sur la base d'un large consensus. Ce consensus, on ne l'établira que par la discussion, le type de débat ouvert que jusqu'à présent le FMI a refusé. Soyons juste : en situation de crise, on n'a pas le temps, souvent, de mener le débat ouvert, la vaste consultation nécessaire pour créer un consensus. Mais le FMI est présent dans les pays africains depuis des années. S'ils sont en crise, il s'agit d'une crise chronique, permanente. On a le temps d'organiser des consultations et de réaliser un consensus – dans quelques rares cas, la Banque mondiale l'a fait, par exemple au Ghana (quand mon prédécesseur Michael Bruno était économiste en chef), et ces initiatives comptent parmi les exemples de stabilisation macroéconomique les plus réussis.

À la Banque mondiale, dans la période où j'y ai travaillé, ces idées n'ont cessé de gagner du terrain : la participation est importante ; les plans et mesures ne peuvent être imposés, ils ne réussiront que si les pays se les approprient ; élaborer un consensus est essentiel ; les politiques et stratégies de développement doivent être adaptées à la situation du pays ; et il faut passer de la « conditionnalité » à la « sélectivité » – récompenser les pays qui ont prouvé qu'ils se servent judicieusement des crédits en leur en fournissant davantage, en leur faisant confiance pour continuer à bien les utiliser, en créant des incitations fortes. Ces positions se sont traduites par un nouveau discours de la Banque, que reflètent les fortes paroles de son président James Wolfensohn : « Il faut mettre le pays sur le siège du conducteur. » Néanmoins, beaucoup disent que cette évolution n'est pas allée assez loin, que la Banque entend toujours garder le contrôle. On craint fort que la voiture dans laquelle le pays occupe le siège du conducteur ne soit à doubles commandes, les véritables restant aux mains du moniteur. Les attitudes et les modes de fonctionnement seront inévitablement lents à changer, et ils le feront à des rythmes différents suivant les pays. Il reste que, entre les positions de la Banque et celles du FMI sur ces questions, l'écart est considérable, dans les idées comme dans les procédures.

Même s'il en avait grande envie, le FMI ne pouvait pas, au moins dans son discours public, ignorer totalement la montée de ces exigences : faire participer davantage les pays pauvres à la formulation des stratégies de développement, et prêter plus d'attention à la pauvreté. Le FMI et la Banque mondiale ont donc décidé d'organiser, pour commencer, des évaluations « participatives » de la pauvreté : les pays clients et les deux institutions allaient prendre ensemble la mesure du problème. L'initiative relevait, en puissance, d'un changement radical de philosophie, mais le FMI n'en a peut-être pas perçu toute la portée, comme l'illustre l'anecdote suivante. Juste avant l'envol de sa mission initiale, et en théorie consultative, dans un pays client, le FMI, reconnaissant qu'il incombait à la Banque mondiale de jouer le premier rôle dans les projets concernant la pauvreté, lui envoya un message impérieux : elle devait adresser une copie de l'évaluation « participative » de la pauvreté du client au siège central du FMI, service « ASAP ». Certains d'entre nous ironisèrent : le FMI avait mal compris ; il avait cru que le changement radical de philosophie, c'était que, dans les missions communes Banque mondiale-FMI, la Banque allait vraiment participer, qu'elle aurait son mot à dire dans le rapport. Mais que les citoyens du pays emprunteur puissent aussi participer, alors là, c'était vraiment trop pour lui ! Ces plaisanteries pourraient faire rire si elles n'étaient pas, au fond, si perturbantes.

Mais même si, dans leur réalisation pratique, les évaluations participatives de la pauvreté ne sont pas parfaites, elles constituent un pas dans la bonne direction. Même s'il demeure un écart entre le discours et la réalité, il est important que, sur le plan des principes, le droit des habitants des pays en développement à s'exprimer et à jouer un rôle majeur ait été reconnu. Cela dit, si cet écart persiste trop longtemps ou reste trop grand, la déception l'emportera. Déjà, certains milieux expriment leurs doutes, et de plus en plus fort. Si les évaluations participatives de la pauvreté ont suscité dans de nombreux pays un débat public bien plus large qu'avant, les attentes en matière de participation et d'ouverture n'ont pas été pleinement satisfaites et le mécontentement grandit.

Aux États-Unis et dans d'autres démocraties qui fonctionnent, les citoyens estiment que la transparence et l'ouverture – la possibilité de savoir ce que fait l'État – sont des aspects essentiels de la responsabilité des pouvoirs publics. Et ils les considèrent comme des *droits*, non comme des faveurs octroyées par l'État. Le Freedom of Information Act – loi sur la liberté d'information – est devenu un élément important de la démocratie américaine. En revanche, dans le style de travail du FMI, les citoyens (ces perturbateurs qui allaient si souvent rechigner à accepter les accords, sans parler des idées du Fonds sur la « bonne » politique économique) étaient traités tout autrement : non seulement on les excluait de la discussion des accords, mais on ne leur disait même pas quels étaient les accords. D'ailleurs, la culture du secret était si forte que le FMI dissimulait une bonne partie des négociations et certains accords aux économistes de la Banque mondiale, même au cours des missions communes. Ses services s'en tenaient strictement au principe : informer uniquement ceux qui « ont besoin de savoir » – le chef de la mission du FMI, quelques personnes à son siège central de Washington et quelques membres du gouvernement du pays client. Mes collègues à la Banque mondiale s'en sont souvent plaints : même ceux qui avaient participé à une mission devaient, s'ils voulaient savoir ce qui se passait, solliciter les confidences des dirigeants du pays. Et il m'est arrivé de rencontrer des administrateurs (les représentants accrédités par les États auprès du FMI et de la Banque mondiale) à qui, manifestement, on n'avait rien dit du tout.

Un exemple récent montre à quelles extrémités peut aboutir le manque de transparence. Chacun sait que les pays en développement n'ont guère voix au chapitre dans les institutions économiques internationales, la question étant de savoir s'il s'agit d'un simple anachronisme dû à l'histoire ou d'une manifestation de la *Realpolitik*. Mais on pourrait penser que le gouvernement américain – dont le Congrès – a son mot à dire, au moins sur la façon dont vote son propre « administrateur », le représentant des États-Unis au FMI et à la Banque mondiale. En 2001, le Congrès a adopté, et le Président a ratifié, une loi exigeant que les États-Unis s'opposent aux projets qui rendent l'école primaire payante (pratique qui se dissimule sous le nom apparemment inoffensif de « récupération des coûts »). Or l'administrateur américain a tout simplement ignoré cette loi, et, en raison du secret des institutions, le Congrès n'avait aucun moyen de s'en apercevoir. C'est grâce à une fuite que l'affaire a été découverte, à la grande indignation des parlementaires, même les plus habitués aux manœuvres bureaucratiques.

Aujourd'hui, en dépit de tant de discours sur l'ouverture et la transparence, le FMI ne reconnaît toujours pas officiellement le « droit de savoir », cette liberté fondamentale du citoyen. Il n'existe pas de Freedom of Information Act qu'un Américain ou un citoyen d'un autre pays pourraient invoquer pour découvrir ce que fait cette institution internationale *publique*.

Que l'on me comprenne bien : en critiquant ainsi les méthodes du FMI, je ne veux pas dire qu'il perd toujours et partout son temps et son argent. Parfois, ses fonds sont allés à des gouvernements qui suivaient de bonnes politiques – mais pas nécessairement parce qu'il les avait recommandées. Ils ont eu alors un impact bénéfique. Dans certains pays, la conditionnalité a réorienté le débat public de telle façon que de meilleures décisions ont été prises. La rigidité des calendriers imposés par le FMI lui a été en partie inspirée par d'innombrables expériences où les États promettaient certaines réformes mais, une fois l'argent reçu, ne les mettaient pas en œuvre. Et elle a parfois contribué à accélérer le rythme du changement. Mais trop souvent, la conditionnalité n'a assuré ni un bon usage des financements ni des changements d'orientation sensés, profonds et durables. Dans certains cas, elle a même été contre-productive, soit parce que les mesures n'étaient pas adaptées au pays, soit parce que la façon dont on les a imposées a suscité l'hostilité à la réforme. Parfois, le plan du FMI a laissé le pays tout aussi pauvre, mais accablé de davantage de dettes et d'une élite dirigeante encore plus riche.

Dans les démocraties modernes, nous attendons de toute autorité publique qu'elle soit responsable devant les citoyens. Les institutions économiques internationales ont échappé à cette responsabilité directe. L'heure est venue de les « noter », elles aussi, à l'aune de leurs résultats, d'examiner leurs activités pour évaluer jusqu'à quel point elles ont réussi – ou échoué – dans la lutte pour la croissance et contre la pauvreté.

NOTES

1. Le régime de Mengistu aurait tué au moins 200 000 personnes, selon Human Rights Watch, et fait 750 000 réfugiés.

2. T. Lane, A. Ghosh, J. Hamann, S. Phillips, M. Schulze-Ghattas et T. Tsikata, « IMF-Supported Programs in Indonesia, Korea and Thailand : A Preliminary Assessment », *Occasional Papers*, n° 178, FMI, janvier 1999.

3. L'indépendance des banques centrales est un sujet à propos duquel la controverse fait rage. Si quelques données (fondées sur des régressions comparatives entre pays) suggèrent qu'elle pourrait s'accompagner de taux d'inflation plus faibles, on n'a guère de preuve d'une amélioration des variables réelles, comme la croissance ou l'emploi. Mon objectif ici n'est pas de trancher le différend mais de souligner que, puisqu'il y a controverse, on ne doit pas imposer aux pays l'un des points de vue.

3

Liberté de choisir ?

L'austérité, la privatisation et la libéralisation ont été les trois piliers du consensus de Washington au cours des années quatre-vingt et quatre-vingt-dix. Les mesures du consensus de Washington avaient été conçues pour répondre aux problèmes très réels de l'Amérique latine, et contenaient beaucoup de vrai. Dans les années quatre-vingt, les États latino-américains avaient souvent d'énormes déficits budgétaires. Les pertes des entreprises publiques inefficaces y contribuaient. Préservées de la concurrence par des mesures protectionnistes, les firmes privées inefficaces imposaient des prix élevés à leurs clients. Le laxisme de la politique monétaire avait déchaîné une inflation incontrôlable.

Les pays ne peuvent supporter des déficits persistants, et la croissance prolongée n'est pas possible avec l'hyperinflation. Une certaine discipline budgétaire est nécessaire. La plupart des pays seraient plus prospères si l'État se concentrait sur la mise en œuvre des services publics essentiels au lieu de diriger des entreprises dont on peut soutenir qu'elles seraient mieux gérées dans le secteur privé ; la privatisation a donc souvent un sens. Quand la libéralisation du commerce – l'abaissement des droits de douane et l'élimination des autres mesures protectionnistes – est accomplie correctement et au bon rythme afin que de nouveaux emplois soient créés parallèlement à la destruction des emplois improductifs, il peut y avoir des gains d'efficacité importants.

Le problème, c'est que beaucoup de ces politiques sont devenues des fins en soi, non des moyens au service d'une croissance juste et durable. Dans ces conditions, elles ont été poussées trop loin, trop vite, et sans être accompagnées d'autres mesures qui étaient nécessaires.

Les résultats ont été très éloignés des objectifs. L'austérité budgétaire poussée trop loin, dans une situation qui ne s'y prête pas, peut provoquer des récessions, et les taux d'intérêt élevés peuvent bloquer des entreprises encore frêles. Le FMI a étendu vigoureusement la privatisation et la libéralisation, à un rythme et dans un style qui ont souvent imposé des coûts très réels à des pays mal équipés pour les subir.

La privatisation

Dans beaucoup de pays en développement – mais aussi développés –, les États dépensent souvent trop d'énergie à faire ce qu'ils ne devraient pas faire, et cela les détourne de ce qu'ils devraient faire. Le problème n'est pas que l'État tient trop de place, mais qu'il n'est pas dans son rôle. Les États, en gros, n'ont pas à gérer la sidérurgie, et généralement ils le font très mal. (Les aciéries les plus efficaces du monde ont été créées et gérées par les États coréen et taïwanais, mais ce sont des exceptions.) En règle générale, des entreprises privées en concurrence entre elles peuvent s'acquitter plus efficacement de certaines tâches. Tel est le raisonnement qui fonde la privatisation – la conversion d'activités et d'entreprises gérées par l'État en branches et en firmes privées. Mais quelques importantes conditions préalables doivent être satisfaites pour que la privatisation puisse contribuer à la croissance d'une économie, et la façon dont on privatise fait une énorme différence.

Malheureusement, le FMI et la Banque mondiale ont traité ces questions d'un point de vue étroitement idéologique : il fallait privatiser vite. (Il existait des fiches de score pour les pays engagés dans la transition du communisme au marché : ceux qui privatisaient le plus rapidement recevaient de bonnes notes.) C'est pourquoi, souvent, les privatisations n'ont pas apporté les bienfaits promis. Et leur échec, par les problèmes qu'il a créés, a répandu l'hostilité contre l'idée même de privatisation.

En 1998, je me suis rendu dans des villages déshérités du Maroc pour y constater l'impact des projets de la Banque mondiale et d'organisations non gouvernementales sur la vie de leurs habitants. J'ai vu, par exemple, que des plans d'irrigation, conçus avec les communautés locales, avaient énormément accru la productivité agricole. Mais l'un des projets avait échoué. Une ONG avait beaucoup travaillé pour apprendre aux villageoises à élever des volailles, ce qu'elles pouvaient faire tout en poursuivant leurs tâches traditionnelles. À l'origine, ces femmes recevaient des poussins de sept jours d'une entreprise d'État. Mais, au moment de ma visite, cette nouvelle activité avait totalement disparu. J'ai discuté avec les villageoises et les autorités pour comprendre ce qui n'avait pas fonctionné. La réponse était simple. Le FMI avait signifié au gouvernement que ce n'était pas à l'État de distribuer des poussins. Ce dernier avait donc cessé d'en vendre. Le FMI s'était contenté de *postuler* que le secteur privé prendrait immédiatement le relais. De fait, un nouveau fournisseur, privé, a proposé aux villageoises de leur fournir des poussins nouveau-nés. Mais comme le taux de mortalité des poussins au cours des deux premières semaines est élevé, cette entreprise privée ne voulait donner aucune garantie. Les villageoises ne pouvaient pas prendre le risque d'acheter des poussins dont beaucoup allaient mourir. C'est ainsi qu'une activité nouvelle, qui devait améliorer la vie de ces paysans pauvres, avait été abandonnée.

Le postulat responsable de cet échec, je l'ai vu à l'œuvre à de multiples reprises. Le FMI suppose que les marchés agissent aussitôt pour répondre à tous les besoins. Tout simplement. En réalité, beaucoup d'activités d'État existent parce que les marchés *n'assurent pas* des services essentiels. Les exemples sont légion. Hors des États-Unis, on tient souvent cette idée pour une évidence. Quand la plupart des pays d'Europe ont créé leurs systèmes de retraite et d'indemnisation du chômage et du handicap, il n'existait pas de marchés privés efficaces des rentes annuelles, pas de firmes privées assurant les particuliers contre ces risques si importants de la vie. Même quand les États-Unis ont mis sur pied leur système de retraite – bien plus tard, au plus fort de la Grande Dépression, dans le cadre du

New Deal –, les marchés privés des rentes annuelles ne fonctionnaient pas correctement. Et, aujourd'hui encore, on ne trouve pas de rentes capables d'assurer un particulier contre l'inflation. Toujours aux États-Unis, si l'on a créé la Fannie Mae – la Federal National Mortgage Association –, c'est en partie parce que le marché privé ne fournissait pas de prêts hypothécaires à des taux raisonnables aux familles à revenu faible et moyen. Dans les pays en développement, ces problèmes sont encore pires. Éliminer l'entreprise d'État peut créer un vide immense. Et même si, finalement, le secteur privé entre en jeu, de terribles souffrances ont pu dans l'intervalle résulter de cette décision.

En Côte d'Ivoire, le service téléphonique a été privatisé, comme c'est si souvent le cas, avant la mise en place d'une réglementation adéquate et d'un cadre juridique assurant la concurrence. La firme française qui a acheté les actifs de l'État a persuadé le gouvernement de lui donner le monopole non seulement du réseau existant, mais aussi du nouveau secteur du téléphone portable. Cette société privée a procédé à des hausses de tarifs d'une ampleur telle que, par exemple, les étudiants du supérieur ne pouvaient s'offrir la connexion à Internet, essentielle si l'on veut empêcher que l'écart, déjà énorme, dans l'accès au monde numérique entre les riches et les pauvres ne s'accroisse encore davantage.

Le FMI soutient que le plus important, et de loin, c'est de privatiser vite. Les problèmes de concurrence et de réglementation, on pourra les régler ensuite. Le danger, c'est que, une fois que l'on a créé un intérêt privé, il a la motivation et les moyens financiers de maintenir sa position de monopole en étouffant dans l'œuf réglementation et concurrence et en semant au passage la corruption dans la vie politique. Si le FMI s'est moins intéressé aux problèmes de concurrence et de réglementation, c'est pour une raison très simple. Privatiser un monopole non réglementé rapporte plus gros à l'État, et le FMI se focalise bien plus sur les problèmes macroéconomiques, telle l'importance du déficit public, que sur les problèmes structurels, comme l'efficacité et la compétitivité de l'industrie. Que les monopoles privatisés se soient ou non montrés plus efficaces que l'État pour produire, ils ont souvent été plus efficaces que lui pour exploiter leur position de monopole. Par conséquent, les consommateurs ont souffert.

La privatisation s'est effectuée aux dépens non seulement des consommateurs, mais aussi du personnel. L'impact sur l'emploi a peut-être été l'argument majeur pour ou contre la privatisation : c'est seulement en privatisant que l'on pourra licencier les travailleurs improductifs, soulignaient ses partisans ; la privatisation va opérer des suppressions d'emplois sans se préoccuper de leur coût pour la société, rétorquaient ses adversaires. De fait, il y a beaucoup de vrai dans les deux positions. La privatisation fait souvent passer les entreprises d'État des pertes aux profits par une réduction massive du personnel. Mais les économistes sont censés penser à l'efficacité globale. Le chômage s'accompagne de coûts sociaux *que les firmes privées ne prennent absolument pas en compte*. Étant donné que la protection de l'emploi est minimale, les employeurs peuvent licencier les salariés à peu de frais ou sans frais du tout – dans le meilleur cas, ils auront une toute petite indemnité de perte d'emploi. Si la privatisation a été tant critiquée, c'est parce que, à la différence de ce que l'on appelle les investissements « sur terrain nu » – ceux qui fondent de nouvelles firmes, non ceux qui financent la reprise de firmes existantes par des investisseurs privés –, elle détruit souvent des emplois au lieu d'en créer de nouveaux.

Dans les pays industrialisés, l'épreuve des licenciements est reconnue, et parfois adoucie par le filet de sécurité des indemnités de chômage. Dans les pays en développement, les travailleurs sans emploi ne deviennent généralement pas une charge financière publique, puisqu'il existe rarement des systèmes d'assurance-chômage. Néanmoins, il peut y avoir un coût social important. Ses pires formes sont la violence urbaine, l'augmentation de la criminalité et les troubles sociaux et politiques. Mais même en l'absence de ces phénomènes, les coûts du chômage sont énormes. Il y a l'angoisse générale, y compris chez les salariés qui ont réussi à garder leur emploi ; le mécontentement massif ; les charges financières supplémentaires des membres de la famille qui ont encore un travail ; la déscolarisation des enfants pour qu'ils contribuent à soutenir financièrement le foyer. Ces types de coûts sociaux se prolongent après le choc immédiat de la perte d'emploi. Ils sont souvent particulièrement visibles quand une firme est vendue à des étrangers. Les entreprises nationales peuvent au moins s'adapter au contexte social[1]. Il leur arrive de répugner à licencier si elles savent qu'il n'y a pas d'autre emploi possible. Les propriétaires étrangers, eux, estimeront peut-être que leur premier devoir est de servir leurs actionnaires en maximisant la valeur boursière par une réduction des coûts, et ressentiront moins d'obligation à l'égard de ce qu'ils appelleront le « personnel en surnombre ».

Il est important de restructurer les entreprises publiques, et la privatisation est souvent un moyen efficace d'y parvenir. Mais retirer les gens de postes peu productifs dans les firmes d'État pour les mettre au chômage n'augmente pas les revenus d'un pays, et certainement pas le bien-être des travailleurs. La morale est simple, et je ne cesserai de la répéter : la privatisation doit s'inscrire dans une stratégie *globale*, qui prévoit des créations d'emplois *en tandem* avec les destructions d'emplois que l'on provoque souvent en privatisant. Il faut prendre des mesures macroéconomiques qui aident à créer des emplois, dont la baisse des taux d'intérêt. Tout est dans le choix du moment (et le respect des étapes). Ce ne sont pas de simples problèmes pratiques de « mise en œuvre », ce sont des questions de principe.

Le phénomène le plus préoccupant dans la privatisation telle qu'elle a été si souvent pratiquée, c'est peut-être la corruption. La rhétorique néolibérale affirme que la privatisation réduit ce que les économistes appellent la « recherche de rentes » – l'habitude des gouvernants d'écrémer les profits des entreprises publiques, ou de réserver les contrats et les emplois à leurs amis. Mais, contrairement à cet effet qu'elle était *censée* avoir, la privatisation a tant aggravé les choses que, dans beaucoup de pays aujourd'hui, on l'a rebaptisée par dérision la « bakchichisation ». Si un gouvernement est corrompu, rien ne prouve que la privatisation va résoudre le problème. Qui gère la privatisation ? Le même gouvernement corrompu qui a mal géré la firme. Dans un grand nombre de pays, les hauts responsables de l'État ont compris qu'avec la privatisation ils n'étaient plus obligés de se limiter à écrémer les profits annuels. Qu'en vendant une entreprise d'État au-dessous de son prix de marché ils pouvaient prendre pour eux un gros pourcentage de la valeur de ses actifs au lieu de laisser ces sommes à de futurs détenteurs du pouvoir. Bref, qu'ils pouvaient voler dès aujourd'hui une bonne partie de ce qu'auraient « écrémé » les politiciens de demain. Donc, n'en soyons pas surpris : le processus de privatisation truquée a été conçu pour maximiser les sommes que les ministres pourraient s'approprier personnellement, et non celles qui allaient tomber dans l'escarcelle de l'État – sans parler de l'efficacité globale de l'économie. La Russie, nous le verrons, offre un exemple dévastateur des coûts de la « privatisation à tout prix ».

Les partisans de la privatisation se sont naïvement persuadés que l'on pouvait négliger ces coûts, car les manuels semblaient dire que, une fois les droits de propriété privée clairement définis, les nouveaux propriétaires veilleraient à l'efficacité de la gestion. La situation allait donc s'améliorer à long terme, même si à court terme elle n'était pas brillante. Ils n'ont pas compris que, sans les structures juridiques et les institutions de régulation du marché appropriées, les nouveaux propriétaires risquaient d'être incités à piller les actifs au lieu d'en faire la base d'une expansion industrielle. Voilà pourquoi, en Russie et dans tant d'autres pays, la privatisation n'a pas été un facteur de croissance aussi efficace qu'elle aurait pu l'être. De fait, elle s'est parfois accompagnée d'une régression, et elle a puissamment contribué à miner la confiance dans les institutions démocratiques et dans le marché.

La libéralisation

La libéralisation – la suppression de l'intervention de l'État sur les marchés financiers et le démantèlement des entraves au commerce – a de nombreuses dimensions. Aujourd'hui, le FMI lui-même reconnaît qu'il l'a poussée trop loin, que la libéralisation des marchés des capitaux a contribué aux crises financières mondiales des années quatre-vingt-dix et qu'elle peut semer le chaos dans un petit pays émergent.

La seule libéralisation qui jouisse vraiment d'un large soutien – au moins parmi les élites des pays industriels avancés –, c'est celle du commerce. Mais, si l'on regarde de plus près comment elle a fonctionné dans de nombreux pays en développement, on comprend pourquoi elle suscite si souvent une telle opposition – comme l'ont montré les manifestations de Seattle, Prague et Washington.

La libéralisation du commerce est censée accroître le revenu d'un pays en le forçant à transférer ses ressources d'usages peu productifs à d'autres qui le sont plus – les économistes disent : à utiliser son avantage comparatif. Mais transférer ses ressources d'usages peu productifs à la productivité *zéro* n'enrichit pas un pays, et c'est ce qui s'est passé, trop souvent, avec les plans du FMI. Il est facile de détruire des emplois, et c'est souvent l'impact immédiat de la libéralisation du commerce, quand des industries inefficaces disparaissent sous la pression de la concurrence internationale. L'idéologie du FMI soutenait que de nouveaux emplois, plus productifs, apparaîtraient quand on aurait éliminé les anciens, inefficaces, créés derrière les remparts du protectionnisme. Mais ce n'est pas ce qui se passe, c'est clair, et rares sont les économistes qui croient à la génération spontanée de l'emploi, au moins depuis la Grande Crise. Pour créer des firmes et des emplois nouveaux, il faut le capital et l'esprit d'entreprise. Or, dans les pays en développement, le second fait souvent défaut, en raison du manque d'éducation, et le premier aussi, en raison du manque de crédit bancaire. Dans de nombreux pays, le FMI a aggravé les choses puisque ses plans d'austérité comprenaient souvent des taux d'intérêt si élevés – dépassant les 20 %, parfois les 50 %, et même les 100 % – que la création d'emplois et d'entreprises aurait été totalement impossible même dans un environnement économique aussi favorable que celui des États-Unis. Le capital nécessaire à la croissance était trop cher, tout simplement.

Les pays en développement qui ont le mieux réussi, ceux d'Asie, se sont ouverts au monde extérieur, mais lentement et progressivement. Ils ont profité de la mondialisation pour augmenter leurs exportations, et leur croissance en a été accélérée. Mais ils n'ont levé leurs barrières protectionnistes qu'avec précaution et méthode : seulement après avoir créé de nouveaux emplois. Ces États ont fait en sorte qu'il y ait des capitaux disponibles pour de nouvelles créations d'emplois et d'entreprises ; et ils ont même joué un rôle d'entrepreneur en lançant de nouvelles firmes. La Chine commence à peine à démanteler ses entraves au commerce, vingt ans après avoir entamé sa marche vers le marché – période où son développement a été extrêmement rapide.

Les Américains et les citoyens des autres pays industriels avancés auraient dû comprendre aisément ces préoccupations. Aux États-Unis, lors des deux dernières campagnes présidentielles, le candidat Pat Buchanan a exploité les inquiétudes des travailleurs américains, qui craignaient de perdre leur emploi à cause de la libéralisation du commerce. Ses thèmes ont rencontré un écho dans un pays très proche du plein emploi (en 1999, le taux de chômage était tombé au-dessous de 4 %), où existent un bon système d'assurance-chômage et toute une série d'aides à la reconversion. Voir les travailleurs américains, même pendant l'expansion des années quatre-vingt-dix, si inquiets de la menace que la libéralisation du commerce faisait peser sur leurs emplois devrait permettre de mieux comprendre l'angoissante situation des travailleurs des pays en développement, qui sont à la limite de la survie, souvent avec 2 dollars par jour ou moins encore, sans aucun filet de sécurité – pas d'épargne, sûrement pas d'indemnités de chômage –, et dans une économie comptant au moins 20 % de chômeurs.

C'est parce que la libéralisation du commerce a trop souvent manqué à ses promesses – et a simplement conduit à la montée du chômage – qu'elle suscite une telle opposition. Mais l'*hypocrisie* de ceux qui ont fait pression pour l'instaurer – et la façon dont ils ont fait pression – a sans nul doute renforcé l'hostilité à son égard. L'Occident a exigé la liberté du commerce pour les produits qu'il exporte mais, simultanément, il a continué à protéger chez lui les secteurs que la concurrence des pays en développement aurait pu menacer. Telle a été l'une des bases de l'opposition au nouveau round de négociations commerciales qu'il était prévu de lancer à Seattle : les précédents avaient promu les intérêts des pays industriels avancés – ou, pour être précis, des intérêts particuliers en leur sein – sans bénéfices concomitants pour les pays moins développés. Comme les manifestants l'ont très justement souligné, les cycles antérieurs des négociations commerciales avaient abaissé les droits de douane sur les biens industriels exportés par les pays industriels avancés, des automobiles aux machines-outils. En même temps, les négociateurs de ces pays avaient maintenu les subventions de leurs États aux produits agricoles et gardé fermés les marchés de ces produits et du textile, pour lesquels de nombreux pays en développement disposent d'un avantage comparatif.

Dans l'Uruguay Round, la plus récente de ces négociations commerciales, un nouveau sujet a été introduit : le commerce des services. Or, en fin de compte, les marchés ont été surtout ouverts dans les services exportés par les pays avancés – les services financiers et les technologies de l'information –, mais pas dans les services maritimes et le bâtiment, où les pays en développement auraient pu réussir à créer une tête de pont. Les États-Unis se sont vantés de ce qu'ils avaient gagné. Mais les pays en développement n'ont pas reçu une part proportionnelle des gains. Un calcul de la Banque mondiale a montré que la région la plus pauvre du monde, l'Afrique noire, a vu son revenu baisser de plus de 2 % à cause de cet accord commercial. Il y a eu d'autres exemples d'injustice, dont on discute de plus en plus dans le monde en développement, mais qui ont rarement percé sous forme imprimée dans le monde développé. Un pays comme la Bolivie a non seulement réduit ses droits de douane jusqu'à les rendre inférieurs à ceux des États-Unis, mais aussi coopéré avec ceux-ci pour éliminer la culture de la coca, base de la cocaïne, même si elle apportait à ses paysans, qui sont pauvres, un revenu plus élevé que toute culture de substitution. Néanmoins, les États-Unis ont répondu en maintenant la fermeture de leur marché aux denrées qui ont remplacé la coca, comme le sucre, que les agriculteurs boliviens pourraient produire pour l'exportation si Washington leur ouvrait ses marchés.

Les pays en développement sont particulièrement furieux de cette politique du « deux poids, deux mesures », car il y a un long passé d'hypocrisie et d'injustices. Au XIXe siècle, les puissances occidentales – dont beaucoup s'étaient développées à l'abri de leur propre protectionnisme – ont imposé des traités de commerce inégaux. Le plus indigne, peut-être, a été celui de la guerre de l'Opium, par lequel le Royaume-Uni et la France se sont coalisés pour attaquer une Chine affaiblie puis, avec la Russie et les États-Unis, l'ont forcée, par le traité de Tianjin, en 1858, non seulement à faire des concessions territoriales et commerciales garantissant qu'elle exporterait à bas prix les produits que voulait l'Occident, mais aussi à ouvrir ses marchés à l'opium afin que des millions de personnes en Chine deviennent toxicomanes (on pourrait dire qu'il s'agit là d'une conception diabolique de la « balance commerciale »). Aujourd'hui, les marchés émergents ne sont pas ouverts de force par la menace ou l'usage des armes mais par la puissance économique, la menace de sanctions ou la rétention d'une aide nécessaire en temps de crise. Si l'OMC est le forum où se discutent les accords commerciaux internationaux, les négociateurs commerciaux américains et le FMI exigent souvent que les pays en développement aillent encore plus loin, qu'ils accélèrent le rythme de la libéralisation du commerce. Le FMI fait de cette accélération une condition de son aide, et les pays confrontés à une crise sentent bien qu'ils n'ont d'autre choix que de céder.

Les choses sont peut-être pires encore quand les États-Unis agissent unilatéralement et non sous le couvert du FMI. Le représentant au Commerce des États-Unis, ou le département du Commerce, souvent poussés par des intérêts privés américains, portent une accusation contre un pays étranger. Le gouvernement des États-Unis ouvre alors une enquête – à laquelle il est seul à participer –, puis prend une décision, après quoi des sanctions sont appliquées au pays contrevenant. Bref, les États-Unis s'érigent en procureur, en juge et en jurés. C'est une procédure quasi judiciaire, mais où les dés sont pipés : tant ses règles que ses juges l'orientent vers un verdict de culpabilité. Quand cet arsenal est mis en œuvre contre d'autres puissances industrielles – l'Europe, le Japon –, elles ont les moyens de se défendre. Quand il s'agit de pays en développement, même grands comme l'Inde et la Chine, la partie n'est pas égale. Le ressentiment que créent ces méthodes est infiniment supérieur à tout ce qu'elles peuvent rapporter aux États-Unis. Et la procédure elle-même ne renforce évidemment pas la confiance dans la justice du système commercial international.

La rhétorique qu'utilisent les États-Unis à l'appui de leur position accentue leur image de superpuissance prête à peser de tout son poids, partout, pour ses intérêts. Mickey Kantor, quand il était représentant au Commerce dans la première administration Clinton, voulait pousser la Chine à ouvrir plus vite ses marchés. Les négociations de l'Uruguay Round de 1994, où il avait lui-même joué un rôle majeur, avaient créé l'OMC et fixé des règles de base à ses membres. L'accord avait fort judicieusement prévu une période d'ajustement plus longue pour les pays en développement. Pour la Banque mondiale – et pour tout économiste –, la Chine, avec son revenu par tête de 450 dollars, est bien sûr un pays en développement, et même un pays en développement à revenu faible. Mais Kantor est un âpre négociateur. Il a déclaré avec force qu'il s'agissait d'un pays développé, donc tenu à une transition rapide.

Kantor n'était pas dépourvu de moyens de pression, car la Chine avait besoin de l'aval des États-Unis pour entrer à l'OMC. L'accord entre les deux pays, qui a finalement conduit à l'admission de la Chine à l'OMC en novembre 2001, illustre deux aspects des contradictions de la position américaine. Tandis que les États-Unis faisaient traîner les négociations en affirmant contre toute raison que la Chine était un pays développé, celle-ci avait entamé le processus d'ajustement. De fait, par leur attitude, les États-Unis donnaient involontairement à la Chine le temps supplémentaire qu'elle recherchait. Mais l'accord lui-même illustre le « deux poids deux mesures », l'inégalité affichée. Paradoxalement, alors qu'ils exigeaient que la Chine s'ajuste vite comme si elle était un pays développé – et, parce qu'elle avait bien utilisé la longue période des négociations, elle a pu consentir à leur demande –, les États-Unis ont exigé aussi, *de facto*, d'être eux-mêmes traités comme s'ils étaient un pays *en développement* : pour abaisser leurs droits de douane sur les importations de textiles, les dix ans d'ajustement prévus par les négociations de 1994 ne leur ont pas suffi, et ils en ont ajouté quatre.

Ce qui est particulièrement perturbant, c'est de voir comment des intérêts privés peuvent saper à la fois la crédibilité des

États-Unis et l'intérêt national. On en a eu un exemple particulièrement fort en avril 1999 quand le Premier ministre chinois Zhu Rongji s'est rendu aux États-Unis, notamment pour conclure les négociations sur l'admission de la Chine à l'Organisation mondiale du commerce. Cette admission était cruciale, non seulement pour le système commercial mondial – comment aurait-on pu exclure l'un des plus grands pays commerçants du monde ? –, mais aussi pour les réformes de marché en Chine même. Or, passant outre à l'opposition du représentant au Commerce et du département d'État, le Trésor exigea une clause qui accélérerait la libéralisation des marchés financiers en Chine. Cette dernière, à très juste titre, s'en alarma : c'était cette libéralisation qui avait entraîné les crises financières ruineuses des pays asiatiques voisins. Elle-même avait été épargnée en raison de sa sage politique.

Cette exigence américaine de libéralisation des marchés financiers en Chine ne pouvait rien apporter à la stabilité économique mondiale. Elle n'avait d'autre objectif que de servir les intérêts étroits de la communauté financière des États-Unis, énergiquement représentée par le Trésor. Wall Street estimait, avec raison, que la Chine était un immense marché pour ses services financiers et qu'il était important d'y entrer, d'y établir une solide tête de pont, avant les autres. Quelle courte vue ! Il était clair que la Chine finirait par s'ouvrir. Précipiter les décisions d'un an ou deux n'allait sûrement pas rapporter grand-chose – si ce n'est que Wall Street craignait de voir disparaître entre-temps son avantage compétitif, car d'autres institutions financières, en Europe et ailleurs, rattrapaient l'avance dont jouissaient dans l'immédiat leurs concurrents américains. Mais le coût potentiel était énorme. Au lendemain immédiat de la crise financière asiatique, il était impossible à la Chine de céder aux exigences du Trésor. Pour elle, maintenir la stabilité est essentiel ; elle ne pouvait pas prendre le risque d'adopter des mesures qui s'étaient révélées si déstabilisantes ailleurs. Zhu Rongji se vit contraint de regagner son pays sans avoir rien signé. Or une lutte y opposait depuis longtemps partisans et adversaires de la réforme. Ces derniers soutenaient que l'Occident ne cherchait qu'à affaiblir la Chine et qu'il ne signerait jamais un accord juste. Un succès des négociations aurait à la fois contribué à sécuriser la position des réformistes au sein du gouvernement chinois et à renforcer le mouvement de réforme. Mais, avec la tournure prise par les événements, Zhu Rongji et le mouvement de réforme qu'il défendait ont été discrédités, le pouvoir et l'influence des réformistes se sont réduits. Heureusement, le dommage ne fut que temporaire. Mais le département du Trésor avait montré tout ce qu'il était prêt à mettre en danger pour faire avancer son programme particulier.

Même si un ordre du jour injuste avait été imposé aux négociations commerciales, il existait au moins un ensemble considérable de théories et de preuves qui démontraient que la libéralisation du commerce, quand on la réalisait correctement, était bénéfique. Le cas de la libéralisation des marchés financiers était infiniment plus problématique. Incontestablement, beaucoup de pays ont des réglementations financières qui ne servent qu'à bloquer les flux de capitaux; celles-là, il faut s'en débarrasser. Mais tous les pays réglementent leurs marchés financiers, et l'excès de zèle mis à les déréglementer a entraîné d'énormes problèmes sur ces marchés, même dans des pays développés du monde entier. Pour ne citer qu'un seul exemple, la scandaleuse débâcle des caisses d'épargne aux États-Unis, bien qu'elle ait constitué l'un des facteurs clefs qui ont déclenché la récession de 1991 et qu'elle ait coûté au contribuable américain plus de 200 milliards de dollars, a été, parmi les opérations de sauvetage suscitées par la déréglementation, l'une des moins chères (en pourcentage du PIB), et la récession aux États-Unis l'une des plus douces si on la compare à ce qui s'est passé dans d'autres économies qui ont subi des crises semblables.

Tandis que les pays industriels avancés, avec leurs institutions raffinées, apprenaient dans la douleur les leçons de la déréglementation financière, le FMI apportait cet évangile Reagan-Thatcher aux pays en développement, particulièrement mal équipés pour s'acquitter d'une tâche qui, dans les meilleurs contextes, s'était révélée difficile et risquée. De plus, si les pays industriels avancés n'avaient tenté de libéraliser les marchés des capitaux que fort tard dans leur développement – les pays européens avaient attendu les années soixante-dix pour lever leurs dispositifs de contrôle –, on incitait les pays pauvres à le faire vite.

Les conséquences des crises bancaires qu'a provoquées la déréglementation des marchés des capitaux – économies en récession –, si elles ont été douloureuses pour les pays développés, ont été beaucoup plus graves pour les pays en développement. Ces pays pauvres n'ont aucun filet de sécurité pour adoucir l'impact de la récession. De plus, étant donné la faiblesse de la concurrence sur les marchés financiers, la libéralisation n'avait même pas apporté le bienfait promis : une baisse des taux d'intérêt. Bien au contraire, les agriculteurs avaient parfois constaté qu'ils devaient désormais payer des intérêts plus élevés, et qu'ils auraient donc plus de mal à acheter les semences et les engrais nécessaires pour maintenir leur niveau… de simple survie.

Si désastreuse, prématurée et mal réalisée qu'ait été la libéralisation du commerce pour les pays en développement, celle des marchés des capitaux a été, à bien des égards, pire encore. Libéraliser les marchés financiers implique de démanteler les réglementations conçues pour contrôler les flux de capitaux spéculatifs entrants et sortants – des prêts et contrats à court terme qui ne sont en général que des paris sur l'évolution du taux de change. Ces fonds spéculatifs ne peuvent pas servir à construire des usines ou à créer des emplois – les entreprises n'investissent pas à long terme avec de l'argent qu'on peut leur retirer d'une minute à l'autre ; d'ailleurs, les risques mêmes que créent ces flux de capitaux spéculatifs rendent d'autant moins attractif l'investissement à long terme dans un pays en développement. Leur impact négatif sur la croissance va encore plus loin. Pour gérer les risques liés à ces flux de capitaux volatils, on ne cesse de conseiller aux pays de mettre de côté, dans leurs réserves, une somme égale aux prêts à court terme libellés en devises étrangères. Pour bien comprendre ce que cela veut dire, supposons qu'une firme, dans un petit pays en développement, emprunte à court terme 100 millions de dollars à une banque américaine, au taux de 18 %. Une politique prudentielle exige que ce pays ajoute 100 millions de dollars à ses réserves. En général, les réserves sont détenues en bons du Trésor américains, aujourd'hui rémunérés à peu près à 4 %. Que fait donc, en réalité, ce pays ? Simultanément, il emprunte aux États-Unis à 18 % et il prête aux États-Unis à 4 %. Le pays, globalement, n'a pas davantage de ressources à investir. Les banques américaines font un joli profit et les États-Unis, globalement, gagnent 14 millions de dollars d'intérêts par an. Mais on a du mal à voir comment cela permet à ce pays pauvre de se développer plus vite. Vue sous cet angle, il est clair que l'entreprise n'a aucun sens. Et il y a un autre problème : les incitations frappent à la mauvaise porte. Avec la libéralisation des marchés des capitaux, ce sont les firmes privées d'un pays qui décident si elles vont emprunter à court terme aux banques américaines, mais c'est l'État qui doit s'adapter à leurs décisions en augmentant d'autant ses réserves s'il veut maintenir sa position prudentielle.

Le FMI préconisait la libéralisation des marchés des capitaux sur la base d'un raisonnement simpliste : les marchés libres sont plus efficaces, et plus d'efficacité permet une croissance plus rapide. Il ignorait des arguments tels que celui que je viens d'exposer et avançait quelques autres assertions fallacieuses – il disait par exemple que, sans la libéralisation, les pays ne parviendraient pas à attirer les capitaux étrangers, et en particulier les investissements directs. Les économistes du FMI fondent leur expertise non sur la théorie, mais sur leur expérience planétaire et leur maîtrise des chiffres. Mais ce qui était frappant, c'est que même les chiffres ne confirmaient pas leurs conclusions. La Chine, qui avait reçu le plus gros volume d'investissement étranger, n'avait suivi aucune des prescriptions occidentales (sauf la macrostabilité) – et avait prudemment remis à plus tard une libéralisation pleine et entière des marchés des capitaux. Des études statistiques générales ont établi, en utilisant les définitions de la libéralisation données par le FMI lui-même, que celle-ci n'entraînait ni accélération de la croissance ni hausse de l'investissement.

La Chine démontrait que la libéralisation des marchés financiers n'était pas nécessaire pour attirer des fonds, mais le point clef était ailleurs : avec ses taux d'épargne élevés (30 à 40 % du PIB, contre 18 % aux États-Unis et 17 à 30 % en Europe), la région n'avait aucun besoin de capitaux supplémentaires. Investir correctement le flux de sa propre épargne était déjà pour elle un défi redoutable.

Les partisans de la libéralisation ont alors avancé un autre argument, particulièrement ridicule à la lumière de la crise financière mondiale qui a commencé en 1997 : la libéralisation allait renforcer la stabilité en diversifiant les sources de financement – en cas de récession, les pays pourraient faire appel aux étrangers pour compléter un crédit intérieur insuffisant. Les économistes du FMI n'ont jamais prétendu être de grands théoriciens, mais, engagés dans l'action pratique, ils sont censés savoir comment fonctionne le monde. Ils ont sûrement remarqué que les banquiers préfèrent prêter à qui n'a pas besoin d'argent. Ils ont certainement constaté ce qui se passe quand les pays ont des difficultés : les prêteurs étrangers retirent leur argent, ce qui exacerbe la récession. Nous examinerons de plus près pourquoi la libéralisation, en particulier quand on l'entreprend prématurément, avant de mettre en place des institutions financières solides, accroît l'instabilité. Mais ce qui est clair, c'est que l'instabilité est mauvaise pour la croissance, et que ses coûts sont démesurément supportés par les pauvres.

LE RÔLE DE L'INVESTISSEMENT ÉTRANGER

Si l'investissement étranger n'est pas l'un des trois piliers du consensus de Washington, c'est un élément clef de la nouvelle mondialisation. Suivant le consensus de Washington, la croissance se crée par la libéralisation, en « libérant les marchés ». La privatisation, la libéralisation et la macrostabilité sont censées instaurer un climat qui attire les investissements, dont ceux venus de l'étranger. Ces investissements engendrent la croissance. Les entreprises étrangères amènent avec elles une expertise technique et ouvrent des marchés extérieurs, créant ainsi de nouvelles possibilités d'emploi. Elles ont aussi accès à des sources de financement, ce qui est particulièrement utile dans les pays en développement où les institutions financières locales sont faibles. L'investissement direct étranger a joué un rôle important dans beaucoup de cas – pas tous – de développement très réussi, par exemple à Singapour, en Malaisie et même en Chine.

Certes, il a des inconvénients réels. Quand les entreprises étrangères arrivent, elles détruisent souvent des concurrents locaux : elles étouffent les ambitions de petits entrepreneurs qui espéraient développer un secteur d'activité national. Les exemples sont nombreux. Dans le monde entier, des producteurs de boissons fraîches n'ont pas survécu à l'entrée de Coca-Cola et de Pepsi sur leur marché intérieur ; des fabricants de crèmes glacées ont constaté qu'ils ne pouvaient pas rivaliser avec les produits d'Unilever.

Pour appréhender le problème, souvenons-nous de la controverse suscitée aux États-Unis par les grandes chaînes de drugstores et de moyennes surfaces. Quand Wal-Mart arrive dans une petite ville, il y a souvent de vives protestations de la part des commerces locaux, qui craignent (à juste titre) d'être évincés. Ils ont peur de ne pas pouvoir rivaliser avec Wal-Mart et son gigantesque pouvoir d'achat. Les habitants de ces petites villes redoutent les effets sur la vie locale d'une fermeture de tous les magasins. Ces mêmes inquiétudes sont mille fois plus fortes dans les pays en développement. Bien qu'elles soient légitimes, il faut garder un point de vue d'ensemble : si Wal-Mart a un tel succès, c'est qu'il approvisionne les consommateurs à meilleur prix. Fournir plus efficacement des biens et des services aux pauvres des pays en développement est d'autant plus important qu'ils sont nombreux à vivre tout près du minimum vital. Mais les opposants font plusieurs objections. En l'absence d'une législation forte (ou effectivement appliquée) pour imposer la concurrence, la firme internationale, après avoir détruit ses concurrents locaux, utilise son pouvoir de monopole pour augmenter les prix. Les bienfaits de la baisse des prix n'ont pas duré longtemps.

Il s'agit en partie d'une question de rythme. Les entreprises locales affirment que, si on leur donne du temps, elles pourront s'adapter, réagir à la concurrence, produire avec efficacité, et qu'il est important de les protéger pour renforcer la communauté locale, sur le plan économique mais aussi social. Le problème, bien sûr, est que, en matière de protection contre la concurrence étrangère, des mesures présentées d'abord comme temporaires deviennent trop souvent permanentes.

Beaucoup de multinationales ont fait moins qu'elles ne l'auraient pu pour améliorer les conditions de travail dans les pays en développement. Elles y sont allées pour saisir les occasions de profit aussi vite qu'elles le pourraient. Ce n'est que peu à peu que leur sont revenues les leçons qu'elles avaient si lentement apprises dans leur pays : de meilleures conditions de travail peuvent accroître la productivité des travailleurs et réduire les coûts – ou du moins ne pas les augmenter beaucoup.

Le secteur bancaire est un autre domaine où les compagnies étrangères submergent souvent les acteurs locaux. Les déposants seront plus en sécurité dans une grande banque américaine que dans une petite banque nationale (sauf si l'État garantit les dépôts). Le gouvernement des États-Unis a fait pression pour l'ouverture des marchés financiers dans les pays en développement. Les avantages d'une telle ouverture sont clairs : une plus vive concurrence peut induire de meilleurs services; la puissance des banques étrangères peut renforcer la stabilité financière. Néanmoins, la menace que les banques étrangères font peser sur le secteur bancaire local est très réelle. En fait, le même problème a fait l'objet d'un vaste débat aux États-Unis. Et on a refusé de laisser les banques s'étendre à tout le pays (jusqu'au jour où l'administration Clinton, sous l'influence de Wall Street, a inversé la position traditionnelle du Parti démocrate), car on craignait que les très grands centres financiers, comme New York, n'aspirent tous les fonds et ne privent ainsi les régions périphériques de l'argent dont elles ont besoin. L'Argentine témoigne du danger que représentent les banques étrangères. Dans ce pays, avant l'effondrement de 2001, le secteur bancaire intérieur est passé sous la domination de banques appartenant à des étrangers; or, si les banques étrangères financent sans difficulté les multinationales, et même les grandes entreprises du pays, elles laissent les PME nationales sur leur faim. Le savoir-faire des banques internationales porte sur les prêts à leurs clients traditionnels – et leurs bases d'information aussi. Peut-être finiront-elles par s'étendre à d'autres niches du marché, ou verra-t-on apparaître de nouvelles institutions financières pour combler les lacunes. L'absence de croissance – à laquelle l'absence de financements a contribué – a joué un rôle crucial dans l'effondrement du pays. En Argentine, le problème a été largement compris. L'État a pris quelques mesures limitées pour y faire face. Mais les prêts d'État ne pouvaient compenser l'échec du marché.

L'expérience argentine illustre certaines leçons fondamentales. Le FMI et la Banque mondiale n'ont cessé de souligner l'importance de la stabilité bancaire. Il est facile d'avoir des banques saines, des banques qui ne perdent pas d'argent en créances irrécouvrables : il suffit de leur imposer d'investir dans les bons du Trésor des États-Unis. Cependant, le problème n'est pas seulement d'avoir des banques saines, mais des banques saines qui financent la croissance. L'Argentine a montré que, si l'on n'y parvient pas, cela peut suffire à créer l'instabilité macroéconomique. À cause de la croissance faible, elle a vu s'accroître ses déficits budgétaires, et, quand le FMI a imposé ses réductions de dépenses et ses augmentations d'impôt, le cercle vicieux de l'effondrement économique et du désordre social s'est déchaîné.

La Bolivie offre un autre exemple de contribution des banques étrangères à l'instabilité macroéconomique. En 2001, l'une d'entre elles, qui pesait très lourd dans l'économie bolivienne, a soudain décidé, étant donné la montée des risques au niveau mondial, de réduire ses prêts. Ce changement brutal dans l'offre de crédit a contribué à plonger l'économie dans la récession plus profondément que la chute des matières premières et le ralentissement économique mondial n'étaient déjà en train de le faire.

Et l'intrusion des banques étrangères crée encore d'autres soucis. Les banques nationales sont plus sensibles à ce qu'on appelle le « guidage du guichet » – des formes d'influence subtile de la banque centrale, par exemple pour qu'elles augmentent leurs prêts quand l'économie a besoin de stimulation, et pour qu'elles les diminuent quand il y a des signes de surchauffe. Il est beaucoup moins probable que les banques étrangères répondront à de tels signaux. De même, il est bien plus facile d'amener les banques nationales à combler des trous importants dans le maillage du crédit, lorsque des catégories (minorités, régions défavorisées...) sont insuffisamment desservies. Aux États-Unis, qui disposent d'un des marchés du crédit les plus développés, ces lacunes ont été jugées si graves qu'on a adopté en 1997 le Community Reinvestment Act (CRA), qui fait obligation aux banques de prêter aux milieux sociaux et zones géographiques mal desservis. Le CRA a été un moyen important, bien que controversé, d'atteindre des objectifs sociaux essentiels.

Mais la finance n'est pas le seul domaine où l'investissement direct étranger n'a pas été une bénédiction sans mélange. Dans certains cas, les nouveaux investisseurs ont persuadé les États (souvent avec pots-de-vin à l'appui) de leur octroyer des privilèges spéciaux, par exemple une protection douanière. On a souvent vu les gouvernements américain, français ou d'autres pays industriels avancés intervenir de tout leur poids, et on en a conclu dans les pays en développement qu'il était parfaitement justifié pour un État de se mêler des affaires du secteur privé, et probablement de se faire payer. Parfois, le rôle de l'État paraissait relativement inoffensif, mais pas nécessairement pur de toute corruption. Quand le secrétaire d'État au Commerce Ron Brown voyageait à l'étranger, il était accompagné d'hommes d'affaires américains qui s'efforçaient de prendre des contacts pour réussir à percer sur les marchés émergents. On peut présumer que la générosité des contributions aux campagnes électorales renforçait les chances d'obtenir un siège dans l'avion.

Quelquefois, un État est appelé à la rescousse pour faire contrepoids à un autre. En Côte d'Ivoire, par exemple, quand Paris a soutenu les efforts de France Télécom pour exclure toute concurrence d'une compagnie de téléphone cellulaire indépendante américaine, Washington a pris fait et cause pour celle-ci. Mais, dans bien des cas, les États dépassent les bornes du raisonnable. En Argentine, le gouvernement français a fait pression pour qu'on réécrive le contrat de concession d'une compagnie des eaux (Aguas Argentinas), car la société mère française qui l'avait signé (Suez Lyonnaise) en avait trouvé les termes, à l'usage, moins lucratifs que prévu.

Il y a eu peut-être plus inquiétant encore : le rôle des États, dont l'État américain, pour forcer les nations en développement à respecter des accords terriblement injustes pour elles, et qu'avaient souvent signés des gouvernements corrompus. Lors de la réunion de 1994 des chefs d'État et de gouvernement de l'APEC (Coopération économique Asie-Pacifique), qui se tenait à Djakarta, le président Clinton a encouragé les firmes américaines à venir en Indonésie. Beaucoup l'ont fait, et souvent à des conditions extrêmement favorables (ce qui laisse imaginer que la corruption avait «huilé» les rouages – aux dépens des citoyens indonésiens). De même, la Banque mondiale a incité des firmes privées du secteur de l'énergie à réaliser des affaires dans ce pays et dans d'autres, comme le Pakistan. Les contrats comprenaient des clauses (dites «prendre ou payer») stipulant que l'État s'engageait à acheter de gros volumes d'électricité à des prix très élevés. Au secteur privé les profits, à l'État les risques. C'était déjà assez lamentable. Mais quand les gouvernements corrompus ont été renversés – Mohammed Suharto en Indonésie en 1998, Nawaz Sharif au Pakistan en 1999 –, l'administration américaine a fait pression sur les nouveaux pouvoirs pour qu'ils honorent les contrats, au lieu de les dénoncer ou au moins de les renégocier. En fait, il y a une longue histoire d'accords «inégaux», que les États occidentaux ont fait respecter en usant de leur force[2].

La liste des doléances légitimes contre l'investissement direct étranger ne s'arrête pas là. Il arrive fréquemment que cet investissement ne prospère que grâce à des privilèges spéciaux extorqués à l'État. La science économique courante se concentre sur les *distorsions* à l'incitation qui résultent de ces faveurs, mais un autre aspect du problème est beaucoup plus insidieux. Souvent, elles sont dues à la corruption : on a acheté des responsables de l'État. L'investissement direct étranger n'entre qu'au prix de la gangrène des processus démocratiques. C'est particulièrement vrai pour les investissements dans les activités minières, le pétrole et les autres ressources naturelles, où les étrangers sont vraiment motivés pour obtenir des concessions à bas prix.

Ces investissements ont aussi d'autres effets négatifs – et souvent ils ne stimulent pas la croissance. Le revenu qu'apportent les concessions minières est parfois inestimable, mais le développement est une transformation de la société. Un investissement dans une mine située dans une région reculée du pays ne contribue guère à cette mutation, sauf par les moyens financiers qu'il apporte. Il peut aider à créer une économie duale – une économie où existent des poches de richesse –, mais une économie duale n'est pas une économie développée. En fait, l'afflux d'argent qu'induisent les ressources naturelles peut parfois constituer une véritable entrave au développement, en vertu du mécanisme qu'on a baptisé « le mal néerlandais » : l'entrée massive de capitaux provoque une appréciation de la devise qui rend les importations meilleur marché et les exportations plus chères. Le nom vient de l'expérience des Pays-Bas après la découverte de gaz naturel en mer du Nord. Les ventes de gaz ont fait monter leur devise, ce qui a durement frappé leurs autres industries exportatrices. Pour ce pays, le problème était sérieux mais non insoluble. Pour des pays en développement, il peut être particulièrement difficile.

Pis encore : la présence des ressources peut changer totalement les incitations. Dans de nombreux pays qui en sont bien pourvus, nous l'avons vu au chapitre 2, les efforts, au lieu de viser la création de richesses, se réorienteront vers l'appropriation des revenus (que les économistes appellent des « rentes ») liés aux ressources naturelles.

Les institutions financières internationales ont en général ignoré les problèmes que je viens d'esquisser. La prescription du FMI pour la création d'emplois – quand il s'intéressait à la question – était fort simple : éliminer l'intervention de l'État (ses réglementations accablantes), diminuer les impôts, réduire l'inflation autant qu'on le pourrait et inviter les entrepreneurs étrangers. En un sens, même sur ce point, sa politique trahissait la mentalité coloniale évoquée au chapitre précédent. Il lui paraissait évident que, pour l'esprit d'entreprise, les pays en développement devaient compter sur les étrangers. Peu importaient les succès remarquables de la Corée du Sud et du Japon, où l'investissement étranger n'avait joué aucun rôle. Peu importaient aussi les nombreux cas – Singapour, la Chine, la Malaisie... – où ses abus avaient été tenus en échec, et où son apport crucial n'avait pas été les capitaux (dont on n'avait pas vraiment besoin puisque les taux d'épargne étaient très élevés), ni même l'esprit d'entreprise, mais bien l'accès aux marchés et l'introduction de technologies nouvelles.

ÉTAPES ET VITESSE

De toutes les bévues du FMI, ce sont peut-être les erreurs de calendrier et de rythme, et l'insensibilité au contexte social, qui ont le plus retenu l'attention : imposer la libéralisation avant de mettre en place des filets de sécurité, d'instaurer un cadre réglementaire adéquat, de donner aux pays les moyens de faire face aux effets néfastes des brusques changements d'humeur du marché, inhérents au capitalisme moderne; imposer des mesures destructrices d'emplois avant de poser les bases fondamentales de la création d'emplois; imposer la privatisation avant de stimuler la concurrence et d'introduire une réglementation. De nombreuses « erreurs d'étapes » s'expliquent par l'incompréhension de processus fondamentaux, tant économiques que politiques, incompréhension particulièrement courante chez les fanatiques du marché. Ils soutenaient, par exemple, que si l'on établissait des droits de propriété, tout le reste allait suivre naturellement – y compris les institutions civiles et les structures juridiques qui permettent aux économies de marché de fonctionner.

Ce qui sous-tend l'idéologie de la liberté du marché, c'est un modèle, souvent attribué à Adam Smith, qui affirme que les forces du marché – la motivation du profit – guident l'économie vers l'efficacité *comme une main invisible*. L'une des grandes réussites de la science économique moderne a été de démontrer dans quel sens et à quelles conditions la conclusion d'Adam Smith est justifiée. Or ces conditions sont extrêmement restrictives[3]. En fait, les avancées les plus récentes de la théorie économique – effectuées, paradoxalement, au moment précis où les politiques du consensus de Washington étaient le plus implacablement appliquées – ont abouti au résultat suivant : chaque fois que l'information est imparfaite et les marchés incomplets, c'est-à-dire toujours *et tout particulièrement dans les pays en développement*, la main invisible fonctionne très imparfaitement. Conclusion essentielle : il existe des interventions de l'État souhaitables, qui, en principe, peuvent améliorer l'efficacité du marché. Ces conditions restrictives grâce auxquelles les marchés donnent des résultats satisfaisants sont importantes – de nombreuses activités essentielles de l'État sont à interpréter comme des réponses aux échecs du marché quand elles ne sont pas remplies. Si l'information était parfaite, nous le savons maintenant, le rôle des marchés financiers serait fort limité – et le besoin de les réglementer aussi. Si la concurrence était *automatiquement* parfaite, la législation antitrust n'aurait pas lieu d'être.

Mais les politiques du consensus de Washington ont été fondées sur un modèle simpliste de l'économie de marché, le modèle de l'équilibre concurrentiel, où la main invisible d'Adam Smith fonctionne, et fonctionne à la perfection. Puisque, dans ce modèle, il n'est nul besoin d'État – les marchés libres, sans entraves, « libéraux », fonctionnent parfaitement –, on baptise parfois l'orientation du consensus de Washington « néolibéralisme », ou « fanatisme du marché », ou on voit en elle une résurrection du *laisser-faire* cher à certains cercles du XIXe siècle. Au lendemain de la Grande Crise, et après qu'on eut constaté d'autres échecs du système du marché – de l'inégalité massive aux villes invivables, défigurées par la pollution et le délabrement –, les politiques de liberté du marché ont été en grande partie abandonnées dans les pays industriels avancés, même si le débat reste vif sur le juste équilibre entre État et marché.

Supposerait-on la théorie de la main invisible d'Adam Smith pertinente pour les pays industriels avancés, ses conditions préalables ne sont pas satisfaites dans les pays en développement. Le système du marché exige des droits de propriété clairement établis et des tribunaux pour les faire respecter : or, dans ces pays, ces deux éléments font souvent défaut. Le système du marché suppose la concurrence et l'information parfaite, mais la concurrence est réduite, et l'information, loin d'être parfaite – et des marchés concurrentiels ne se créent pas en un jour. Pour une économie de marché efficace, dit la théorie, tous ces postulats doivent être satisfaits. Dans certains cas, réformer sur un point sans réforme d'accompagnement sur les autres risque en fait d'aggraver la situation. C'est le problème du calendrier. L'idéologie ignore ces questions. Elle dit uniquement : Passez le plus vite possible à l'économie de marché. Mais la théorie et l'histoire économique montrent assez combien il peut être désastreux de brûler les étapes.

Les erreurs de priorités évoquées jusqu'ici – dans la libéralisation du commerce, l'ouverture des marchés des capitaux et la privatisation – sont à grande échelle. La presse occidentale remarque moins celles qui sont à petite échelle. Elles constituent le pain quotidien tragique de l'impact des décisions du FMI sur les populations déjà désespérément pauvres du monde en développement. De nombreux pays, par exemple, ont des offices de commercialisation qui achètent les produits agricoles aux paysans et les revendent sur les marchés intérieur et international. Ce sont souvent des sources d'inefficacité et de corruption : les agriculteurs n'obtiennent qu'une petite fraction du prix final. Mais, même si confier cette activité à l'État n'a guère de sens, la lui retirer brutalement n'implique pas qu'un secteur privé dynamique et concurrentiel va surgir automatiquement.

Plusieurs pays d'Afrique occidentale ont fermé leurs offices de commercialisation sous la pression du FMI et de la Banque mondiale. Dans certains cas, l'expérience a apparemment réussi, mais dans d'autres, quand l'office a disparu, un système de monopoles locaux s'est instauré. Le manque de capitaux limitait strictement l'accès à cette activité. Peu d'agriculteurs pouvaient se permettre d'acheter un camion pour aller vendre leurs produits au marché. Comme les banques manquaient aussi, ils ne pouvaient pas non plus emprunter l'argent nécessaire. Créer une nouvelle petite entreprise de transport routier n'était donc pas envisageable. Parfois, les agriculteurs ont réussi à trouver des camions pour transporter leurs produits, et le marché a effectivement fonctionné – au début. Mais, ensuite, cette activité lucrative est tombée dans les griffes de la mafia locale. Donc, dans tous les cas de figure, le bénéfice net promis par le FMI et la Banque mondiale ne s'est pas matérialisé. Les revenus de l'État ont baissé, ceux des paysans n'ont augmenté que fort peu ou pas du tout, et quelques entrepreneurs locaux (mafieux et politiciens) se sont beaucoup enrichis.

De nombreux offices de commercialisation pratiquent aussi une politique de prix uniforme : ils paient les agriculteurs au même tarif, où qu'ils se trouvent. Bien qu'elle paraisse « juste », cette politique est contestée par les économistes, parce qu'elle impose en fait aux producteurs proches des marchés de subventionner les autres. Avec la libre concurrence, les agriculteurs les plus éloignés de l'endroit où les produits sont vendus reçoivent moins pour leurs récoltes. En fait, ils prennent en charge leurs coûts de transport jusqu'au marché. Le FMI a imposé à un pays africain d'abandonner son système de prix uniforme avant de créer un réseau routier adéquat. Les cultivateurs qui vivaient dans les zones les plus reculées ont vu soudain le prix d'achat de leurs produits baisser très sensiblement, puisqu'ils devaient en financer le transport. Les revenus se sont donc effondrés dans certaines des régions rurales les plus pauvres du pays, et de terribles épreuves ont suivi. Peut-être le plan de tarification du FMI apportait-il de légers gains d'efficacité, mais il aurait fallu les comparer aux coûts sociaux. En respectant les bonnes étapes et le bon rythme, on aurait pu réaliser ces gains progressivement sans avoir à subir ces coûts.

On peut faire à la perspective du consensus de Washington et du FMI une critique plus fondamentale. Elle ne comprend pas que le développement passe par une transformation de la société. L'Ouganda l'a bien vu quand il a rendu l'école absolument gratuite, à la grande perplexité des comptables qui n'analysaient son budget qu'en termes de recettes et de dépenses. L'une des idées-force de l'économie du développement aujourd'hui, c'est qu'il faut étendre l'enseignement primaire à tous, filles comprises. D'innombrables études ont montré que des pays comme ceux d'Asie, qui ont investi dans le primaire, y compris pour les filles, ont mieux réussi. Mais, dans certains pays très pauvres, comme ceux d'Afrique, on a beaucoup de mal à obtenir des taux de scolarisation élevés, en particulier pour les filles. Pour une raison simple : les familles pauvres ont à peine de quoi survivre ; elles ne voient guère d'avantage direct à scolariser leurs filles, d'autant plus que les systèmes pédagogiques sont conçus pour renforcer les chances de promotion sociale en préparant essentiellement à des emplois urbains qui sont perçus comme plus adaptés aux garçons. Confrontés à de dures contraintes budgétaires, la plupart de ces pays ont suivi le conseil du consensus de Washington : rendre l'enseignement payant. En vertu du raisonnement suivant : les études statistiques démontraient que de petites redevances avaient un impact limité sur le taux de scolarisation. Mais en Ouganda, le président Museveni avait un autre point de vue. Il savait qu'il devait créer un nouveau climat culturel, où l'on s'attendrait à voir tous les enfants à l'école. Et il savait qu'il n'y parviendrait pas tant qu'il y aurait quelque chose à payer. Il ignora donc les conseils des experts étrangers et abolit purement et simplement les frais de scolarité. La scolarisation monta en flèche. Voyant que, chez les voisins, tous les enfants allaient à l'école, chaque famille avait décidé d'y envoyer ses filles, elle aussi. Ce qui avait échappé aux études statistiques simplistes, c'est la puissance du changement *systémique*.

Si les stratégies du FMI avaient seulement échoué à concrétiser pleinement le potentiel du développement, ce serait déjà fort mauvais. Mais, dans de nombreux endroits, leur échec a fait régresser l'effort de développement en dégradant sans nécessité le tissu même de la société. Il est inévitable que le processus de développement et de changement rapide le soumette à d'énormes pressions : les autorités coutumières sont contestées, les relations traditionnelles, réévaluées. C'est bien pourquoi tout développement réussi veille soigneusement au maintien de la stabilité sociale. C'est la grande leçon non seulement de l'histoire du Botswana, relatée au chapitre précédent, mais de celle de l'Indonésie, qui le sera au suivant. Dans ce pays, le FMI a imposé la suppression du soutien des prix des produits alimentaires et du kérosène (le combustible utilisé par les pauvres pour faire la cuisine), alors même que ses mesures avaient considérablement aggravé la récession, avec chute des revenus et des salaires et montée en flèche du chômage. Les émeutes qui ont suivi ont mis en lambeaux le tissu social, ce qui a exacerbé la dépression en cours. Abolir le soutien des prix n'était pas seulement une mauvaise politique sociale. C'était aussi une mauvaise politique économique.

Ce n'était pas la première fois que le FMI inspirait des émeutes, et, si ses conseils avaient été suivis plus largement, il y en aurait sûrement eu davantage. En 1995, je me trouvais en Jordanie pour une réunion avec le prince héritier d'alors et d'autres hauts responsables quand le FMI a soutenu que, pour améliorer le budget de l'État, il fallait réduire le soutien aux prix des produits alimentaires. Il avait presque réussi à obtenir l'accord des Jordaniens quand le roi Hussein est intervenu pour mettre le holà. Il aimait ses fonctions, y faisait un merveilleux travail et souhaitait les conserver. Dans l'atmosphère extrêmement volatile du Moyen-Orient, des émeutes « alimentaires » auraient fort bien pu emporter son régime, et avec lui la paix fragile de la région. Dans la marche à la prospérité, de tels événements auraient fait infiniment plus de mal que le peu de bien à attendre éventuellement de la mesure – une mince amélioration de la situation budgétaire. Le point de vue étroitement économique du FMI lui interdisait d'appréhender les problèmes dans leur contexte global.

Ces émeutes ne sont que la pointe émergée de l'iceberg. Elles ne font que signaler à l'attention générale qu'on ne peut ignorer le contexte social et politique. Mais il y a d'autres problèmes. Si, dans les années quatre-vingt, l'Amérique latine avait besoin de mieux équilibrer ses budgets et de reprendre le contrôle de l'inflation, l'austérité excessive a fait monter le chômage, en l'absence de tout filet de sécurité adéquat, ce qui a contribué à élever le niveau de violence en milieu urbain, phénomène qui n'est pas du tout favorable à l'investissement. Les guerres civiles en Afrique ont joué un rôle majeur dans la régression de son effort de développement. Des études de la Banque mondiale montrent que ces luttes intestines sont systématiquement liées à des facteurs économiques négatifs, dont le chômage, que peut induire une politique d'austérité trop poussée. Pour créer un environnement propice aux investissements, un peu d'inflation n'est peut-être pas l'idéal, mais la violence et la guerre civile sont bien pires.

Nous savons aujourd'hui qu'il existe un « contrat social » qui lie les citoyens entre eux et à l'État. Quand les mesures du gouvernement l'abrogent, les citoyens risquent de ne plus honorer leurs propres « contrats », ni entre eux, ni avec l'État. Maintenir ce contrat social est particulièrement important et difficile dans les bouleversements sociaux qui accompagnent si souvent la mutation du développement. Dans les calculs macroéconomiques qu'effectue le FMI avec ses œillères vert dollar, ces préoccupations-là n'ont trop souvent aucune place.

L'ÉCONOMIE DES RETOMBÉES

Parmi les composantes du contrat social, il y a l'« équité » : les pauvres doivent participer aux gains quand la société prospère, les riches aux souffrances quand elle est en crise. Les politiques du consensus de Washington prêtent peu d'attention aux problèmes de répartition ou d'« équité ». Si on les y acculait, la plupart de leurs partisans diraient que la meilleure façon d'aider les pauvres, c'est de stimuler la croissance. Ils ont foi en l'économie des retombées. Les bénéfices de la croissance, affirment-ils, finissent par redescendre en cascade jusqu'aux plus pauvres. L'économie des retombées n'a jamais été qu'une simple croyance, un article de foi. Il est manifeste que, dans l'Angleterre du XIXe siècle, le paupérisme augmentait alors que globalement le pays s'enrichissait. La croissance aux États-Unis dans les années quatre-vingt offre l'exemple spectaculaire le plus récent : tandis que l'économie était en pleine expansion, le revenu réel des plus défavorisés a baissé. L'administration Clinton s'était fermement prononcée contre l'économie des retombées : elle estimait qu'il fallait intervenir activement pour aider les pauvres. Et, lorsque j'ai quitté la Maison-Blanche pour la Banque mondiale, j'y suis entré avec le même scepticisme sur cette théorie : si elle n'avait pas fonctionné aux États-Unis, pourquoi l'aurait-elle fait dans les pays en développement ? Il est exact qu'on ne peut pas réduire durablement la pauvreté sans croissance économique vigoureuse. Mais l'inverse n'est pas vrai. S'il y a croissance, rien n'impose qu'elle profite à tous. Il n'est pas exact que « la marée montante soulève tous les bateaux ». Parfois, quand la marée monte vite, en particulier par gros temps, elle projette les embarcations les plus frêles contre les rochers de la côte et les réduit en miettes.

En dépit des problèmes évidents que pose l'économie des retombées, elle jouit d'un bon pedigree intellectuel. Un prix Nobel, Arthur Lewis, a soutenu que l'inégalité était bonne pour le développement et la croissance économique, puisque le riche épargne plus que le pauvre et que la clef de la croissance est l'accumulation du capital. Un autre prix Nobel, Simon Kuznets, a affirmé qu'aux premiers stades du développement l'inégalité augmentait, et que la tendance s'inversait ensuite[4].

Mais l'histoire des cinquante dernières années n'a pas confirmé ces théories et hypothèses. Comme nous le verrons au chapitre suivant, les pays d'Extrême-Orient – la Corée du Sud, la Chine, Taiwan, le Japon – ont montré qu'une épargne forte ne nécessitait nullement une forte inégalité, et qu'on pouvait avoir une croissance rapide sans hausse importante de l'inégalité. Comme ces États ne croyaient pas que la croissance bénéficierait automatiquement aux pauvres, et estimaient qu'elle serait stimulée par plus d'*égalité*, ils sont activement intervenus pour que sa marée montante soulève bien la plupart des barques et bateaux, pour que les inégalités de salaires soient tenues en lisière et pour que certaines possibilités d'éducation soient données à tous. Leurs politiques ont engendré la stabilité sociale et politique, qui a elle-même contribué à un environnement économique où les entreprises se sont développées. Et les nouveaux viviers de talents ont apporté des énergies et des compétences qui ont soutenu le dynamisme de la région.

Ailleurs, là où les États ont adopté les politiques du consensus de Washington, les pauvres ont moins bénéficié de la croissance. En Amérique latine, elle ne s'est pas accompagnée d'une réduction des inégalités, ni même de la pauvreté. Dans certains cas, celle-ci a en fait augmenté, comme en témoignent les bidonvilles qui ponctuent le paysage. Le FMI évoque avec orgueil les progrès accomplis depuis dix ans par l'Amérique latine dans les réformes « de marché » (bien qu'il le fasse un peu plus discrètement depuis l'effondrement du premier de la classe, l'Argentine, et la récession-stagnation qui accable beaucoup des pays de la « réforme » depuis cinq ans). Mais il est moins disert sur le nombre de pauvres.

Manifestement, la croissance, à elle seule, n'améliore pas toujours la vie de tout le monde. Il n'est donc pas surprenant que l'expression *« trickle down »*, qui désignait l'économie des retombées, ait disparu du débat politique. Mais, sous une forme légèrement modifiée, l'idée reste bien vivante : j'appellerai la nouvelle variante « retombées plus ». Elle soutient que la croissance est nécessaire et *presque* suffisante pour réduire la pauvreté : la meilleure stratégie consiste donc simplement à se focaliser sur la croissance, tout en mentionnant des problèmes comme l'éducation des femmes et la santé. Mais les partisans de « retombées plus » n'ont réussi à mettre en œuvre aucune mesure efficace, ni contre la pauvreté en général, ni même sur des problèmes spécifiques comme l'éducation des femmes. En pratique, ils ont poursuivi les mêmes stratégies qu'avant, avec les mêmes effets négatifs. Des politiques d'« ajustement » excessivement dures ont contraint de nombreux pays à sabrer dans l'éducation et la santé. En Thaïlande, le résultat a été clair : non seulement la prostitution féminine a augmenté, mais les dépenses anti-sida ont été réduites, et le plan de lutte contre ce fléau, qui avait été l'un des plus efficaces du monde, a subi un échec majeur.

Paradoxalement, l'un des chauds partisans de « retombées plus » était le Trésor américain de l'administration Clinton. Il y avait dans cette administration, en politique intérieure, un large éventail d'opinions, depuis les « nouveaux démocrates », qui souhaitaient limiter davantage le rôle de l'État, jusqu'aux « vieux démocrates », qui cherchaient à étendre son intervention, mais l'orientation centrale, que reflétait le « Rapport économique du président » (préparé chaque année par le Council of Economic Advisers), était tout à fait hostile à la stratégie « retombées » – et même « retombées plus ». Donc, le Trésor imposait à d'*autres* pays des mesures qui, si elles avaient été proposées pour les États-Unis, auraient été fortement contestées *au sein même de l'administration*, et presque certainement rejetées. La raison de cette apparente incohérence était simple : le FMI et la Banque mondiale faisaient partie du domaine réservé du Trésor, un domaine où, à de rares exceptions près, on l'autorisait à imposer ses points de vue, exactement comme d'autres départements pouvaient imposer les leurs dans leur propre chasse gardée.

PRIORITÉS ET STRATÉGIES

Il est important de voir non seulement ce que le FMI met au programme, mais aussi ce qu'il n'y met pas. La stabilisation y est, la création d'emplois non. Les impôts, et leurs effets négatifs, y sont, la réforme agraire non. Il y a de l'argent pour renflouer les banques, pas pour financer l'amélioration des services d'enseignement et de santé, et encore moins pour secourir les travailleurs éjectés de leur emploi en raison de la mauvaise gestion macroéconomique du FMI.

Beaucoup de ces mesures qu'ignore le consensus de Washington pourraient renforcer à la fois la croissance et l'égalité. La réforme agraire illustre les choix qui s'offrent à de nombreux pays. Dans beaucoup de pays en développement, une poignée de riches possèdent la quasi-totalité des terres. L'immense majorité des habitants sont tenanciers, ils ne gardent que la moitié de ce qu'ils produisent, voire moins encore. C'est ce qu'on appelle le métayage. Le système du métayage réduit les incitations – là où il y a partage à égalité avec le propriétaire foncier, l'effet est le même qu'un impôt de 50 % sur les paysans pauvres. Le FMI hurle contre les taux d'imposition élevés appliqués aux riches, en soulignant combien ils nuisent aux incitations, mais sur ces impôts cachés il ne dit mot. Réalisée correctement – en veillant à ce que les travailleurs n'obtiennent pas seulement la terre, mais aussi l'accès au crédit et à des services rapprochés de vulgarisation agricole qui leur enseignent l'usage des nouvelles semences et techniques de plantation –, la réforme agraire pourrait donner un formidable coup de fouet à la production. Mais elle constitue un changement radical dans la structure de la société, et ce bouleversement ne plaît pas forcément aux membres de l'élite qui peuplent les ministères des Finances et qui sont les interlocuteurs des institutions financières internationales. Si celles-ci se souciaient vraiment de la croissance et de la lutte contre la pauvreté, elles auraient porté au problème une attention considérable. Plusieurs cas de développement particulièrement réussi ont été précédés d'une réforme agraire – pensons à la Corée du Sud et à Taiwan.

Autre point négligé : la réglementation du secteur financier. Ne pensant qu'aux cas latino-américains du début des années quatre-vingt, le FMI soutenait que les crises étaient dues aux débordements budgétaires et au laxisme monétaire. Mais des crises, dans le monde entier, avaient révélé une troisième source d'instabilité : une réglementation insuffisante du secteur financier. Pourtant, le FMI faisait pression pour la réduction des réglementations – jusqu'au moment où la crise asiatique l'a forcé à changer de cap. Si, dans bien des pays, la réforme agraire et la réglementation du secteur financier ont été estompées par le FMI et par le consensus de Washington, ils ont insisté lourdement sur l'inflation. Certes, dans des régions comme l'Amérique latine où elle avait fait rage, elle méritait attention. Mais l'excessive concentration du FMI sur l'inflation a conduit à une hausse des taux d'intérêt et des taux de change, ce qui a créé le chômage mais pas la croissance. Les taux d'inflation très bas ont peut-être plu aux marchés financiers, mais la croissance faible et le chômage fort n'ont pas plu aux travailleurs – ni à ceux qui se soucient de la pauvreté.

Heureusement, la réduction de la pauvreté est devenue une priorité de plus en plus importante dans le développement. Nous avons vu plus haut que les stratégies « retombées » ou même « retombées plus » n'ont pas fonctionné. Il est vrai qu'en moyenne les pays qui se sont développés plus vite ont mieux réussi à réduire la pauvreté, comme les exemples de la Chine et de l'Asie orientale le démontrent assez. Il est vrai aussi qu'éradiquer la pauvreté exige des moyens, et qu'on ne peut les obtenir qu'avec la croissance. Donc l'existence d'une corrélation entre croissance et réduction de la pauvreté ne doit pas surprendre. Mais cette corrélation ne prouve nullement que les stratégies « retombées » (ou « retombées plus ») constituent la meilleure méthode de lutte contre la pauvreté. Bien au contraire, les statistiques montrent que certains pays ont connu la croissance sans diminution de la pauvreté, et qu'à tous les niveaux de croissance certains ont bien mieux réussi que d'autres à réduire la pauvreté. Le problème n'est pas de savoir si l'on est pour ou contre la croissance. En un sens, le débat croissance/pauvreté paraît absurde. Après tout, presque tout le monde croit en la croissance.

La question porte sur l'impact de *politiques particulières*. Certaines stimulent la croissance mais n'ont guère d'effet sur la pauvreté ; d'autres stimulent la croissance mais augmentent la pauvreté ; d'autres encore stimulent la croissance et réduisent simultanément la pauvreté. Dans ce dernier cas, on parle de stratégies de croissance « favorables aux pauvres ». Parfois, des mesures font gagner sur les deux tableaux, par exemple la réforme agraire, ou l'amélioration de l'accès des pauvres à l'éducation, qui promettent davantage de croissance et davantage d'égalité. Mais, dans bien des cas, il faut arbitrer : la libéralisation du commerce est susceptible de renforcer la croissance, mais en même temps, au moins à court terme, elle va augmenter la pauvreté – en particulier si elle est introduite très vite –, puisque des travailleurs vont perdre leur emploi. Et, parfois, il y a des politiques où l'on perd sur les deux tableaux, des mesures qui ne font pas grand-chose pour la croissance, voire rien du tout, mais qui aggravent très sensiblement l'inégalité. Dans beaucoup de pays, la libéralisation des marchés financiers illustre ce cas de figure. Le débat croissance/pauvreté est une question de stratégies de développement : ces stratégies doivent privilégier les mesures qui réduisent la pauvreté tout en stimulant la croissance, écarter celles qui augmentent la pauvreté avec un impact faible ou nul sur la croissance, et enfin, dans leurs critères d'évaluation des situations où il faut arbitrer, accorder une large place à l'impact sur les pauvres.

Pour faire les bons choix, il faut comprendre les causes et la nature de la pauvreté. Ce n'est pas que les pauvres sont paresseux : souvent, ils travaillent plus dur et font plus d'heures que ceux qui sont bien mieux lotis. Beaucoup sont prisonniers d'une série de cercles vicieux. L'insuffisance de leur alimentation entraîne des problèmes de santé, qui diminuent leur aptitude à gagner de l'argent, ce qui dégrade encore plus leur santé. Ayant à peine de quoi survivre, ils ne peuvent pas envoyer leurs enfants à l'école, et ceux-ci, sans éducation, sont condamnés à une vie misérable. La pauvreté se transmet d'une génération à l'autre. Les paysans pauvres ne peuvent pas s'offrir les engrais et les semences à haut rendement qui augmenteraient leur productivité.

Ce n'est que l'un des nombreux cercles vicieux auxquels sont confrontés les pauvres. Partha Dasgupta, de l'université de Cambridge, en signale un autre. Dans des pays déshérités comme le Népal, ils n'ont aucune autre source d'énergie que les forêts voisines. Mais quand ils déboisent pour se chauffer et cuire les aliments, cela provoque l'érosion des sols, et cette dégradation de l'environnement les condamne à une existence toujours plus misérable.

La pauvreté s'accompagne de sentiments d'impuissance. Pour son *Rapport 2000 sur le développement dans le monde*, la Banque mondiale a interviewé des milliers de pauvres au cours d'une opération baptisée « Les voix des pauvres ». Plusieurs thèmes – qui n'avaient rien d'inattendu – dominent nettement. Les pauvres ont le sentiment qu'ils n'ont pas voix au chapitre, qu'ils ne sont pas maîtres de leur destin. Ils sont ballottés par des forces qu'ils ne contrôlent pas.

Et ils se sentent en état d'insécurité. Non seulement pour leur revenu – des changements incontrôlables de la situation économique peuvent provoquer une baisse des salaires réels et les priver de leur emploi, comme la crise asiatique l'a tragiquement montré –, mais aussi pour leur santé, et parce qu'ils vivent sous la menace permanente de la violence – celle d'autres pauvres qui tentent par tous les moyens de satisfaire les besoins de leur famille, ou celle de la police et autres détenteurs d'autorité. Si les habitants des pays développés s'alarment des insuffisances de l'assurance-maladie, ceux des pays en développement n'ont aucune assurance – ni chômage, ni maladie, ni retraite. Le seul filet de sécurité est assuré par la famille et par la communauté ; c'est pourquoi il est si important, dans le processus de développement, de faire ce qu'on peut pour préserver ces liens.

Afin de résister aux sautes d'humeur du patron, ou à celles d'un marché toujours plus ballotté par les tempêtes internationales, les travailleurs ont lutté pour la sécurité de l'emploi. Mais tandis qu'ils livraient un dur combat pour l'« emploi décent », le FMI se battait avec autant d'acharnement pour ce qu'il appelait, par euphémisme, « la flexibilité du marché du travail » : formule qui paraît signifier « amélioration du marché du travail » mais qui, telle qu'on l'a appliquée, n'a été qu'un terme codé pour dire baisse des salaires et démantèlement de la protection de l'emploi.

Certes, on ne pouvait pas prévoir tous les effets négatifs sur les pauvres des politiques du consensus de Washington. Mais aujourd'hui ils sont clairs. La libéralisation du commerce *associée à des taux d'intérêt élevés* constitue, nous l'avons vu, une méthode presque infaillible pour détruire des emplois et répandre le chômage – aux dépens des pauvres. La libéralisation des marchés financiers *non associée à une réglementation appropriée* est un moyen à peu près sûr de créer l'instabilité économique – et elle risque de faire monter et non baisser les taux d'intérêt : les paysans pauvres auront alors plus de mal à acheter les semences et les engrais qui pourraient les élever au-dessus du minimum vital. La privatisation *sans stimulation de la concurrence et sans surveillance des abus du pouvoir de monopole* peut aboutir à une hausse et non à une baisse des prix pour les consommateurs. L'austérité budgétaire *appliquée aveuglément* dans une situation inadaptée peut faire monter le chômage et rompre le contrat social.

Le FMI a donc sous-estimé les risques de ses stratégies de développement pour les pauvres. Mais il a aussi sous-estimé le coût politique et social à long terme des mesures qui ont ravagé la classe moyenne pour enrichir une toute petite élite, et surestimé les bénéfices de ses mesures néolibérales. Historiquement, la classe moyenne a été celle qui a revendiqué l'état de droit, l'enseignement public pour tous, la création d'un système de sécurité sociale – autant de facteurs essentiels pour une économie saine. Son érosion s'est traduite par une érosion parallèle du soutien à ces réformes cruciales.

S'il a sous-estimé les coûts de ses plans, le FMI en a surestimé les bénéfices. Prenons le problème du chômage. Pour le FMI et pour tous ceux qui croient que, lorsque les marchés fonctionnent normalement, la demande est forcément égale à l'offre, le chômage est le symptôme d'une interférence avec les mécanismes du marché. Les salaires sont trop élevés (par exemple, à cause du pouvoir syndical). Le remède évident, c'est de les baisser. La diminution des salaires stimulera la demande de main-d'œuvre, ce qui fera réembaucher les chômeurs. La science économique moderne (en particulier les théories fondées sur l'information asymétrique et les contrats incomplets) a expliqué pourquoi, même si l'on a des marchés (dont des marchés du travail) extrêmement concurrentiels, le chômage peut persister – le raisonnement qui en attribue la responsabilité aux syndicats ou au salaire minimal fixé par l'État est donc entièrement faux. Mais il y a une autre critique à faire à la stratégie de baisse des salaires. *Peut-être* amènera-t-elle certaines firmes à embaucher quelques travailleurs de plus, mais le nombre de ces nouveaux embauchés risque d'être assez limité, et la misère créée par la baisse des salaires de tous les autres pourrait être considérable. Employeurs et détenteurs de capitaux seront très heureux, car ils verront leurs profits monter en flèche. Et ils soutiendront le modèle FMI du fanatisme du marché et ses prescriptions avec enthousiasme ! L'idée de rendre l'école payante pour les habitants des pays en développement est un autre exemple de cette étroitesse de vues. Ceux qui préconisaient cette mesure faisaient valoir qu'elle n'aurait pas beaucoup d'effet sur les effectifs scolaires et que l'État avait grand besoin de ces revenus. Le paradoxe, ici, c'est que les modèle simplistes ont sous-estimé l'impact qu'aurait sur les inscriptions à l'école l'élimination des frais de scolarité. En ne prenant pas en compte les effets *systémiques* des mesures, non seulement leur impact général sur la société leur a échappé, mais ils ont même échoué dans la tâche limitée qu'ils s'étaient fixée – évaluer avec exactitude leurs conséquences sur les effectifs scolarisés.

Si le FMI avait une vision exagérément optimiste des marchés, il avait une vision exagérément pessimiste de l'État : peut-être n'était-il pas la racine de tous les maux, mais il posait assurément bien plus de problèmes qu'il n'en résolvait. Cela dit, l'indifférence du FMI aux pauvres ne découlait pas seulement de l'idée qu'il se faisait des marchés et de l'État – les marchés allaient tout régler et l'État ne pouvait qu'aggraver les choses. C'était aussi une question de valeurs : jusqu'à quel point faut-il se soucier des pauvres ? Et qui doit assumer quels risques ?

Les résultats des politiques imposées par le consensus de Washington n'ont pas été encourageants : dans la plupart des pays qui les ont appliquées, le développement a été lent, et, là où il y a eu croissance, ses bénéfices n'ont pas été également partagés ; les crises ont été mal gérées ; la transition du communisme à l'économie de marché, nous le verrons, a été une déception. Dans le monde en développement, on s'interroge très sérieusement. Ceux qui ont suivi les prescriptions et subi l'austérité demandent : Quand en verrons-nous les fruits ? Dans une grande partie de l'Amérique latine, après une brève poussée de croissance au début des années quatre-vingt-dix, la stagnation et la récession se sont installées. La croissance n'a pas duré – certains diraient qu'elle ne pouvait pas durer. À l'heure où j'écris, le bilan de la croissance à l'ère dite « d'après la réforme » ne paraît pas meilleur – dans certains pays il est bien pire – que celui de la période dite de « substitution aux importations » des années cinquante et soixante (quand ces pays recouraient à des mesures protectionnistes pour aider leurs industries nationales à concurrencer les importations). Le taux de croissance annuel moyen dans la région au cours des années quatre-vingt-dix, après les réformes, n'est qu'un peu moins de la moitié de celui des années soixante (2 % contre 5,4 %). Rétrospectivement, les stratégies de croissance des années cinquante et soixante n'ont pas duré (leurs censeurs disent qu'elles ne le pouvaient pas). Mais le léger redressement de la croissance au début des années quatre-vingt-dix n'a pas duré non plus (et lui non plus, disent ses censeurs, ne le pouvait pas). Les adversaires du consensus de Washington soulignent d'ailleurs que la poussée de croissance du début des années quatre-vingt-dix n'a été qu'un simple rattrapage – et qui n'a même pas rattrapé la perte des années quatre-vingt, celle d'après la dernière grande crise, marquée par la stagnation. Dans toute l'Amérique latine, on se demande : Est-ce la réforme qui a échoué ou la mondialisation ? La distinction est peut-être artificielle – la mondialisation était au cœur de la réforme.

Même dans les pays qui ont connu une certaine croissance, comme le Mexique, les bénéfices sont allés très largement aux 30 % du haut de l'échelle sociale, en se concentrant plus encore sur les 10 % les plus riches. Aux niveaux inférieurs, on n'y a pas gagné grand-chose, et, pour beaucoup, la vie est pire qu'avant.

Les réformes du consensus de Washington ont exposé les pays à des risques beaucoup plus graves, que l'on a fait démesurément supporter par leurs habitants les moins armés pour cela. Exactement comme, dans de nombreux pays, le rythme et l'enchaînement des réformes ont eu pour effet une destruction d'emplois qui a surpassé la création d'emplois, l'exposition aux risques a dépassé l'aptitude à créer des institutions pour y faire face, dont des filets de sécurité efficaces.

Il y avait, bien sûr, de précieux messages dans le consensus de Washington, dont des leçons de prudence budgétaire et monétaire qui ont été bien comprises par les pays qui ont réussi. Mais la plupart d'entre eux n'ont pas eu besoin du FMI pour les apprendre.

Parfois, le FMI et la Banque mondiale ont été injustement accusés pour les messages qu'ils apportaient : personne n'aime s'entendre dire qu'il doit vivre au niveau de ses moyens. Mais la critique des institutions économiques internationales ne s'arrête pas là. Quand bien même il y aurait beaucoup de bons principes dans leurs plans de développement, il n'en reste pas moins que les réformes souhaitables à long terme ont besoin d'être mises en œuvre avec soin. Il est aujourd'hui largement admis qu'on ne peut ignorer les questions de rythme et d'étapes. Cela dit, et c'est encore plus important, le développement ne se résume pas à ce que suggèrent les leçons que l'on vient d'évoquer. Il existe d'autres stratégies – différentes non seulement par leur degré d'insistance sur tel ou tel point, mais par les politiques elles-mêmes. Des stratégies, par exemple, qui incluent la réforme agraire mais pas la libéralisation des marchés financiers, qui font passer la stimulation de la concurrence avant la privatisation, qui assurent que la création d'emplois accompagne la libéralisation du commerce.

Ces autres stratégies ont recouru aux marchés, mais ont aussi reconnu à l'État un rôle important. Elles ont compris qu'il était essentiel de réformer, mais que toute réforme nécessite un rythme maîtrisé et une série d'étapes. Elles ont vu que le changement n'était pas seulement d'ordre économique mais s'inscrivait dans une évolution générale de la société. Et elles ont compris que, pour réussir à long terme, les réformes devaient jouir d'un large soutien, qui ne pouvait reposer que sur une large répartition de leurs bénéfices.

Nous avons déjà attiré l'attention sur certains de ces succès : limités dans quelques pays d'Afrique, comme l'Ouganda, l'Éthiopie et le Botswana, éclatants dans certains pays d'Asie, dont la Chine. Nous examinerons au chapitre 7 des cas de transition bien menée, tel celui de la Pologne. Ces succès montrent que le développement et la transition sont possibles. Dans le cas du développement, ils dépassent de très loin tout ce qu'on aurait pu imaginer il y a un demi-siècle. Et il est révélateur que tant de ces expériences réussies aient suivi des stratégies très différentes de celles du consensus de Washington.

Chaque époque et chaque pays sont différents. Si d'autres pays avaient suivi la stratégie asiatique, auraient-ils eu le même succès ? Les stratégies qui ont été efficaces voilà vingt-cinq ans réussiraient-elles dans l'économie mondialisée d'aujourd'hui ? Les économistes peuvent être en désaccord sur les réponses. Mais les pays doivent envisager les diverses options et, dans le cadre de processus politiques démocratiques, choisir eux-mêmes. La tâche des institutions économiques internationales doit être (et aurait dû être) de leur donner les moyens de faire un choix informé, en comprenant bien les conséquences et les risques de chaque option. La liberté, c'est d'abord le droit de choisir – et d'assumer ses choix.

NOTES

1. Cela m'a frappé dans mes discussions en Corée. Faisant preuve d'une remarquable conscience sociale, les propriétaires d'entreprises privées étaient très réticents à licencier leur personnel. Ils estimaient qu'il y avait un contrat social, et ils répugnaient à l'abroger, même si cela voulait dire qu'ils allaient perdre de l'argent.

2. Pour prendre un seul exemple, voir P. Waldman, « How US companies and Suharto's cycle electrified Indonesia », *Wall Street Journal*, 23 décembre 1998.

3. La thèse selon laquelle les marchés conduisent par eux-mêmes à des résultats efficaces a été avancée par Adam Smith dans son livre devenu classique, *La Richesse des nations*, écrit en 1776, l'année même de la Déclaration d'indépendance des États-Unis. La preuve mathématique formelle – spécifiant à quelles conditions cette idée était vérifiée – a été apportée par deux prix Nobel, Gérard Debreu, de l'université de Californie à Berkeley (prix Nobel 1983), et Kenneth Arrow, de l'université de Stanford (prix Nobel 1972). Le résultat fondamental démontrant que, lorsque l'information est imparfaite ou que les marchés sont incomplets, l'équilibre concurrentiel n'est pas optimal au sens de Pareto, est dû à B. Greenwald et J.E. Stiglitz, «Externalities in economies with imperfect information and incomplete markets», *Quarterly Journal of Economics*, vol. 101, n° 2, mai 1986, p. 229-264.

4. Voir W.A. Lewis, *Economic Development with Unlimited Supplies of Labor*, Manchester School, 22, 1954, p. 139-191, et S. Kuznets, «Economic growth and income inequality», *American Economic Review*, vol. 45, n° 1, 1955, p. 1-28.

4

La crise asiatique

Comment la politique du FMI a mené le monde au bord de l'effondrement général

Le 2 juillet 1997, quand le baht thaïlandais s'effondra, nul ne savait qu'il s'agissait du coup d'envoi de la crise économique la plus gigantesque depuis la Grande Dépression : partie d'Asie, elle allait s'étendre à la Russie, à l'Amérique latine, et menacer le monde entier. Depuis dix ans, le baht se négociait à environ 25 pour 1 dollar. En un jour ou deux, il chuta de 25 %. Passant à d'autres devises, la spéculation frappa alors la Malaisie, la Corée, les Philippines, l'Indonésie. Et, à la fin de l'année, ce qui avait commencé comme un typhon sur les marchés des changes menaçait d'abattre de nombreuses banques, plusieurs Bourses, voire des économies entières. Aujourd'hui, la crise est finie, mais des pays comme l'Indonésie en ressentiront les effets pendant des années encore.

Malheureusement, la politique imposée par le FMI pendant cette période troublée a aggravé la situation. Le FMI ayant été fondé précisément pour prévenir et guérir ce type de crise, l'ampleur de son échec l'a mis lui-même sur la sellette : aux États-Unis comme à l'étranger, nombreux sont ceux qui exigent un changement radical de ses orientations, et de l'institution elle-même. Car, avec le recul, les choses sont claires. Les mesures du FMI n'ont pas seulement exacerbé la crise, elles l'ont aussi en partie provoquée : sa cause principale a probablement été la libéralisation trop rapide des marchés financiers, même si des erreurs d'origine locale ont aussi joué. Aujourd'hui, le FMI reconnaît beaucoup de ses fautes (pas toutes). Il a compris, notamment, combien libéraliser trop vite les marchés des capitaux peut être dangereux. Mais ce revirement arrive trop tard pour les victimes.

Pour la plupart des observateurs, la crise fut une surprise totale. Peu avant, même le FMI prédisait une croissance forte. Cela faisait trois décennies que l'Asie orientale avait une croissance plus rapide, réussissait mieux à réduire la pauvreté, mais aussi était plus stable que toute autre région du monde, développée ou non. L'alternance expansion-récession typique des économies de marché ne la touchait pas. Son succès était si éclatant qu'on parlait de « miracle asiatique ». Le FMI avait une telle confiance dans la région que, cherchant un poste facile avant la retraite pour l'un de ses fidèles collaborateurs, il l'avait nommé directeur pour l'Asie orientale.

D'où ma surprise, quand la crise a éclaté, de voir soudain le FMI et le Trésor se répandre en violentes critiques contre les pays asiatiques : leurs institutions étaient pourries, leurs gouvernements corrompus, il fallait tout réformer de fond en comble. Ces procureurs tonitruants n'étaient nullement des connaisseurs de la région, et leurs propos cadraient mal avec ce que j'en savais. Je m'y étais souvent rendu et je l'étudiais depuis trente ans. La Banque mondiale – Lawrence Summers lui-même, qui était alors son vice-président chargé de la recherche – m'avait demandé de participer à une grande étude sur le miracle asiatique en dirigeant le volet « marchés financiers ». Près de vingt ans plus tôt, quand les Chinois avaient entamé leur transition vers l'économie de marché, ils avaient fait appel à moi pour discuter de leur stratégie de développement. Enfin, à la Maison-Blanche, j'avais continué à suivre la question de près : je dirigeais l'équipe qui rédigeait le rapport économique annuel pour l'APEC (« Coopération économique Asie-Pacifique », l'organisation des pays riverains du Pacifique, dont les réunions annuelles, au niveau des chefs d'État, sont de plus en plus remarquées en raison de la montée en puissance économique de la région). Au Conseil de sécurité nationale, j'avais pris une part active aux débats sur la Chine. D'ailleurs, lorsque les tensions suscitées par la politique de *containment* de l'administration s'étaient faites trop vives, c'est moi qu'on avait envoyé rencontrer le Premier ministre chinois, Zhu Rongji, pour apaiser les choses. J'ai été l'un des rares étrangers jamais invités à accompagner les plus hauts dirigeants du pays dans leur retraite annuelle du mois d'août, où ils discutent des orientations politiques.

Comment, me demandais-je, s'ils avaient des institutions si pourries, ces pays avaient-ils pu si bien réussir pendant si longtemps ? L'écart entre ce que je savais de la région et ce qu'en disaient le FMI et le Trésor me paraissait inexplicable. Jusqu'au moment où je me suis souvenu du débat qui avait fait rage sur le miracle asiatique lui-même. On aurait pu croire que le FMI et la Banque mondiale allaient naturellement s'intéresser à ce succès afin d'en tirer des leçons pour les autres pays ; mais non : ils avaient délibérément évité d'étudier la région. Ce n'est que sous la pression des Japonais, et seulement quand ceux-ci eurent offert de la financer, que la Banque mondiale avait enfin entrepris son analyse de la croissance économique en Asie orientale (le rapport final fut intitulé *Le Miracle asiatique*). La raison de cette attitude était évidente : non seulement ces pays avaient réussi *bien qu*'ils n'eussent pas appliqué la plupart des diktats du consensus de Washington, mais *parce qu*'ils ne les avaient pas appliqués. Même si les conclusions des experts furent édulcorées dans le rapport publié, l'étude de la Banque mondiale sur le miracle asiatique soulignait le rôle important que l'État avait joué à divers titres. On était très loin de l'État minimaliste cher au consensus de Washington.

Certains, dans les institutions financières internationales mais aussi dans le monde académique, se récrièrent. Était-ce vraiment un miracle ? « Tout » ce qu'avait fait l'Asie, c'était d'épargner beaucoup et de bien investir ! Mais cette vision du « miracle » ignorait l'essentiel. Aucun autre ensemble de pays dans le monde n'avait réussi à épargner à de tels taux et à investir judicieusement ces fonds. Certaines mesures de l'État avaient été essentielles pour permettre aux pays d'Asie orientale de faire les deux à la fois.

Quand la crise éclata, beaucoup de ceux qui critiquaient la région en parurent presque heureux : l'histoire leur donnait raison. Par un curieux paradoxe, alors qu'ils refusaient de mettre au crédit des États asiatiques le moindre des succès du quart de siècle précédent, ils s'empressèrent de les déclarer responsables des difficultés[1].

Alors, miracle ou non ? Peu importe le terme : l'augmentation des revenus et la chute de la pauvreté en Asie orientale depuis trente ans sont sans précédent. Personne ne peut s'y rendre sans s'émerveiller de cette mutation, de ce développement, de ces changements économiques mais aussi sociaux, que reflètent toutes les statistiques imaginables. Il y a trente ans, des milliers de pousse-pousse étaient tirés pour une misère par des pauvres au dos endolori ; ils ne sont plus aujourd'hui qu'une attraction pour touristes en mal de photos. Épargne forte, investissements publics dans l'éducation, politique industrielle dirigée par l'État : cette combinaison gagnante a transformé la région en puissance économique. Les taux de croissance ont été phénoménaux pendant plusieurs décennies, et le niveau de vie de dizaines de millions de personnes a énormément augmenté. Les bénéfices de la croissance ont été largement partagés. Certes, la façon dont les économies asiatiques se développaient n'allait pas sans problèmes, mais, globalement, les États avaient conçu une stratégie qui fonctionnait, une stratégie qui n'avait qu'un seul point commun avec celle du consensus de Washington : l'importance de la macro-stabilité. Comme pour le consensus de Washington, le commerce était important, mais l'accent était mis sur la promotion des exportations et non sur la suppression des entraves aux importations : le commerce a fini par être libéralisé, mais progressivement, à mesure que les industries d'exportation ont créé de nouveaux emplois. Tandis que le consensus de Washington préconisait instamment une libéralisation rapide des marchés des titres et des capitaux, les pays d'Asie orientale ne l'ont opérée que graduellement – certains des plus brillants, comme la Chine, sont d'ailleurs encore très loin de l'avoir achevée. Tandis que le consensus de Washington insistait sur la privatisation, l'État, tant au niveau national qu'à celui des autorités locales, a contribué à créer des entreprises efficaces qui ont joué un rôle crucial dans le succès de plusieurs de ces pays. Dans l'optique du consensus de Washington, toute politique industrielle – par laquelle les États essaient de prédéterminer l'orientation future de l'économie – est une faute. Mais les États d'Asie orientale y ont vu l'une de leurs principales missions. Ils ont estimé en particulier que, s'ils voulaient combler l'écart des revenus avec les pays développés, ils devaient combler celui du savoir et de la technologie – et ils ont donc élaboré des politiques d'éducation et d'investissement pour y parvenir. Tandis que le consensus de Washington se souciait fort peu de l'inégalité, les États d'Asie orientale sont intervenus activement pour réduire la pauvreté et limiter la montée des inégalités : ils jugeaient ces mesures importantes pour maintenir la cohésion sociale, et la cohésion sociale nécessaire pour créer un climat favorable à l'investissement et à la croissance. Plus généralement, tandis que le consensus de Washington réduisait l'État à un rôle minimal, en Asie orientale les États contribuaient à façonner et à diriger les marchés.

Quand la crise a commencé, les Occidentaux n'ont pas perçu sa gravité. Lorsqu'on l'a interrogé sur l'éventualité d'une aide à la Thaïlande, le président Clinton a répondu que l'effondrement du baht, ce n'étaient que «quelques gouttes de pluie sur la route» de la prospérité économique[2]. Et sa confiance imperturbable était partagée par les dirigeants financiers de la planète réunis à Hongkong, en septembre 1997, pour l'assemblée annuelle du FMI et de la Banque mondiale. Les hauts responsables du FMI qui y assistaient étaient si sûrs de leur fait qu'ils ont même demandé une modification de la charte du Fonds monétaire qui leur aurait permis de faire *davantage* pression sur les pays en développement pour qu'ils libéralisent leurs marchés des capitaux. Les dirigeants des pays asiatiques, eux, étaient terrifiés, et en particulier les ministres des Finances que j'ai rencontrés. Ils voyaient bien que l'afflux de capitaux spéculatifs qui accompagnait la libéralisation des marchés financiers était la source de leurs problèmes. Ils savaient que des perturbations majeures étaient imminentes. Une crise allait semer le chaos dans leurs économies et dans leurs sociétés. Ils craignaient que les orientations du FMI ne les empêchent de prendre les décisions susceptibles de la prévenir. Et, si la crise éclatait, ils redoutaient de voir le FMI exiger des mesures qui aggraveraient son impact sur leurs économies. Mais ils se sentaient impuissants, hors d'état de résister. Ils savaient ce qu'ils pouvaient et devaient faire pour prévenir une crise et limiter les dégâts, mais ils savaient aussi que le FMI les condamnerait s'ils prenaient ces initiatives, et ils craignaient le retrait des capitaux internationaux qui résulterait de cette condamnation. Finalement, seule la Malaisie eut le courage d'encourir la colère du FMI. Et si les mesures du Premier ministre Mahathir – dont l'objectif était de maintenir à bas niveau les taux d'intérêt et de mettre un frein à la fuite accélérée des capitaux spéculatifs – furent attaquées de toutes parts, la récession économique fut plus courte et moins prononcée en Malaisie que dans tout autre pays[3].

À la réunion de Hongkong, j'ai suggéré aux ministres des pays d'Asie du Sud-Est que j'ai rencontrés de prendre des mesures concertées. Si, de façon coordonnée, ils imposaient tous ensemble le contrôle des opérations en capital – pour empêcher un désastreux exode massif des fonds spéculatifs –, peut-être parviendraient-ils à résister aux pressions que la communauté financière internationale ne manquerait pas de déchaîner contre eux et à isoler leurs économies de la tourmente. Ils ont parlé de se réunir avant la fin de l'année pour élaborer un plan. Mais, quand ils rentrèrent chez eux, à peine avaient-ils défait leurs bagages que la crise s'étendait à l'Indonésie d'abord, puis, début décembre, à la Corée du Sud. Pendant ce temps, d'autres pays du monde, du Brésil à Hongkong, avaient été attaqués par les spéculateurs. Ils résistaient – mais à quel prix !

Ces crises revêtent deux formes bien connues. La première est illustrée par le cas de la Corée du Sud. C'est un pays au bilan impressionnant. Quand elle a émergé du grand naufrage de la guerre de Corée, la Corée du Sud a élaboré une stratégie de croissance qui, en trente ans, a multiplié par huit le revenu par tête, diminué radicalement la pauvreté, réussi l'alphabétisation totale et considérablement réduit l'écart technologique avec les pays développés. À la fin de la guerre de Corée, elle était plus pauvre que l'Inde ; au début des années quatre-vingt-dix, elle est entrée à l'OCDE (Organisation de coopération et de développement économiques), le club des pays industriels avancés. La Corée était devenue l'un des premiers producteurs mondiaux de semi-conducteurs, et les produits de ses grands conglomérats – Samsung, Daewoo et Hyundai – s'étaient fait connaître dans le monde entier. Mais si au début de sa mutation elle avait étroitement contrôlé ses marchés financiers, par la suite elle avait autorisé à contrecœur – sous la pression des États-Unis – ses firmes à emprunter à l'étranger. Celles-ci se sont donc exposées aux caprices du marché international. Fin 1997, des rumeurs soudaines circulèrent à Wall Street : la Corée avait des problèmes. Elle ne pourrait pas obtenir des banques occidentales la reconduction normale des prêts renouvelables arrivés à échéance, et n'avait pas les réserves nécessaires pour les rembourser. De telles rumeurs sont parfois des prophéties qui se réalisent d'elles-mêmes. Je les ai entendues à la Banque mondiale bien avant qu'elles fassent les titres des journaux – et je savais fort bien ce qu'elles voulaient dire. Très vite, des banques la veille encore si empressées à prêter de l'argent aux firmes coréennes ont décidé de ne pas renouveler leurs prêts. Et comme elles l'ont toutes fait en même temps, la prophétie est devenue vérité : la Corée *avait* des problèmes.

Le second cas de figure est illustré par la Thaïlande. Dans ce pays, la crise a été déclenchée par une attaque spéculative (et un endettement à court terme élevé). Quand ils estiment qu'un pays va dévaluer, les spéculateurs s'efforcent de passer de sa devise au dollar. Rien de plus facile avec la libre convertibilité (la possibilité de changer la devise locale contre des dollars ou n'importe quelle autre monnaie). Quand les opérateurs vendent la devise en question, sa valeur baisse, ce qui confirme leur prophétie. À moins que l'État ne tente de la soutenir, ce qu'il fait la plupart du temps : il vend des dollars tirés de ses réserves (les fonds que détient le pays, souvent en dollars, en prévision d'éventuels jours difficiles) et rachète sa propre devise pour maintenir son cours. Mais, finalement, l'État épuise ses devises fortes. Il n'a plus de dollars à vendre. La monnaie nationale s'effondre. Les spéculateurs sont satisfaits. Ils ont fait le bon pari. Ils peuvent racheter la devise attaquée – et engranger un beau bénéfice. L'ampleur des gains peut être énorme. Supposons que le spéculateur Fred se rende dans une banque thaïlandaise et y emprunte 24 milliards de bahts, qu'il convertit en dollars : au taux de change initial, cela fait 1 milliard de dollars. Une semaine plus tard, le taux de change s'effondre : le dollar n'est plus à 24 bahts, mais à 40 bahts. Fred prend 600 millions de dollars et les reconvertit en bahts : cela fait 24 milliards de bahts, qu'il rend à la banque pour rembourser son emprunt. Restent 400 millions de dollars : c'est son bénéfice. Joli profit pour une semaine de travail, et en ayant investi fort peu d'argent personnel ! Puisqu'il était sûr que le taux de change n'allait pas s'apprécier (passer de 24 bahts à, disons, 20 bahts pour 1 dollar), il ne courait pratiquement aucun risque : au pis, si le taux était resté inchangé, il aurait perdu une semaine d'intérêts. Quand chacun est persuadé qu'une dévaluation est imminente, la tentation de s'enrichir ainsi devient irrésistible, et les spéculateurs affluent du monde entier pour profiter de la situation.

Si les deux formes que revêtaient ces crises étaient bien connues, la réaction du FMI l'était aussi. Il fournissait des fonds colossaux pour que les pays puissent soutenir leur taux de change (au total, les opérations de sauvetage, en y comprenant les apports des pays du G7, se sont montées à 105 milliards de dollars[4]). Le marché verrait ainsi, raisonnait le FMI, qu'il y avait désormais assez d'argent dans les coffres : il n'aurait donc plus de raison d'attaquer la devise, et la « confiance » serait restaurée. Cet argent avait également une autre fonction. Il permettait aux pays d'approvisionner en dollars les firmes qui avaient emprunté aux banquiers occidentaux, afin qu'elles remboursent leurs prêts. Il s'agissait donc en partie d'un renflouement des banques internationales autant que du pays concerné. Les créanciers avaient consenti des prêts irrécouvrables, mais ils n'auraient pas à subir toutes les conséquences de leurs erreurs. De plus, dans tous les pays où les fonds du FMI ont servi à maintenir temporairement le taux de change à un niveau insoutenable, son action a eu une autre conséquence : les riches du pays « aidé » en ont profité pour convertir leur argent en dollars au taux de change favorable et le faire filer à l'étranger. Comme nous le verrons au chapitre suivant, l'exemple le plus notoire de cette évasion s'est produit en Russie après que le FMI lui eut consenti un prêt en juillet 1998. Mais ce phénomène, auquel on donne parfois le nom plus anodin de « fuite des capitaux », avait aussi joué un rôle crucial dans la précédente crise majeure, celle du Mexique, en 1994-1995.

Le FMI lie ses crédits à des conditions, dans le cadre d'un plan censé corriger les problèmes qui ont causé la crise. Ce sont ces mesures, autant que l'argent, qui doivent selon lui persuader les marchés de renouveler leurs prêts, et les spéculateurs d'aller chercher ailleurs des cibles faciles. Elles comprennent en général une hausse des taux d'intérêt – en Asie, elle serait vraiment considérable –, une baisse des dépenses de l'État et une augmentation des impôts. Elles prévoient aussi des « réformes structurelles », c'est-à-dire des changements dans certaines structures de l'économie qui, croit-on, sont à l'origine des difficultés du pays. Les conditions imposées aux pays asiatiques exigeaient non seulement de très fortes hausses des taux d'intérêt et des réductions de dépenses, mais aussi toutes sortes de réformes d'ordre politique autant qu'économique, grandes (par exemple, accroître l'ouverture et la transparence, améliorer la réglementation des marchés financiers) ou petites (telle l'abolition du monopole du clou de girofle en Indonésie).

C'est par esprit de responsabilité, affirmait le FMI, qu'il imposait ces conditions : puisqu'il apportait des milliards de dollars, il était de son devoir de prendre les précautions nécessaires pour se faire rembourser, et aussi de remettre les pays concernés sur la « bonne » voie de la guérison économique. Si des problèmes structurels étaient la *cause* de la crise macroéconomique, il fallait bien les traiter. Mais, étant donné l'ampleur des « conditions », les pays qui acceptaient l'aide du Fonds monétaire lui abandonnaient de fait une grande partie de leur souveraineté économique. Cet abandon – et le coup qu'il portait à la démocratie – était le grand argument de certains adversaires des plans du FMI. D'autres faisaient valoir que les conditions ne rendaient pas la santé à l'économie (on peut d'ailleurs soutenir que ce n'était pas leur but). Certaines, nous l'avons relevé au chapitre 2, n'avaient strictement rien à voir avec le problème qui se posait vraiment.

Avec toutes leurs conditions et leurs énormes moyens, les plans ont échoué en Asie. Ils étaient censés mettre un terme à la baisse des taux de change : ceux-ci ont continué de chuter. Comme si les marchés s'étaient à peine rendu compte que le FMI était « venu à la rescousse » ! Dans chaque cas, embarrassé par l'échec de son prétendu remède, le FMI a accusé le pays concerné de ne pas avoir procédé sérieusement aux réformes nécessaires. Dans chaque cas, il a fait savoir au monde que ce pays souffrait de problèmes de fond, à traiter impérativement avant qu'une vraie reprise puisse se produire. C'était comme crier « Au feu ! » dans un cinéma bondé : plus convaincus par le diagnostic du FMI que par son ordonnance, les investisseurs se sont enfuis[5]. Au lieu de restaurer la confiance pour que l'argent revienne, les blâmes du FMI ont aggravé la panique et la fuite des capitaux. Pour cette raison, et pour d'autres que j'exposerai plus loin, le sentiment d'une grande partie du monde en développement – sentiment que je partage –, c'est que le FMI fait maintenant partie du problème et non de la solution. D'ailleurs, dans bien des régions touchées par la crise, comment les habitants – et de nombreux dirigeants politiques et économiques – appellent-ils encore aujourd'hui l'ouragan économique et social qui a frappé leur pays ? « Le FMI », tout simplement, comme on dirait « la peste » ou « la Grande Dépression ». C'est ainsi qu'ils datent les événements : d'« avant » ou d'« après » le FMI, exactement comme les pays ravagés par un séisme ont un « avant » et un « après » le tremblement de terre.

La crise suivant son cours, le chômage est monté en flèche, le PIB s'est effondré, les banques ont fermé. Le taux de chômage a été multiplié par quatre en Corée, par trois en Thaïlande, par dix en Indonésie. Dans ce pays, près de 15 % des actifs de sexe masculin employés en 1997 ne l'étaient plus en août 1998, et la dévastation économique était pire encore dans les zones urbaines de l'île principale, Java. En Corée du Sud, près du quart de la population a basculé dans la pauvreté, et le nombre de personnes vivant au-dessous du seuil de pauvreté a presque triplé en milieu urbain. En Indonésie, ce nombre a doublé. Dans certains pays comme la Thaïlande, ceux qui perdaient leur emploi en ville avaient un recours : rentrer chez eux dans les campagnes, ce qui, évidemment, a rendu la situation encore plus difficile pour les populations rurales. En 1998, le PIB a chuté de 13,1 % en Indonésie, de 6,7 % en Corée, de 10,8 % en Thaïlande. Trois ans après la crise, il était encore inférieur de 7,5 % à son niveau d'avant la crise en Indonésie, et de 2,3 % en Thaïlande.

Dans certains cas, heureusement, les conséquences ont été moins tragiques qu'on ne pouvait s'y attendre. Les communautés locales de Thaïlande ont fait bloc pour que l'éducation des enfants ne soit pas interrompue. Certains ont apporté volontairement leur aide pour maintenir à l'école les enfants de leurs voisins. On a pris soin que tout le monde ait suffisamment à manger, et, grâce à cet effort, la malnutrition n'a pas augmenté. En Indonésie, une initiative de la Banque mondiale semble avoir réussi à neutraliser l'impact négatif des événements sur l'éducation. Ce sont les travailleurs urbains pauvres, dont la vie était déjà difficile à tout point de vue, qui ont été le plus durement frappés par la crise. Et c'est l'érosion de la classe moyenne – les taux d'intérêt usuraires ayant acculé les petites entreprises à la faillite – qui marquera le plus durablement la vie sociale, politique et économique de la région.

La dégradation de la situation intérieure de chaque pays a contribué à couler ses voisins. Et le ralentissement de la région a eu des répercussions planétaires : la croissance économique mondiale a ralenti aussi, ce qui a fait chuter le cours des matières premières et produits de base. De la Russie au Nigeria, les nombreux pays émergents qui en dépendaient se sont trouvés plongés dans les pires difficultés. Comme les investisseurs qui avaient placé leur argent dans ces pays voyaient fondre leurs avoirs et que *leurs propres banquiers* réclamaient le remboursement de leurs prêts, ils ont dû réduire leurs positions sur d'autres marchés émergents. C'est ainsi que le Brésil, qui ne dépendait ni du pétrole ni du commerce avec les pays en crise, et dont le profil économique était entièrement différent du leur, a été aspiré dans le tourbillon de la crise financière mondiale par la panique générale des investisseurs étrangers et la réduction de leurs prêts. En définitive, la quasi-totalité des marchés émergents ont été touchés – même l'Argentine, que le

FMI avait longtemps citée en exemple comme le pays modèle de la réforme, essentiellement pour son succès dans la lutte contre l'inflation.

COMMENT LA POLITIQUE DU FMI ET DU DÉPARTEMENT DU TRÉSOR A CONDUIT À LA CRISE

Ce chaos général a été le couronnement d'une demi-décennie de triomphe mondial de l'économie de marché, sous la direction des États-Unis, après la fin de la guerre froide. Pendant cette période, l'attention internationale s'était focalisée sur les nouveaux marchés émergents, de l'Asie à l'Amérique latine et de la Russie à l'Inde. Pour les investisseurs, c'étaient de vrais paradis : les profits étaient élevés, les risques apparemment faibles. En sept ans seulement, les flux de capitaux privés allant du monde développé au monde en développement avaient été multipliés par sept, tandis que les flux publics (l'aide étrangère) restaient stables[6].

Banquiers internationaux et responsables politiques étaient persuadés de vivre l'aube d'une ère nouvelle. Le FMI et le Trésor croyaient, ou du moins disaient, qu'une libéralisation totale des comptes d'opérations en capital aiderait la région à se développer encore plus vite. Les pays asiatiques n'avaient aucun besoin de capitaux supplémentaires, puisque leurs taux d'épargne étaient très élevés, mais cette libéralisation leur a été malgré tout imposée à la fin des années quatre-vingt et au début des années quatre-vingt-dix. Or je suis convaincu que la libéralisation des comptes d'opérations en capital a été *le facteur le plus important dans la genèse de la crise*. C'est la conclusion à laquelle je suis parvenu en étudiant avec soin ce qui s'est passé non seulement dans la région, mais aussi dans les autres crises économiques du dernier quart de siècle – il y en a près de cent. Comme les crises se font plus fréquentes (et qu'elles sont plus graves), nous disposons à présent d'une base de données très riche pour analyser les facteurs qui y contribuent[7]. Et l'on voit toujours plus clairement que la libéralisation des comptes d'opérations en capital est trop souvent un risque qui ne rapporte rien. Elle peut exposer un pays à d'immenses périls, même s'il a des banques fortes, une Bourse solide et d'autres institutions que beaucoup de pays asiatiques n'avaient pas.

Il est probable qu'aucun pays n'aurait pu résister au soudain changement d'humeur des investisseurs qui a transformé un immense afflux en immense reflux – tous, étrangers et nationaux, allant placer leurs fonds ailleurs. Des retournements de cette envergure provoquent inévitablement une crise, une récession ou pis encore. Dans le cas de la Thaïlande, cette inversion des flux a été de l'ordre de 7,9 % du PIB en 1997, de 12,3 % en 1998 et de 7 % au premier semestre 1999. C'est comme si, aux États-Unis, les flux de capitaux s'étaient inversés en moyenne de 765 milliards de dollars par an de 1997 à 1999 ! Si ces pays en développement n'avaient pas les moyens de résister à un tel revirement, ils ne pouvaient pas non plus faire face aux effets d'une crise économique d'envergure. En raison de leurs remarquables performances économiques – aucune grande récession en trois décennies –, ils n'avaient pas mis en place de système d'indemnisation du chômage. De toute manière, cela n'aurait pas été facile. Même aux États-Unis, l'assurance-chômage est loin d'être satisfaisante dans les entreprises rurales et dans l'agriculture. Or ce sont ces secteurs-là qui dominent dans le monde en développement.

Mais l'accusation qui pèse sur le FMI est plus grave : ce n'est pas seulement d'avoir exigé des mesures qui ont abouti à la crise ; c'est de les avoir exigées alors qu'il n'y avait pratiquement aucune preuve qu'elles favorisaient la croissance, et de multiples preuves qu'elles faisaient courir aux pays en développement d'énormes risques.

C'est un vrai paradoxe – s'il est permis d'utiliser un mot si doux : en octobre 1997, au tout début de la crise, le FMI préconisait l'expansion des mesures mêmes qui accéléraient la fréquence des crises. En tant que scientifique, j'ai été outré de voir le FMI et le département du Trésor les promouvoir avec une telle vigueur en l'absence quasi totale de théories et de preuves suggérant qu'elles étaient dans l'intérêt des pays en développement ou de la stabilité économique mondiale – et en présence de tant de preuves du contraire. Mais, dira-t-on, il devait bien y avoir *un certain* fondement à leur position, au-delà de la volonté pure et simple de servir les intérêts privés des financiers, qui ne voient dans la libéralisation des marchés des capitaux qu'une nouvelle forme d'« ouverture des marchés » – toujours plus de marchés sur lesquels gagner toujours plus d'argent. Comme il leur fallait reconnaître que l'Asie n'avait pas besoin de capitaux supplémentaires, les partisans de cette libéralisation ont eu le front d'avancer un argument que même à l'époque j'ai trouvé fort peu convaincant, mais qui, avec le recul, paraît particulièrement étrange : elle allait renforcer la stabilité économique de ces pays ! Comment ? En permettant de diversifier davantage les sources de financement[8] ! On a du mal à croire qu'ils n'avaient jamais constaté que les flux de capitaux sont procycliques : qu'ils sortent d'un pays pendant les récessions, précisément quand il en a le plus besoin, et qu'ils y entrent pendant les expansions, où ils viennent exacerber les pressions inflationnistes. Comme de juste, au moment précis où les pays asiatiques ont eu besoin de capitaux extérieurs, les banquiers ont voulu récupérer leur argent.

La libéralisation des marchés des capitaux a mis les pays en développement à la merci des impulsions rationnelles et irrationnelles de la communauté des investisseurs, de leurs euphories et abattements irraisonnés. Keynes était tout à fait conscient de ces changements d'humeur qui semblent sans fondement. Dans la *Théorie générale de l'emploi, de l'intérêt et de la monnaie* (1935), il désigne ces oscillations gigantesques et souvent inexplicables par l'expression « les esprits animaux ». Nulle part ces « esprits » n'ont été plus clairement à l'œuvre qu'en Asie. Peu avant la crise, le taux d'intérêt des bons d'État thaïlandais ne dépassait que de 0,85 % celui des bons les plus sûrs du monde : on les considérait donc comme *extrêmement* sûrs. En un temps record, la prime de risque est montée en flèche.

Un second argument, pas plus crédible que le premier, a été avancé en faveur de la libéralisation des marchés des capitaux – sans la moindre preuve, là encore. Ses partisans ont prétendu que la réglementation des opérations en capital entravait l'efficacité économique, et que les pays se développeraient donc mieux sans ces contrôles. Le cas de la Thaïlande constitue une excellente réfutation. Avant la libéralisation, ce pays avait strictement limité les montants que les banques pouvaient prêter à des fins de spéculation immobilière. Si la Thaïlande avait fixé ces règles, c'est parce qu'elle est un pays pauvre qui souhaite se développer : investir les rares capitaux du pays dans l'industrie, c'est créer des emplois et stimuler la croissance. Elle savait aussi que, dans le monde entier, le prêt spéculatif à l'immobilier est une source majeure d'instabilité économique. Ce type de prêt donne naissance à des bulles spéculatives (la formidable montée des prix causée par l'afflux des investisseurs souhaitant profiter du boom apparemment en cours dans ce secteur), bulles qui finissent toujours par éclater – et, quand elles le font, l'économie s'effondre. Le scénario est bien connu, il est le même à Bangkok et à Houston. Lorsque les prix de l'immobilier montent, les banques estiment qu'elles peuvent prêter davantage, puisqu'elles ont les immeubles comme gages. Les investisseurs voient les prix monter, ils veulent participer au jeu avant qu'il ne soit trop tard, et les banquiers leur avancent les fonds nécessaires. Les promoteurs immobiliers voient des profits rapides à faire en construisant de nouveaux bâtiments – jusqu'au moment où il y en a trop. Alors, les promoteurs ne parviennent plus à louer leurs mètres carrés, ils ne peuvent pas rembourser leurs emprunts, et la bulle éclate.

Mais le FMI prétendait que le type de restrictions imposé par la Thaïlande pour prévenir une crise interférait avec l'allocation efficace des ressources par le marché. Si le marché dit : « Construisez des immeubles de bureau », c'est que la construction de ces immeubles est *nécessairement* l'activité la plus rentable. S'il dit – et c'est bien *cela* qu'il a dit après la libéralisation : « Construisez des immeubles de bureaux vides », ainsi soit-il. Car telle est la logique du FMI : le marché *doit* être le mieux informé. Alors que la Thaïlande avait désespérément besoin de nouveaux investissements publics pour renforcer ses infrastructures et ses systèmes de scolarisation secondaire et supérieure encore fragiles, des milliards ont été dilapidés dans l'immobilier commercial. Ces bâtiments sont toujours vides aujourd'hui : ils témoignent, par leur existence, des risques auxquels expose l'euphorie du marché, et de l'ampleur du gâchis que peut créer le marché lorsque l'État ne réglemente pas assez les institutions financières[9].

Le FMI n'était pas seul, bien sûr, à faire pression pour la libéralisation. Le département du Trésor des États-Unis, qui, en sa qualité de plus gros actionnaire du FMI et seul détenteur du droit de veto, joue un grand rôle dans la détermination de ses orientations, le faisait aussi de son côté.

J'étais au Council of Economic Advisers du président Clinton en 1993 quand la Corée du Sud et les États-Unis ont discuté de leurs relations commerciales. Les négociations portaient sur une nuée de problèmes mineurs – comme l'ouverture du marché sud-coréen aux saucisses américaines – et sur la question cruciale de la libéralisation des marchés financiers. Depuis trente ans, la Corée connaissait une croissance économique remarquable sans investissement international important. Elle avait fondé son développement sur l'épargne coréenne, et sur des entreprises coréennes gérées par des Coréens. Elle n'avait pas besoin des capitaux occidentaux, et avait démontré qu'il existait une autre voie pour importer la technologie moderne et accéder aux marchés. Si Singapour et la Malaisie avaient invité des firmes multinationales, la Corée du Sud avait créé les siennes. Grâce à la qualité de leurs produits et à leur impétuosité commerciale, les firmes sud-coréennes vendaient dans le monde entier. La Corée du Sud comprenait que, si elle voulait poursuivre sa croissance et s'intégrer aux marchés mondiaux, elle allait devoir libéraliser ses méthodes de gestion des marchés des capitaux. Elle était tout aussi consciente des périls d'une mauvaise libéralisation. Elle avait vu ce qui s'était passé aux États-Unis, où la déréglementation avait eu pour bouquet final la grande débâcle des caisses d'épargne des années quatre-vingt. Pour se prémunir, elle avait donc soigneusement élaboré un plan progressif de libéralisation. Mais il était trop lent pour Wall Street, qui voyait de belles occasions de profit et ne voulait pas attendre. Si sur le plan théorique les financiers de Wall Street vantent la liberté du marché et veulent réduire l'État à la portion congrue, dans la pratique ils n'ont pas dédaigné de demander à l'État de les aider dans cette affaire – de faire le travail à leur place pour obtenir ce qu'ils voulaient. Nous verrons avec quelle vigueur le Trésor a répondu à leur appel.

Au Council of Economic Advisers, nous n'étions pas convaincus que la libéralisation en Corée du Sud était un problème d'intérêt *national* pour les États-Unis, même si, de toute évidence, elle était bonne pour les intérêts *privés* de Wall Street. Nous nous préoccupions aussi de l'effet qu'elle aurait sur la stabilité mondiale. Nous avons donc rédigé un mémorandum, un « document de réflexion », pour attirer l'attention sur la question, poser le problème et ouvrir un débat. Nous proposions dans ce texte un ensemble de critères permettant de faire un tri parmi les mesures d'ouverture des marchés afin de déterminer celles qui étaient vraiment vitales pour les intérêts nationaux des États-Unis. Nous préconisions un classement par priorités. De nombreuses formes d'« ouverture des marchés » n'apportent pas grand-chose aux États-Unis. Certains intérêts particuliers en bénéficient considérablement, mais le pays dans son ensemble y gagne peu. (En fixant des priorités, on écarterait le risque de répéter les mésaventures de l'administration Bush : l'un de ses prétendus « grands succès » dans l'ouverture du marché japonais, c'était que Toys-« R »-Us pouvait vendre des jouets chinois aux enfants japonais. C'était bien pour les enfants japonais, bien pour les travailleurs chinois, mais ça n'apportait pas grand-chose aux États-Unis.) On a du mal à imaginer qu'une proposition aussi modérée ait pu susciter des objections. Ce fut le cas. Lawrence Summers, alors sous-secrétaire au Trésor, s'y opposa avec acharnement, affirmant qu'il n'était pas nécessaire d'établir des priorités. La coordination de la politique économique était du ressort du National Economic Council (NEC) : c'est à lui qu'il revenait de trouver le juste équilibre entre l'analyse économique du Council of Economic Advisers et les pressions politiques qui remontaient par les divers ministères, et de décider quels problèmes on soumettrait à la décision finale du Président. Le NEC, qui était alors présidé par Robert Rubin, a jugé le problème trop peu important pour être signalé à l'attention du Président. La vraie raison de cette opposition était transparente. En contraignant la Corée du Sud à libéraliser plus vite, on ne risquait pas de créer beaucoup d'emplois aux États-Unis ni d'augmenter sensiblement le PIB américain. Donc, s'il y avait classement par priorité, sous quelque forme que ce fût, ce type de mesures serait mal placé sur la liste[10]. Pis : dans le cas considéré, on ne voyait pas du tout si les États-Unis, en tant que nation, avaient à y gagner quoi que ce fût, et il était clair que la Corée risquait fort d'aggraver sa situation. Le Trésor soutenait le contraire – que c'était important pour les États-Unis et que cela ne provoquerait pas l'instabilité –, et il l'emporta. En dernière analyse, ces questions sont de son ressort, et il eût été inhabituel que sa position fût rejetée. Comme le débat a été mené à huis clos, d'autres voix n'ont pu se faire entendre. Si elles l'avaient pu, s'il y avait eu davantage de transparence dans le processus de prise de décision aux États-Unis, le résultat eût peut-être été différent. Mais le Trésor a gagné, et les États-Unis, la Corée et l'économie mondiale ont perdu. Le Trésor rétorquerait probablement que le problème n'était pas d'avoir libéralisé mais d'avoir mal libéralisé. Mais c'était justement l'un des points qu'avait soulignés le Council of Economic Advisers : il était très probable qu'une libéralisation rapide serait mal faite.

La première série d'erreurs

Il n'est guère douteux que les orientations du FMI et du Trésor ont contribué à créer un environnement qui renforçait la probabilité d'une crise, en encourageant – et parfois en exigeant – une injustifiable précipitation dans la libéralisation des marchés des titres et des capitaux. Mais c'est dans leur première réaction à la crise que ces deux institutions ont commis leurs plus graves erreurs. Aujourd'hui, les nombreuses fautes que je vais énumérer sont largement admises – sauf une : la mauvaise politique monétaire du FMI.

Au départ, le FMI semble avoir mal diagnostiqué le problème. Il avait géré en Amérique latine des crises dues à des dépenses excessives de l'État et à des politiques monétaires laxistes, qui avaient entraîné d'énormes déficits et une forte inflation. Il ne les avait peut-être pas traitées comme il aurait fallu – la région avait stagné pendant dix ans après ses plans prétendument « réussis », et même les créanciers avaient finalement subi de grosses pertes –, mais sa stratégie, au moins, avait une certaine cohérence. L'Asie ne ressemblait pas du tout à l'Amérique latine : les États avaient des budgets en excédent et l'inflation était faible, mais les entreprises s'étaient lourdement endettées.

Ne pas se tromper de diagnostic était important pour deux raisons. La première : le contexte latino-américain, très inflationniste, imposait de réduire une demande excessive, tandis qu'en Asie, étant donné la récession qui menaçait, le problème n'était pas l'excès de demande mais son insuffisance. La diminuer ne pouvait qu'aggraver les choses.

La seconde : si les firmes sont peu endettées, les taux d'intérêt élevés, certes pénibles, restent supportables ; mais lorsque l'endettement est très fort, imposer de tels taux, même pour une brève période, c'est signer l'arrêt de mort de beaucoup d'entreprises – et de l'économie.

Si les économies asiatiques avaient des faiblesses qu'il fallait traiter, elles n'étaient pas pires que celles de bien d'autres pays, et sûrement pas aussi catastrophiques, loin de là, que l'a laissé entendre le FMI. Le redressement rapide de la Corée et de la Malaisie a d'ailleurs montré que leurs récessions n'étaient pas très différentes de celles qui ont frappé des dizaines de fois les économies de marché des pays industriels avancés en deux siècles de capitalisme. Non seulement les pays asiatiques, nous l'avons dit, avaient un bilan impressionnant en matière de croissance, mais ils avaient connu moins de récessions dans les trois dernières décennies que n'importe quel pays industriel avancé. Deux n'avaient eu qu'une année de croissance négative, deux autres aucune récession en trente ans. De ce point de vue comme de tant d'autres, l'Asie orientale méritait bien plus d'éloges que de blâmes. Et, si elle était vulnérable, il s'agissait d'une vulnérabilité nouvelle – qui résultait pour l'essentiel de la libéralisation des marchés des capitaux dont le FMI lui-même était en partie coupable.

Une politique d'austérité à la Hoover : une anomalie dans le monde moderne

Depuis plus de soixante-dix ans, il existe une prescription standard pour un pays confronté à une grave récession économique : l'État doit stimuler la demande globale soit par la politique monétaire, soit par la politique budgétaire : réduire les impôts et accroître les dépenses, ou détendre la politique monétaire. Quand j'étais président du Council of Economic Advisers, j'avais pour principal objectif de maintenir l'économie au plein emploi et de maximiser la croissance à long terme. À la Banque mondiale, j'envisageais les problèmes des pays d'Asie dans la même perspective : évaluer les politiques pour déterminer celles qui seraient le plus efficaces, tant à court qu'à long terme. Les économies asiatiques en crise étaient clairement menacées par une récession majeure et avaient besoin de stimulation. Le FMI a conseillé exactement l'inverse, et les effets ont été ceux auxquels il fallait s'attendre.

Quand la crise a commencé, l'Asie était, globalement, en état de macroéquilibre – les pressions inflationnistes étaient faibles, et les États avaient des budgets en équilibre ou en excédent. Ce qui avait deux conséquences évidentes. Premièrement, l'effondrement des taux de change et des Bourses, l'éclatement des bulles de l'immobilier, accompagnés par la chute de l'investissement et de la consommation, allaient la précipiter dans une récession. Deuxièmement, cet écroulement économique allait se traduire par un écroulement des recettes fiscales, donc creuser un déficit budgétaire. Depuis Herbert Hoover, les économistes responsables ne disaient plus qu'il fallait se focaliser sur ce déficit conjoncturel, mais sur le déficit structurel – celui qui aurait existé si l'économie avait fonctionné au niveau du plein emploi. Or c'est la position « hooverienne » qu'a défendue le FMI.

Le Fonds monétaire admet aujourd'hui que la politique budgétaire qu'il a recommandée était d'une austérité exagérée [11]. Qu'elle a rendu la récession beaucoup plus grave qu'il n'était nécessaire. Mais pendant la crise, son premier directeur exécutif adjoint Stanley Fischer l'a défendue dans le *Financial Times* en écrivant que *tout* ce que le FMI demandait aux pays, c'était d'avoir un budget en équilibre[12]! Cela faisait soixante ans que les économistes dignes de ce nom ne pensaient plus qu'une économie entrant en récession devait avoir un budget en équilibre.

Cette question me tenait à cœur. Quand j'étais au Council of Economic Advisers, l'une de nos plus grandes batailles a porté sur le projet d'amendement à la Constitution imposant un budget en équilibre. Cet amendement aurait imposé à l'État fédéral de limiter ses dépenses à ses revenus. Nous étions contre, *et le Trésor aussi*, car nous étions convaincus que c'était de la mauvaise politique économique. En cas de récession, il serait d'autant plus difficile d'user de la politique budgétaire pour aider l'économie à se relever. Quand l'économie est en récession, les rentrées fiscales diminuent. L'amendement, en contraignant le gouvernement à réduire les dépenses (ou à augmenter les impôts), aurait donc aggravé la récession. Si cet amendement était adopté, l'État n'aurait plus le droit d'exercer l'une de ses missions principales : maintenir l'économie au niveau du plein emploi. Bref, une politique budgétaire expansionniste constitue l'un des rares moyens de sortir d'une récession. L'administration elle-même était opposée à l'amendement « budget en équilibre ». Et, malgré tout, le Trésor et le FMI ont préconisé l'équivalent de cet amendement pour la Thaïlande, la Corée et les autres pays asiatiques.

« Dépouille-toi toi-même »

De toutes les erreurs commises par le FMI dans la période où la crise asiatique s'étendait d'un pays à l'autre, en 1997 et 1998, l'une des plus incompréhensibles a été son incapacité à mesurer la force des interactions entre les politiques suivies dans les différents pays. Les mesures d'austérité dans un pays ne déprimaient pas seulement sa propre économie, mais avaient des effets négatifs sur ses voisins. En persistant à exiger des politiques restrictives, le FMI a exacerbé la contagion : il a permis à la récession de faire tache d'huile. À mesure que chaque pays s'affaiblissait, il réduisait ses importations en provenance de ses voisins, et entraînait donc ceux-ci vers le bas.

On considère généralement que la politique des années trente qu'on a baptisée « dépouille ton voisin » a joué un grand rôle dans la diffusion de la Grande Dépression. Dans cette stratégie, chaque pays frappé par la crise essaie de stimuler son économie en réduisant ses importations, donc en réorientant la demande des consommateurs vers les produits nationaux. Il le fait en imposant des droits de douane et en procédant à des dévaluations compétitives de sa devise qui rendent ses produits moins chers et ceux des autres plus coûteux. Mais, en réduisant ses importations, il « exporte » sa crise économique dans les pays voisins – d'où l'expression « dépouille ton voisin ».

Le FMI a conçu une stratégie dont les effets se sont révélés pires encore que ceux de ce « chacun pour soi » qui avait ravagé le monde pendant la dépression des années trente. Il a déclaré aux pays asiatiques que, pour faire face à la crise, ils devaient réduire le déficit de leur balance commerciale, et même la mettre en excédent. Cette stratégie *pourrait* être logique si l'objectif central de la politique macroéconomique consistait à rembourser les créanciers étrangers. En amassant un trésor de guerre en devises étrangères, l'État sera mieux à même de payer ses factures – quels que soient les coûts pour les habitants du pays ou d'ailleurs. Aujourd'hui, à la différence des années trente, les pays sont soumis à une très forte pression pour ne pas relever leurs droits de douane ni renforcer les autres entraves au commerce afin de diminuer leurs importations, même s'ils affrontent une récession. Le FMI tonnait aussi contre toute nouvelle dévaluation. De fait, l'unique objectif de ses opérations de sauvetage était d'*empêcher* les taux de change de continuer à baisser. Cela pourrait déjà sembler curieux de sa part : puisqu'il affiche une telle foi dans le marché, pourquoi ne laisse-t-il pas les mécanismes du marché déterminer les taux de change, comme les autres prix ? Mais la cohérence intellectuelle n'a jamais été le fort du FMI, et sa peur unilatérale de l'inflation que pourrait déclencher la dévaluation l'a toujours emporté. Sans droits de douane et sans dévaluation, il n'y avait pour un pays que deux façons d'accumuler un excédent commercial. La première consistait à exporter davantage, mais ce n'était ni facile ni réalisable rapidement, d'autant que les économies de ses principaux partenaires commerciaux étaient affaiblies et ses propres marchés financiers en difficulté, ce qui empêchait les exportateurs d'obtenir des fonds pour se développer. La seconde était de moins importer – en réduisant les revenus, c'est-à-dire en provoquant une récession majeure. Malheureusement pour ces pays et pour le monde, il ne restait que cette option-là, et c'est ce qui s'est passé en Asie orientale à la fin des années quatre-vingt-dix : des politiques budgétaires et monétaires restrictives, associées à des mesures financières mal inspirées, ont entraîné des récessions massives; celles-ci ont réduit les revenus, d'où une baisse des importations qui a entraîné d'énormes excédents de la balance commerciale, donc donné à ces pays les ressources nécessaires pour rembourser les créanciers étrangers.

Si l'objectif était d'augmenter les réserves, cette stratégie a réussi. Mais à quel prix pour les habitants du pays et pour leurs voisins ! D'où le nom qu'elle mérite : « dépouille-toi toi-même ». Pour ses partenaires commerciaux, l'effet était exactement le même que si ce pays avait appliqué la vieille stratégie « dépouille ton voisin ». Il avait réduit ses importations, donc les exportations des autres. Savoir *pourquoi* il l'avait fait n'intéressait pas ses voisins. Ce qu'ils voyaient, c'était la conséquence : une réduction de leurs ventes à l'étranger. C'est ainsi que la crise économique a été exportée dans toute la région. Mais, cette fois, la stratégie qui la répandait n'avait même pas le mérite de renforcer l'économie intérieure. La crise s'est étendue au monde entier. Le ralentissement de la croissance dans la région a entraîné un effondrement des cours des matières premières, tel le pétrole, ce qui a semé le chaos dans les pays producteurs comme la Russie.

De tous les échecs du FMI, c'est peut-être le plus triste, parce que c'est la pire trahison de sa raison d'être. Il s'est bien inquiété de la contagion, mais d'une contagion entre marchés des capitaux, transmise par les craintes des opérateurs (alors même que les mesures dont il s'était fait le promoteur avaient rendu les pays beaucoup plus vulnérables aux changements d'humeur des investisseurs). L'effondrement du taux de change en Thaïlande ne risquait-il pas d'inquiéter les investisseurs au Brésil sur les marchés de ce pays ? Le maître mot était « confiance » : la perte de confiance dans un pays pouvait dégénérer en perte de confiance dans tous les marchés émergents. Mais la finesse psychologique du FMI laisse souvent à désirer. Provoquer de terribles récessions agrémentées de faillites massives et/ou souligner l'effroyable gravité des problèmes de fond dans les plus performants des pays émergents était mal fait pour inspirer confiance. Et même s'il s'y était mieux pris, il aurait fallu lui demander des comptes. Parce qu'il n'a pensé qu'à protéger les investisseurs et a oublié les habitants des pays qu'il était censé aider. Parce qu'il s'est concentré sur des variables financières comme les taux de change et a presque oublié la face réelle de l'économie. Parce qu'il a perdu de vue sa mission.

Comment on étrangle une économie par la hausse des taux d'intérêt

Aujourd'hui, le FMI admet que les mesures *budgétaires* qu'il a imposées (celles qui concernent le niveau du déficit de l'État) étaient beaucoup trop rigoureuses, mais il ne reconnaît pas ses erreurs de politique monétaire. Quand le Fonds est intervenu en Asie, il a obligé les pays à porter leurs taux d'intérêt à des niveaux qu'il est convenu d'appeler astronomiques. Je me souviens de réunions où le président Clinton était mécontent parce que la Federal Reserve Bank, dirigée par Alan Greenspan (nommé par les administrations précédentes), était sur le point d'augmenter les taux d'intérêt d'un quart ou d'un demi-point. Il craignait que cela ne détruise « sa » reprise. Il avait le sentiment d'avoir été élu sur le programme : « C'est l'économie, idiot ! » et : « Des emplois, des emplois, des emplois ! » Il ne voulait pas voir la Fed compromettre ses projets. Il savait que la Federal Reserve s'inquiétait de l'inflation, mais il estimait ses appréhensions exagérées – sentiment que je partageais et que la suite des événements a confirmé. Il avait peur de l'impact négatif que la hausse des taux d'intérêt allait avoir sur le chômage et sur la reprise économique qui venait juste de se déclencher, et cela dans un pays doté de l'un des meilleurs environnements du monde pour les entreprises. Mais, en Asie, les bureaucrates du FMI, encore moins responsables politiquement, ont imposé des hausses de taux d'intérêt non pas dix fois, mais cinquante fois supérieures – des augmentations de plus de 25 points. Si Clinton était mal à l'aise pour un demi-point d'augmentation dans une économie en début de reprise, 25 points d'augmentation dans une économie entrant en récession lui auraient donné une crise cardiaque. La Corée a commencé par relever ses taux d'intérêt de 25 %, mais on lui a dit qu'il fallait être sérieux et les laisser monter davantage. L'Indonésie a augmenté les siens préventivement (avant la crise) : on lui a dit que ce n'était pas assez. Les taux d'intérêt nominaux ont fait un bond.

Le raisonnement qui sous-tendait ces mesures était simple, pour ne pas dire simpliste : si un pays augmente ses taux d'intérêt, il devient plus attractif pour les capitaux ; l'afflux de capitaux l'aide à soutenir son taux de change, donc stabilise sa devise. Fin du raisonnement.

À première vue, cela paraît logique. Mais voyons le cas de la Corée du Sud. Rappelons-nous : la crise y a été déclenchée par le refus des banques étrangères de renouveler leurs prêts à court terme reconductibles. Elles ont refusé parce qu'elles s'inquiétaient de la capacité des firmes sud-coréennes à les rembourser. La faillite – le défaut de paiement – était au cœur du problème. Mais, dans le modèle du FMI – comme dans ceux de la plupart des manuels économiques rédigés il y a vingt ans –, la faillite ne joue aucun rôle. Or, la réflexion en matière de politique monétaire et de finance sans la faillite, c'est comme *Hamlet* sans le prince de Danemark. Au cœur de l'analyse de la situation macroéconomique, il *aurait dû* y avoir une analyse de l'impact qu'une hausse des taux d'intérêt allait avoir sur les risques de non-remboursement, et des sommes que pourraient récupérer les créanciers dans ce cas. Beaucoup de firmes asiatiques étaient lourdement endettées, et elles avaient des ratios endettement/fonds propres impressionnants. Le recours excessif à l'emprunt avait d'ailleurs été maintes fois cité comme l'une des faiblesses de la Corée du Sud, même par le FMI. Des entreprises qui ont massivement emprunté sont particulièrement sensibles à des hausses de taux d'intérêt, en particulier aux niveaux extrêmement élevés qu'exigeait le FMI. Lorsque les taux augmentent dans de telles proportions, une firme très endettée fait vite faillite. Si elle ne fait pas faillite, ses fonds propres sont rapidement épuisés puisqu'elle se voit obligée de payer des sommes énormes à ses créanciers.

Le FMI reconnaissait que les deux problèmes de fond en Asie étaient la faiblesse des institutions financières et le surendettement des firmes – et pourtant il a imposé des hausses de taux d'intérêt qui les ont, dans les faits, exacerbés tous deux. Les conséquences ont été exactement celles que l'on pouvait prévoir. Les taux d'intérêt élevés ont accru le nombre de firmes en difficulté, donc celui des banques confrontées à des prêts non remboursés[13]. Les banques se sont affaiblies encore plus. La montée des périls dans le monde des entreprises et dans celui de la finance a considérablement aggravé la récession que les politiques restrictives induisaient par réduction de la demande globale. Le FMI avait mis en œuvre une contraction simultanée de la demande *et* de l'offre globales.

Il affirmait, pour défendre sa politique, qu'elle allait contribuer à restaurer la confiance du marché dans les pays touchés. Mais il est clair que des pays en proie aux pires difficultés ne pouvaient inspirer confiance. Imaginons un homme d'affaires de Djakarta qui a placé presque toute sa fortune en Asie. Les mesures restrictives faisant leur effet et amplifiant la crise, l'économie régionale s'effondre : il comprend alors, subitement, que son portefeuille est loin d'être suffisamment diversifié, et il transfère ses placements sur la Bourse de New York en plein boom. Les investisseurs locaux, exactement comme leurs homologues internationaux, ne voyaient aucun intérêt à déverser de l'argent dans une économie en chute libre. Les taux d'intérêt élevés n'ont pas attiré davantage de capitaux dans le pays. Bien au contraire, ils ont aggravé la récession et, dans les faits, provoqué une sortie massive de capitaux *hors* du pays.

Le FMI avançait, pour justifier sa politique, un autre argument guère plus convaincant. Sans une hausse considérable des taux d'intérêt, soutenait-il, le taux de change s'effondrerait, et sa chute aurait un effet dévastateur sur l'économie, car les emprunteurs qui avaient des dettes libellées en dollars ne pourraient pas les rembourser. Mais, en réalité, pour des raisons qui auraient dû paraître évidentes, augmenter les taux d'intérêt ne stabilisait pas la devise ; les États concernés étaient donc perdants sur les deux tableaux. De plus, le FMI n'a jamais pris la peine d'examiner en détail ce qui se passait à l'intérieur même des pays. En Thaïlande, par exemple, qui avait le plus de dettes libellées en devises étrangères ? Les firmes de l'immobilier, déjà en faillite, et celles qui leur avaient prêté de l'argent. De nouvelles dévaluations auraient peut-être été préjudiciables aux créanciers étrangers, mais elles n'auraient pas tué davantage ces entreprises déjà mortes. Bref, le FMI a fait payer les petites entreprises et autres passants innocents pour les surendettés en dollars – et inutilement.

J'ai plaidé auprès du FMI pour qu'il change de politique, en soulignant bien le désastre qui se produirait s'il maintenait son orientation. Sa réponse a été cassante et laconique : si les événements me donnaient raison, le Fonds changerait sa politique. Je fus atterré par ce *wait and see*. Tous les économistes savent qu'il s'écoule beaucoup de temps entre la mise en œuvre d'une mesure et ses effets. Les bénéfices d'un changement d'orientation ne se font sentir que six à dix-huit mois plus tard. D'énormes dégâts risquent de se produire dans l'intervalle.

Ils se sont produits en Asie. Comme de nombreuses firmes étaient lourdement endettées, beaucoup ont fait faillite. En Indonésie, 75 % des entreprises se sont retrouvées en difficulté (chiffre estimé) ; en Thaïlande, près de 50 % des prêts ont cessé d'être remboursés. Il est malheureusement bien plus facile de détruire une entreprise que d'en créer une nouvelle. Une baisse des taux d'intérêt n'allait pas tirer de la faillite une firme qu'on y avait acculée. Sa valeur nette restait totalement perdue. Les erreurs du FMI étaient coûteuses, et longues à réparer.

Une pensée géopolitique naïve, vestige de la *Realpolitik* à la Kissinger, a aggravé les effets de ces erreurs. En 1997, le Japon a offert de contribuer pour 100 milliards de dollars à la création d'un Fonds monétaire asiatique qui financerait les mesures de stimulation requises. Mais le Trésor a fait tout ce qu'il a pu pour étouffer l'idée. Le FMI s'est joint à lui. Pour une raison claire : s'il est un chaud partisan de la concurrence sur les marchés, lui-même ne veut pas avoir de concurrent, et c'est justement ce qu'aurait été le Fonds monétaire asiatique. Les motivations du Trésor des États-Unis étaient du même ordre. En leur qualité de seul membre du FMI disposant du droit de veto, les États-Unis exerçaient une influence considérable sur ses orientations. Chacun savait que le Japon était en désaccord profond avec ce que faisait le FMI – j'ai eu à plusieurs reprises des réunions avec les hauts responsables japonais où ils ont exprimé sur le sujet des doutes presque identiques à mes propres critiques[14]. Si le Japon et peut-être la Chine, probables financeurs principaux d'un Fonds monétaire asiatique, suivaient cette orientation-là, leurs voix allaient l'emporter et jeter un vrai défi au *leadership* – et au pouvoir de contrôle – des États-Unis.

Dans les premiers jours de la crise, un incident m'a rappelé avec force l'importance de ce pouvoir – y compris sur les médias. Quand le vice-président pour l'Asie de la Banque mondiale, Jean-Michel Sévérino, a déclaré dans un discours très remarqué que plusieurs pays de la région entraient dans une profonde récession ou même dans une dépression, Summers lui a administré une cuisante correction verbale. Il était tout bonnement inacceptable de prononcer le « mot en R » (récession) et le « mot en D » (dépression), bien qu'il fût évident à cette date que le PIB de l'Indonésie allait probablement chuter de 10 à 15 %, ce qui autorisait clairement l'usage de ces termes pénibles.

Summers, Fischer, le Trésor et le FMI ont fini par ne plus pouvoir ignorer la dépression. Le Japon a de nouveau offert généreusement son aide avec l'initiative Miyazawa, du nom du ministre des Finances japonais. Cette fois, l'offre a été réduite à 30 milliards de dollars, et on l'a acceptée. Toutefois, même dans la situation d'alors, les États-Unis ont exigé que cet argent ne serve pas à stimuler l'économie par une expansion budgétaire, mais à restructurer les entreprises et les institutions financières – ce qui signifiait, en clair, qu'il devait contribuer à secourir les banques américaines et autres, et tous les créanciers étrangers. L'étouffement du Fonds monétaire asiatique alimente encore les rancœurs en Asie, et beaucoup de hauts responsables m'en ont parlé avec colère. Trois ans après la crise, les pays d'Asie orientale se sont finalement réunis pour commencer sans bruit à mettre en place une version plus modeste du Fonds monétaire asiatique, sous le nom discret d'« Initiative de Chang Mai », la ville du nord de la Thaïlande où elle a été lancée.

La deuxième série d'erreurs : une restructuration aberrante

La crise s'aggravant, « restructurer » devint le nouveau maître mot. Les banques dont les livres regorgeaient de créances irrécouvrables devaient être fermées, les entreprises en cessation de paiements liquidées ou reprises par leurs créanciers. Le FMI se concentra sur cette tâche au lieu de faire ce qu'il était censé faire : apporter des liquidités pour financer les dépenses nécessaires. Hélas, même dans cet effort de restructuration il échoua, et les initiatives qu'il prit affaiblirent souvent encore plus ces économies en détresse.

Les systèmes financiers

La crise asiatique était d'abord et avant tout une crise du système financier : il fallait traiter le problème. Le système financier peut être comparé au cerveau de l'économie. Il répartit des capitaux rares entre des utilisations rivales en s'efforçant de les orienter là où ils seront le plus efficaces, autrement dit là où ils rapporteront le plus. Il surveille aussi ces capitaux pour s'assurer qu'ils sont bien utilisés de la façon promise. S'il s'effondre, les entreprises ne peuvent pas obtenir les fonds de roulement dont elles ont besoin pour maintenir la production au niveau existant, et encore moins les moyens de financer leur expansion par de nouveaux investissements. Une crise peut engendrer un cercle vicieux : les banques réduisent leurs financements et les grandes firmes leurs activités, d'où baisse de la production et des revenus, d'où diminution des profits, certaines firmes étant même acculées à la faillite ; quand des entreprises font faillite, la situation financière des banques se dégrade et elles réduisent encore davantage leurs prêts, ce qui aggrave considérablement la crise.

Si un grand nombre de firmes sont en cessation de paiements, les banques peuvent même s'effondrer. La chute ne serait-ce que d'une seule grande banque peut avoir des conséquences désastreuses. Ce sont les institutions financières qui déterminent la « qualité de la signature » – qui savent à qui elles peuvent prêter en confiance. C'est une information tout à fait spécifique. Elle ne peut être aisément transmise, et elle se trouve dans les archives et la mémoire institutionnelle de la banque (ou toute autre institution financière). Quand une banque est mise hors jeu, une bonne partie de l'information qu'elle détient sur la « qualité de la signature » des entreprises est détruite, et ce savoir est coûteux à recréer. Même dans les pays avancés, une PME peut en général obtenir des prêts de deux ou trois banques, pas plus. Lorsque, dans un contexte économique normal, une banque cesse ses activités, beaucoup de ses clients auront du mal à trouver sur-le-champ un autre pourvoyeur de crédit. Dans les pays en développement, où les sources de financement sont encore plus limitées, si la banque sur laquelle compte une entreprise fait faillite, trouver une nouvelle source de capitaux peut être pratiquement impossible – et tout particulièrement pendant une crise économique.

La peur de ce cercle vicieux a incité les États du monde entier à renforcer leurs systèmes financiers par des règles de gestion prudentielle. Les idéologues du libre marché protestent inlassablement contre ces réglementations. Lorsqu'on les a écoutés, les conséquences ont été désastreuses, que ce soit au Chili en 1982-1983, quand le PIB est tombé de 13,7 % et qu'un actif sur cinq était au chômage, ou aux États-Unis à l'époque de Reagan, où, nous l'avons dit, la déréglementation a entraîné une débâcle des caisses d'épargne qui a coûté au contribuable américain 200 milliards de dollars.

Les décideurs politiques ont également tenu compte de l'importance du maintien des flux du crédit dans leur approche des problèmes de la restructuration financière. Si les États-Unis, pendant la débâcle des caisses d'épargne, ont totalement fermé si peu de banques, c'est en partie parce qu'ils redoutaient les effets négatifs d'une « destruction du capital information ». La plupart des banques faibles ont été reprises, ou ont fusionné avec d'autres, et les clients ont à peine eu connaissance de ces changements. Le capital information a ainsi été préservé. Malgré tout, la crise des caisses d'épargne a été l'un des grands facteurs qui ont contribué à la récession de 1991.

Ruée suscitée sur les guichets des banques

Les faiblesses du système financier étaient beaucoup plus graves en Asie qu'aux États-Unis, et la rhétorique du FMI ne cessait d'ailleurs de les souligner, puisque, dans son analyse, c'était la raison cachée de la crise asiatique. Or, malgré cette insistance, le Fonds n'a pas compris comment fonctionnent les marchés financiers et quel est leur impact sur le reste de l'économie. Ses macromodèles grossiers n'avaient jamais fait place à une ample représentation de ces marchés au niveau global, mais il s'est montré encore plus déficient au microniveau, celui de la firme. Il n'a pas pris correctement en compte le naufrage des entreprises et des institutions financières auquel sa politique dite de stabilisation, et notamment les taux d'intérêt élevés, contribuait si puissamment.

Lorsqu'elles ont envisagé le problème de la restructuration, les équipes du FMI en Asie se sont concentrées sur la fermeture des banques faibles – comme si elles avaient à l'esprit un modèle darwinien de la concurrence, posant en principe que les banques faibles ne *devaient* pas survivre. Certes, leur position n'était pas sans fondement. Là où on avait laissé des banques fragiles poursuivre leurs activités *sans les surveiller de près*, elles avaient consenti des prêts à haut risque, jouant leur va-tout sur ces paris très aléatoires et très lucratifs. Si elles avaient de la chance, on les rembourserait, et, avec de tels taux d'intérêt, elles redeviendraient solvables. Si elles n'avaient pas de chance, elles disparaîtraient – l'État ramassant les morceaux –, mais c'était de toute façon le sort qui les attendait si elles ne recouraient pas à la stratégie des prêts à haut risque. Or, trop souvent, ces prêts se révèlent irrécouvrables, et, quand sonne l'heure de vérité, l'État doit payer une facture bien plus élevée que si la banque avait été fermée plus tôt. C'était l'une des leçons les plus claires de la grande débâcle des caisses d'épargne aux États-Unis : l'administration Reagan ayant refusé de traiter le problème pendant des années, le coût pour le contribuable a été infiniment plus lourd quand il n'a plus été possible d'ignorer la crise. Mais le FMI a négligé une autre leçon cruciale de cette expérience : à quel point il est important de maintenir le flux du crédit.

Sa stratégie de restructuration financière reposait sur un tri en trois groupes : les banques saines, celles qui étaient incurables et devaient être immédiatement fermées, et les banques malades mais qui pouvaient guérir. Les banques sont tenues de maintenir un certain ratio entre leur capital et leur encours de prêts. C'est ce qu'on appelle le «niveau suffisant de fonds propres». Puisque de nombreux prêts étaient improductifs, beaucoup de banques – comment s'en étonner ? – n'atteignaient pas ce «niveau suffisant». Le FMI leur a alors demandé de choisir : soit elles fermaient leurs portes, soit elles rétablissaient *vite* leur «niveau suffisant de fonds propres». Cette exigence imposée aux banques a considérablement aggravé la récession. Le FMI a commis l'erreur dite «de la composition» – contre laquelle les étudiants sont mis en garde dès leur premier cours d'économie. Quand une seule banque a un problème, exiger qu'elle retrouve rapidement un niveau suffisant de fonds propres a un sens, mais quand un grand nombre ou la majorité des banques sont en difficulté, cela peut être désastreux. Il y a deux façons de faire remonter le ratio entre capital et encours des prêts : augmenter le capital ou diminuer les prêts. En pleine crise économique – et aussi grave que la crise asiatique –, trouver des capitaux frais est difficile. L'autre solution consiste à réduire les prêts en cours. Mais si chaque banque veut se faire rembourser par anticipation, de plus en plus d'entreprises se retrouvent en difficulté. N'ayant plus de fonds de roulement suffisants, les voici forcées de réduire leur production, ce qui diminue d'autant leurs achats de produits aux autres firmes. La spirale de l'effondrement s'accélère. Et puisque davantage de firmes sont en difficulté, le «niveau de fonds propres» des banques peut devenir encore plus insuffisant qu'au début : leur tentative d'améliorer leur position financière revient les frapper par un effet boomerang.

Quand de nombreuses banques ont fermé et que celles qui tentent de survivre, confrontées à un nombre croissant de prêts à problèmes, ne veulent pas prendre de nouveaux clients, beaucoup d'entreprises n'ont plus accès au crédit. Sans crédit, l'unique espoir de reprise sera écrasé. Avec la dépréciation des devises, les exportations auraient dû se développer considérablement, puisque les produits en provenance de la région devenaient moins chers de 30 %, voire plus. Or, si les volumes exportés ont augmenté, ils ne l'ont pas du tout fait dans les proportions attendues. L'explication est simple : pour accroître leurs exportations, les firmes avaient besoin du capital d'exploitation nécessaire pour produire davantage. Comme les banques fermaient et réduisaient leurs prêts, les entreprises ne parvenaient même pas à obtenir l'argent qu'il leur fallait pour maintenir leur production, sans parler de l'augmenter.

Nulle part l'incompréhension des marchés financiers dont faisait preuve le FMI n'a été si évidente que dans sa politique de fermeture des banques en Indonésie. Dans ce pays, seize banques privées furent fermées. Après quoi, on fit savoir que d'autres pourraient l'être aussi, en précisant que les déposants n'auraient droit à aucune aide, sauf si leur compte était minime. Aussitôt – comment s'en étonner ? – il y eut une ruée sur les guichets des banques privées encore ouvertes : les dépôts furent rapidement transférés dans les banques publiques, qui, pensait-on, jouissaient d'une garantie implicite de l'État. L'impact sur le système bancaire et l'économie de l'Indonésie fut désastreux. Il s'ajouta aux erreurs de politiques budgétaire et monétaire déjà signalées et scella pratiquement le sort du pays : la dépression était désormais inévitable.

À l'inverse, la Corée du Sud a ignoré les conseils des étrangers : elle a recapitalisé ses deux plus grandes banques au lieu de les fermer. C'est l'une des raisons pour lesquelles elle s'est relevée relativement vite.

La restructuration des entreprises

Alors que la restructuration financière monopolisait l'attention du FMI, il était clair que les problèmes du secteur financier ne pouvaient être résolus si on ne réglait pas efficacement ceux du secteur industriel et commercial. 75 % des firmes indonésiennes étaient en difficulté, et en Thaïlande, où la moitié des prêts n'étaient plus remboursés, l'industrie entrait dans une phase de paralysie. Les firmes menacées de faillite sont dans les limbes : on ne sait plus à qui elles appartiennent vraiment, aux propriétaires nominaux ou à leurs créanciers. Les problèmes de propriété ne sont pleinement résolus que lorsque la firme émerge du règlement de faillite. Mais tant que l'identité du propriétaire n'est pas claire, la direction en place et les anciens propriétaires sont toujours tentés de piller les actifs, et cette « réalisation d'actifs » s'est effectivement produite. Aux États-Unis et dans d'autres pays, quand les entreprises font faillite, des liquidateurs sont nommés par les tribunaux pour empêcher ce pillage. Mais en Asie, on ne disposait ni du cadre juridique ni du personnel nécessaires. Il était donc impératif que les faillites et les situations de difficulté dans le secteur industriel et commercial soient réglées au plus vite, avant que le pillage n'ait lieu. Malheureusement, les mesures économiques malvenues du FMI, après avoir contribué au chaos par la hausse des taux d'intérêt qui avait mis en difficulté tant de firmes, ont conspiré avec l'idéologie et certains intérêts privés pour ralentir le rythme de la restructuration.

La stratégie FMI de restructuration des entreprises – on restructurerait les firmes qui avaient vraiment fait faillite – n'a pas mieux réussi que celle de restructuration des banques. Elle confondait restructuration *financière* – bien préciser qui possède réellement la firme, la désendetter ou convertir les créances en prises de participation – et restructuration *réelle* – toutes les décisions pratiques sur ce que la firme doit produire, par quelles méthodes et avec quelle organisation. Dans un contexte de crise économique générale, une restructuration *financière* rapide apporte des macrobénéfices réels. Mais les participants aux négociations qui accompagnent les règlements de faillite ne tiennent pas compte de ces avantages systémiques. Pour eux, personnellement, traîner les pieds peut être payant – et les négociations de faillite sont souvent longues. Elles prennent plus d'un an ou deux. Quand seules quelques firmes sont en faillite dans une économie, le coût social de ce délai est négligeable. Quand un très grand nombre de firmes sont en difficulté, il peut être énorme, puisque ces tergiversations prolongent la récession macroéconomique. Il est donc impératif que l'État fasse tout son possible pour accélérer le règlement.

Je défendais la position suivante : l'État devait intervenir activement pour stimuler la restructuration financière, laquelle dirait clairement qui étaient les vrais propriétaires des entreprises ; une fois cette question réglée, ce serait à ces nouveaux propriétaires de trancher les problèmes de la restructuration réelle. Le FMI soutenait la thèse opposée : l'État ne devait pas jouer de rôle actif dans la restructuration financière, mais faire pression pour une restructuration réelle, en exigeant par exemple des ventes d'actifs qui réduiraient l'excès *apparent* de capacités de production de la Corée du Sud en semi-conducteurs, ou en préconisant le recrutement d'encadrements extérieurs (la plupart du temps étrangers) pour diriger les firmes. Je ne voyais aucune raison de croire que des bureaucrates internationaux formés à la macrogestion aient la moindre compétence spéciale pour restructurer les entreprises en général, ou celles de la branche des semi-conducteurs en particulier. Si, en tout état de cause, restructurer prend du temps, les États coréen et malaisien sont intervenus activement et ont réussi dans des délais remarquablement brefs – deux ans – à achever la restructuration financière d'un pourcentage remarquablement élevé des entreprises en difficulté. En revanche, la restructuration en Thaïlande, conforme à la stratégie du FMI, est restée languissante.

L'ERREUR LA PLUS GRAVE : LE RISQUE SOCIAL ET POLITIQUE

On ne pourra peut-être jamais prendre toute la mesure des conséquences sociales et politiques de la mauvaise gestion de la crise asiatique. Quand le directeur exécutif du FMI, Michel Camdessus, et les ministres des Finances et gouverneurs de banque centrale du groupe des 22 (qui rassemble ceux des grands pays industriels et des principales économies d'Asie, dont l'Australie) se sont réunis à Kuala Lumpur, en Malaisie, début décembre 1997, je les ai dûment avertis du danger de troubles sociaux et politiques – en particulier dans les pays ayant un lourd passé de conflits interethniques (comme l'Indonésie, qui avait connu des émeutes de ce type une trentaine d'années plus tôt) – si l'on continuait à leur imposer des politiques budgétaire et monétaire exagérément restrictives. Camdessus répondit paisiblement qu'il leur fallait suivre l'exemple du Mexique : prendre des décisions douloureuses, s'ils voulaient guérir. Malheureusement, mes prévisions ne se sont révélées que trop justifiées. Cinq mois après ma mise en garde sur l'imminence du désastre, les émeutes ont éclaté. Si le FMI avait avancé 23 milliards de dollars pour soutenir le taux de change et tirer d'affaire les créanciers, les sommes bien inférieures, et de loin, qu'il aurait fallu pour aider les pauvres n'arrivaient pas. Comme on le dirait aux États-Unis, il y avait des milliards et des milliards pour le bien-être des entreprises, mais pas les modestes millions nécessaires au bien-être des simples citoyens. En Indonésie, le soutien aux prix des produits alimentaires et des combustibles pour les pauvres a été considérablement réduit. Le lendemain, les émeutes ont éclaté. Comme trente ans plus tôt, les victimes ont été les entrepreneurs chinois et leurs familles.

Le problème n'est pas seulement que la politique du FMI peut être jugée inhumaine par les âmes compatissantes. Même si l'on n'a aucun souci des populations condamnées à la famine, des enfants dont la croissance va être arrêtée par la malnutrition, et que l'on raisonne en termes purement économiques, c'est de la mauvaise économie. Les émeutes ne rétablissent pas la confiance des milieux d'affaires. Loin d'attirer les capitaux, elles les font fuir. Et les émeutes sont prévisibles – comme tout phénomène social : pas avec une certitude absolue, mais avec une forte probabilité. Il était clair que l'Indonésie était mûre pour de graves désordres sociaux. Le FMI aurait dû le savoir : il a inspiré des combats de rue dans le monde entier lorsque ses plans ont supprimé le soutien aux prix alimentaires.

Après les émeutes en Indonésie, le FMI a « inversé » sa position : le soutien aux prix a été rétabli. Mais, là encore, il a prouvé qu'il n'avait pas assimilé la leçon fondamentale de l'« irréversibilité ». De même qu'une firme qui a fait faillite à cause des taux d'intérêt élevés ne ressuscite pas quand on les baisse, de même une société que l'on a déchirée par des émeutes en réduisant le soutien aux prix des produits alimentaires au moment précis où elle plonge dans la dépression ne se ressoude pas miraculeusement quand on rétablit ce soutien. En fait, dans certains milieux, l'amertume n'en est que plus grande. S'il était financièrement possible de maintenir le soutien aux prix, pourquoi l'avait-on supprimé ?

J'ai eu l'occasion de parler au Premier ministre de Malaisie après les émeutes en Indonésie. Son pays avait également connu, dans le passé, des émeutes interethniques. La Malaisie avait fait beaucoup pour prévenir leur retour, et notamment mis en œuvre un plan de promotion de l'emploi pour les citoyens d'ethnie malaise. Mahathir savait que tous les progrès accomplis dans l'édification d'une société multiethnique risquaient d'être anéantis s'il laissait le FMI lui dicter sa politique : des émeutes auraient alors éclaté. S'il tenait à empêcher une récession grave, ce n'était pas uniquement pour des raisons économiques : il en allait de la survie de la nation.

La reprise donne-t-elle raison au FMI ?

À l'heure où j'achève ce livre, la crise est finie. Beaucoup de pays asiatiques ont retrouvé la croissance, même si leur reprise souffre un peu du ralentissement mondial qui a commencé en 2000. Les pays qui ont réussi à éviter la récession en 1998, Taiwan et Singapour, y sont entrés en 2001. La Corée du Sud fait beaucoup mieux. La crise mondiale touchant aussi les États-Unis et l'Allemagne, personne ne parle plus d'institutions faibles et de mauvais gouvernements pour expliquer les récessions. Il semble qu'on se soit subitement rappelé que ces fluctuations caractérisent depuis toujours les économies de marché.

Mais, même si certains au FMI pensent que leurs interventions ont réussi, il existe aujourd'hui un large consensus pour estimer que de graves erreurs ont été commises. Et la nature de la reprise le montre bien. La quasi-totalité des récessions ne durent pas indéfiniment. Mais la crise asiatique a été plus grave qu'elle ne l'aurait dû, la reprise s'est fait attendre plus longtemps que nécessaire, et les perspectives de croissance future ne sont pas ce qu'elles devraient être.

Wall Street juge une crise terminée dès que les variables financières commencent à se redresser. Tant que les taux de change diminuent ou que le cours des actions baisse, on ne sait pas où est le fond. Une fois qu'on l'a touché, les pertes sont au moins arrêtées, et on connaît le pire. Mais pour mesurer vraiment la reprise, la stabilisation des taux de change ou des taux d'intérêt ne suffit pas. Les gens ne vivent ni de taux de change ni de taux d'intérêt. Ce qui compte, pour eux, ce sont les emplois et les salaires. Peut-être le taux de chômage et les salaires réels ont-ils aussi touché le fond, mais ce n'est pas assez pour l'ouvrier qui reste au chômage ou dont les revenus ont diminué d'un quart. Il n'y a de vraie reprise que lorsque les actifs retrouvent leurs emplois, et les salaires, leurs niveaux d'avant la crise. Aujourd'hui, dans les pays d'Asie qui ont été frappés par la crise, les revenus sont toujours inférieurs de 20 % à ce qu'ils auraient été si leur croissance avait continué au rythme de la décennie précédente. En Indonésie, la production en 2000 était encore inférieure de 7,5 % à celle de 1997. Même la Thaïlande, le meilleur élève du FMI, n'avait pas retrouvé son niveau d'avant la crise, et encore moins rattrapé la croissance perdue. Ce n'est pas la première fois que le FMI crie prématurément victoire. La crise mexicaine de 1995 a été déclarée close dès que les banques et les créanciers internationaux ont commencé à se faire rembourser, mais cinq ans plus tard les travailleurs en étaient juste à retrouver leur situation antérieure. Le fait que le FMI consacre toute son attention aux variables financières, et non aux indicateurs des salaires réels, du chômage, du PIB ou du bien-être social en général, est en lui-même révélateur.

Quelle est la meilleure façon de susciter une reprise ? La question est difficile, et la réponse dépend, c'est clair, de l'origine du problème. Pour de nombreuses crises économiques, la meilleure ordonnance est la prescription keynésienne standard : des politiques monétaire et budgétaire expansionnistes. En Asie, les problèmes étaient plus compliqués, notamment parce qu'ils étaient *en partie* dus à des faiblesses financières – banques fragiles et firmes surendettées. Mais une récession qui s'approfondit aggrave les problèmes. La douleur n'est pas une vertu en soi. Souffrir n'est pas bon pour l'économie, et les souffrances provoquées par les mesures du FMI, qui ont approfondi la récession, ont rendu plus difficile la reprise.

Parfois, comme en Amérique latine (en Argentine, au Brésil et dans tant d'autres pays) au cours des années soixante-dix, les crises sont dues à des États dépensiers qui vivent au-dessus de leurs moyens : dans ces cas-là, l'État doit réduire les dépenses ou augmenter les impôts, et ces décisions sont pénibles, au moins politiquement. Mais, puisque l'Asie n'avait ni politique monétaire laxiste ni secteurs publics prodigues – l'inflation était faible et stable, et les budgets d'avant la crise en excédent –, ce n'étaient pas les bonnes mesures pour traiter la crise asiatique.

Le problème, avec les fautes du FMI, c'est que leurs effets risquent d'être durables. Le FMI parle souvent comme si l'économie avait besoin d'un purgatif puissant. Prenez la souffrance : à l'en croire, plus elle est terrible, plus la croissance qui suivra sera forte. Et donc, un pays qui pense à son avenir à *long terme* – disons vingt ans – doit serrer les dents et accepter une récession très dure. Ses habitants vont souffrir, mais leurs enfants s'en porteront bien mieux. Or cette théorie n'est pas confirmée par les faits. Une économie frappée d'une récession profonde connaîtra peut-être une croissance plus rapide au moment de la reprise, mais elle ne rattrapera jamais le temps perdu. Plus la récession est dure aujourd'hui, plus le revenu sera bas demain, et même dans vingt ans : voilà ce qui est probable. Et non, comme le prétend le FMI, qu'à ce moment-là ceux qui ont souffert s'en trouveront mieux. Les effets d'une récession perdurent. D'où une importante conséquence : plus elle est grave aujourd'hui, plus la production sera faible non seulement aujourd'hui mais pendant des années. En un sens, c'est une bonne nouvelle : ce qui est le mieux pour l'économie d'aujourd'hui est aussi le mieux pour celle de demain. La politique économique doit donc viser à réduire au minimum la gravité et la durée de toute crise économique. Malheureusement, cela n'a été ni l'intention ni l'effet des prescriptions du FMI.

La Malaisie et la Chine

Si l'on compare ce qui s'est passé dans les deux pays qui ont refusé d'avoir un plan du FMI (la Malaisie et la Chine) et ce qui est advenu dans les autres, les effets négatifs des mesures du Fonds monétaire apparaissent clairement. Pendant la crise, la Malaisie a été durement critiquée par la communauté financière internationale. Or, si la rhétorique et la politique des droits de l'homme du Premier ministre Mahathir laissent fort à désirer, beaucoup de ses mesures économiques ont réussi.

Si la Malaisie était réticente à se rallier au plan du FMI, c'était en partie parce que ses dirigeants ne voulaient pas se voir dicter leur politique par des étrangers, mais aussi parce qu'ils n'avaient guère confiance dans le Fonds. Dès le début de la crise, en 1997, son directeur exécutif, Michel Camdessus, avait déclaré que les banques malaisiennes se trouvaient en situation de fragilité. Une équipe FMI-Banque mondiale fut aussitôt dépêchée pour examiner le système bancaire du pays. S'il y avait un gros pourcentage de prêts improductifs (15 %), la Banque centrale de Malaisie avait imposé aux banques des normes strictes qui les avaient obligées à conserver des réserves suffisantes pour compenser ces pertes. De plus, comme la Malaisie réglementait beaucoup, elle avait interdit aux banques de s'exposer à la volatilité du change en devises étrangères (au risque d'emprunter en dollars pour prêter en ringgits), et même fixé un plafond à la « dette étrangère » des entreprises auxquelles prêtaient ces banques (précaution qui ne faisait pas partie, à l'époque, du train de mesures standard du FMI).

Pour évaluer la solidité d'un système bancaire, il est d'usage de le soumettre à des tests de tension par des exercices de simulation, et d'évaluer sa réaction dans différents contextes économiques. Celui de la Malaisie s'en sortit très honorablement. Peu de systèmes bancaires pourraient survivre à une longue récession ou à une dépression, et il ne faisait pas exception. Mais il était remarquablement solide. Au cours de l'une de mes nombreuses visites en Malaisie, j'ai vu l'embarras des membres du FMI qui rédigeaient le rapport : comment le formuler sans contredire les assertions du directeur exécutif tout en restant fidèles aux faits ?

En Malaisie même, le problème de la réaction appropriée à la crise faisait l'objet d'un débat acharné. Le ministre des Finances Anwar Ibrahim avait proposé « un plan FMI sans le FMI », c'est-à-dire hausse des taux d'intérêt et réduction des dépenses. Mahathir restait sceptique. Finalement, il chassa son ministre des Finances et inversa la politique économique.

Tandis que la crise régionale se transformait en crise mondiale et que les marchés internationaux de capitaux étaient frappés d'apoplexie, Mahathir passa de nouveau à l'action. En septembre 1998, la Malaisie fixa le cours du ringgit à 3,80 pour 1 dollar, réduisit les taux d'intérêt et décréta que tout ringgit se trouvant à l'étranger devrait être rapatrié avant la fin du mois. L'État imposa aussi de strictes limites aux transferts de capitaux à l'étranger opérés par les résidents en Malaisie, et gela pour douze mois le rapatriement des capitaux étrangers investis. Ces mesures furent présentées comme transitoires, et formulées avec soin pour bien montrer que le pays n'était pas hostile à l'investissement étranger à long terme. Ceux qui avaient investi en Malaisie et qui dégageaient des profits étaient autorisés à les faire sortir du pays. Le 7 septembre 1998, dans un éditorial aujourd'hui célèbre de la revue *Fortune*, l'éminent économiste Paul Krugman conseilla vivement à Mahathir d'imposer des contrôles sur les opérations en capital. Mais il était minoritaire. Ahmad Mohamed Don, le gouverneur de la Banque centrale de Malaisie, et son adjoint Fong Weng Phak, démissionnèrent tous deux, apparemment parce qu'ils n'étaient pas d'accord avec l'instauration de ces contrôles. Quand elle eut lieu, certains économistes – ceux de Wall Street, rejoints par le FMI – prédirent le désastre : les investisseurs étrangers allaient prendre peur, ils n'iraient plus en Malaisie pendant des années ; l'investissement étranger allait s'effondrer, la Bourse s'écrouler, un marché noir du ringgit apparaître, avec toutes les distorsions que cela crée. Enfin, prévenaient-ils, si les contrôles allaient tarir les *entrées* de capitaux, ils seraient inefficaces pour arrêter les *sorties*. La fuite des capitaux aurait lieu de toute façon. D'éminents experts firent de terribles prévisions : l'économie allait souffrir, la croissance s'arrêterait, les contrôles ne seraient jamais levés, et jamais la Malaisie ne se résoudrait à affronter ses problèmes de fond. Même le secrétaire au Trésor Robert Rubin, si discret d'ordinaire, se joignit à ce lynchage médiatique.

Le résultat réel fut radicalement différent. Mon équipe, à la Banque mondiale, avait travaillé avec la Malaisie pour remplacer les contrôles sur les opérations en capital par des taxes sur les flux sortants. Puisque les flux accélérés de capitaux, entrants ou sortants, causent de gros problèmes, qu'ils engendrent ce que les économistes appellent de « grandes externalités » – de lourds effets sur les citoyens ordinaires qui n'ont rien à voir avec ces flux de capitaux, en raison des perturbations massives que ceux-ci provoquent dans l'ensemble de l'économie –, l'État a le droit et même le devoir de prendre des mesures pour y faire face. Les économistes estiment en général que les interventions fondées sur le marché, comme les taxes, sont plus efficaces et ont moins d'effets secondaires négatifs que les contrôles directs. À la Banque mondiale, nous avons donc encouragé la Malaisie à abandonner les contrôles sur les opérations en capital et à imposer une taxe sur les flux sortants. De plus, cette taxe pourrait être diminuée progressivement, ce qui éviterait de grosses perturbations quand on la supprimerait.

Les choses se passèrent exactement comme prévu. La Malaisie supprima la taxe à la date promise, un an tout juste après avoir introduit les contrôles. En fait, elle avait déjà imposé des contrôles temporaires sur les flux de capitaux une fois dans son histoire, et les avait levés dès que la situation s'était stabilisée. Ceux qui attaquaient si violemment le pays ignoraient cette expérience passée. Pendant ces douze mois de répit, la Malaisie avait restructuré ses banques et ses entreprises, donnant tort, une fois de plus, à ceux qui prétendent que les États ne font jamais rien de sérieux s'ils ne sont pas disciplinés par des marchés de capitaux entièrement libres. De fait, elle était allée beaucoup plus vite que la Thaïlande, qui avait suivi les prescriptions du FMI. Avec le recul, il est clair que les contrôles des flux de capitaux instaurés par la Malaisie lui ont permis de se redresser plus rapidement après une crise économique moins grave [15], et avec un héritage bien plus léger de dette publique pesant sur la croissance future. Les contrôles lui ont permis de baisser les taux d'intérêt davantage qu'elle n'aurait pu le faire sans eux. Grâce à cette baisse, il y a eu moins d'entreprises en faillite, donc les opérations de sauvetage des firmes et institutions financières sur fonds publics ont été moins étendues. Et, grâce à la baisse des taux d'intérêt, la reprise a pu se produire en comptant moins sur la politique budgétaire, donc en endettant moins l'État. Aujourd'hui, la Malaisie se trouve dans une meilleure situation, et de loin, que les pays qui ont suivi les conseils du FMI. On n'a guère vu de preuves que les contrôles des flux de capitaux découragent les investissements étrangers. En fait, ils ont augmenté[16]. Pour une raison simple : les investisseurs recherchent la stabilité économique et, puisque la Malaisie a bien mieux réussi à la maintenir que beaucoup de ses voisins, elle les attire.

L'autre pays qui a suivi une politique indépendante à été la Chine. Ce n'est pas un hasard si les deux grands pays en développement qui ont échappé aux ravages de la crise économique mondiale, l'Inde et la Chine, disposaient tous deux de contrôles sur les opérations en capital. Tandis que les pays en développement qui ont libéralisé leurs marchés des capitaux ont vu leurs revenus baisser, l'Inde a connu un taux de croissance de plus de 5 %, et la Chine, de près de 8 %.

Ce résultat est d'autant plus remarquable dans le contexte de cette période – le ralentissement général de la croissance mondiale, en particulier du commerce. La Chine a remporté ce succès en s'en tenant aux prescriptions économiques orthodoxes – pas les mesures à la Hoover du FMI, mais les méthodes bien connues que les économistes enseignent depuis plus d'un demi-siècle : quand l'économie fléchit, réagissez par une politique macroéconomique expansionniste. La Chine a saisi l'occasion de lier ses besoins à court terme et ses objectifs à long terme. La croissance rapide de la décennie précédente, qui, selon ses prévisions, allait continuer au siècle suivant, avait soumis les infrastructures à d'énormes tensions. Il y avait d'amples possibilités d'investissements publics pouvant rapporter gros, dont des projets en cours – qui ont été accélérés – et d'autres parfaitement au point mais qu'on avait différés faute de crédits. Les remèdes standards ont bien fonctionné, et la Chine a évité un ralentissement de sa croissance.

En prenant ces décisions de politique économique, la Chine s'est montrée très consciente du lien entre la macrostabilité et sa microéconomie. Elle savait qu'il lui fallait continuer à restructurer son secteur industriel et financier. Mais elle a compris aussi qu'un ralentissement économique rendrait d'autant plus difficile la mise en œuvre de son plan de réforme. Si l'économie ralentissait, il y aurait davantage d'entreprises en difficulté, et davantage de prêts non remboursés, qui fragiliseraient le système bancaire. On verrait aussi augmenter le chômage, qui accroîtrait considérablement les coûts sociaux de la restructuration des entreprises d'État. Le lien entre économie et stabilité politique et sociale n'a pas échappé à la Chine. Dans son passé récent, elle avait fait trop souvent l'expérience des effets de l'instabilité, et elle n'en voulait pas. À tous ces points de vue, elle a bien pris la mesure des conséquences *systémiques* des politiques macroéconomiques – ces conséquences que les plans du FMI ont coutume de négliger.

Cela ne veut pas dire que la Chine soit sortie d'affaire. La restructuration de ses entreprises d'État et de son secteur bancaire représente encore un défi dans les années qui viennent, mais un défi qu'elle pourra bien mieux affronter dans un contexte macroéconomique solide.

Même s'il est difficile, étant donné l'écart des situations, de préciser les raisons du surgissement d'une crise ou d'une reprise rapide, j'estime que si le seul grand pays asiatique à avoir évité la crise, la Chine, a suivi une politique diamétralement opposée à celle que préconisait le FMI, et si le pays qui a eu la récession la plus courte, la Malaisie, a rejeté explicitement, lui aussi, la stratégie du FMI, il ne s'agit pas d'une pure coïncidence.

La Corée du Sud, la Thaïlande et l'Indonésie

La Corée du Sud et la Thaïlande offrent un autre contraste. Après une brève période d'hésitations politiques, de juillet à octobre 1997, la Thaïlande a suivi les prescriptions du FMI presque à la lettre. Néanmoins, plus de trois ans après le début de la crise, elle était toujours en récession, avec un PIB inférieur d'environ 2,3 % à son niveau d'avant la crise. Il y avait eu peu de restructurations d'entreprises, et près de 40 % des prêts étaient toujours improductifs.

En revanche, la Corée n'a pas fermé ses banques comme l'exigeait la prescription habituelle du FMI, et son gouvernement, comme celui de la Malaisie, a joué un rôle plus actif dans la restructuration des entreprises. De plus, elle a maintenu son taux de change à un bas niveau au lieu de le laisser remonter. Officiellement, c'était parce qu'elle reconstituait ses réserves : en achetant des dollars à cette fin, elle faisait baisser la valeur du won. Sa motivation réelle, évidemment, était de stimuler ses exportations et de limiter ses importations. Enfin, la Corée n'a pas suivi les recommandations du FMI sur la restructuration physique. Prétendant en savoir plus long sur l'industrie mondiale des semi-conducteurs que les firmes qui en avaient fait leur métier, le FMI soutenait que la Corée devait se débarrasser au plus vite de son excédent de capacité. Fort intelligemment, la Corée ignora ce conseil. Quand la demande de semi-conducteurs se redressa, son économie se redressa aussi. Si elle avait écouté le FMI, la reprise aurait été infiniment plus discrète.

Quand ils évaluent les reprises, la plupart des observateurs mettent l'Indonésie à part, pour la simple raison que son évolution économique a été dominée par les bouleversements politiques et les troubles sociaux. Mais, nous l'avons vu, les mesures du FMI ont été pour beaucoup dans cette effervescence politique et sociale. Nul ne saura jamais si le pays aurait pu sortir du régime de Suharto par une transition plus plaisante, mais rares sont ceux qui diront qu'elle aurait pu être plus tumultueuse.

Quel impact sur l'avenir ?

En dépit de toutes les épreuves, la crise asiatique a eu des effets salutaires. Les pays d'Asie orientale vont sans nul doute mettre en place de meilleurs systèmes de réglementation financière, et plus généralement de meilleures institutions financières. Si ses firmes ont déjà démontré une remarquable aptitude à la concurrence sur le marché mondial, la Corée du Sud en sortira probablement avec une économie encore plus concurrentielle. Certains des pires aspects de la corruption, tels le népotisme et le copinage, auront été éliminés.

Mais la façon dont la crise a été traitée – en particulier l'usage des taux d'intérêt élevés – aura probablement un effet négatif important sur la croissance économique de la région à moyen terme, et peut-être aussi à long terme. Essentiellement pour une raison qui tient à une certaine ironie de l'histoire. Les institutions financières faibles et sous-réglementées sont mauvaises parce qu'elles conduisent à une mauvaise allocation des ressources. Les banques des pays asiatiques étaient loin d'être parfaites, mais, au cours des trois décennies qui ont précédé la crise, elles ont réparti des flux énormes de capitaux avec un succès tout à fait impressionnant – c'est cela qui a soutenu leur croissance rapide. Si ceux qui ont fait pression pour des « réformes » en Asie entendaient améliorer l'aptitude du système financier à allouer les ressources, le fait est que les mesures du FMI ont probablement dégradé l'efficacité *globale* du marché.

Dans le monde entier, on finance fort peu d'investissements nouveaux en levant du capital propre supplémentaire (en vendant des actions de l'entreprise). En fait, les seuls pays qui ont un actionnariat très diversifié sont les États-Unis, le Royaume-Uni et le Japon, tous dotés de systèmes juridiques solides et de puissants dispositifs de protection des actionnaires. Édifier ces institutions juridiques demande du temps, et peu de pays y sont parvenus. En attendant, les firmes du monde entier doivent s'endetter. L'endettement est intrinsèquement risqué, mais les mesures du FMI le rendent encore plus risqué – par exemple, la libéralisation des marchés des capitaux, ou la hausse des taux d'intérêt à des niveaux exorbitants en cas de crise. Pour réagir rationnellement, les firmes vont chercher à diminuer leur niveau d'emprunt et s'appuyer davantage sur les bénéfices non distribués. Il y aura donc à l'avenir une contrainte sur la croissance, et les capitaux n'iront pas aussi librement qu'autrefois aux usages les plus productifs. Vues sous cet angle, les mesures du FMI ont abouti à une allocation des ressources moins efficiente, en particulier pour la ressource la plus rare dans les pays en développement : le capital. Le FMI ne prend pas en compte cette détérioration parce que ses modèles ne reflètent pas la façon dont les marchés des capitaux fonctionnent vraiment, et notamment l'impact des imperfections de l'information.

POURQUOI TANT D'ERREURS ?

Si le FMI admet à présent qu'il a commis de graves erreurs – ses conseils de politique budgétaire, ses pressions pour la restructuration des banques en Indonésie, peut-être ses efforts pour obtenir une libéralisation prématurée des marchés des capitaux, sa sous-estimation de l'impact de l'effondrement d'un pays sur ses voisins –, il n'a pas reconnu ses fautes en matière de politique monétaire, ni même cherché à expliquer pourquoi ses modèles se sont montrés si lamentablement inaptes à prédire le cours des événements. Il ne s'est nullement soucié d'élaborer un autre cadre intellectuel, ce qui signifie que, dans la prochaine crise, il pourrait fort bien répéter les mêmes fautes. (En janvier 2002, le FMI a inscrit un échec de plus à son crédit : l'Argentine. En partie parce qu'il a exigé, une fois de plus, une politique d'austérité.)

Dans son *immensité*, l'échec du FMI a quelque chose à voir avec l'*hubris* : personne n'aime reconnaître une erreur, notamment de cette ampleur et avec de telles conséquences. Ni Fischer, ni Summers, ni Rubin, ni Camdessus, ni le FMI, ni le Trésor n'ont voulu envisager un instant qu'ils faisaient peut-être fausse route, en dépit de ce qui m'apparaissait comme des preuves accablantes de leur échec. Ils sont restés d'une intransigeance totale sur leurs positions. (Quand le FMI s'est enfin rallié à la baisse des taux d'intérêt et a cessé de prêcher l'austérité budgétaire en Asie, c'était, à l'en croire, parce que le moment était venu. N'était-ce pas plutôt, en partie au moins, sous la pression de l'opinion publique ?)

Mais, dans les pays asiatiques, beaucoup d'autres explications circulent, dont une « théorie du complot », que je ne partage pas : elle voit dans les politiques qui ont été suivies une tentative délibérée d'affaiblir l'Asie orientale – la région du monde qui connaissait la plus forte croissance depuis quarante ans –, ou du moins d'enrichir les financiers de Wall Street et des autres places boursières. On peut comprendre ce qui a inspiré cette interprétation. Le FMI a commencé par dire aux pays asiatiques d'ouvrir leurs marchés aux capitaux spéculatifs à court terme. Ils l'ont fait, et l'argent a afflué, mais il est reparti aussi soudainement qu'il était venu. Alors, le FMI leur a déclaré qu'il fallait augmenter les taux d'intérêt et pratiquer l'austérité budgétaire, ce qui a provoqué une très grave récession. Quand la valeur de leurs firmes s'est effondrée, le FMI a vivement conseillé aux pays touchés par la crise de les vendre, même à prix bradés. Il a expliqué que ces entreprises avaient besoin d'un encadrement étranger compétent (ignorant fort commodément qu'elles connaissaient depuis des décennies une croissance des plus enviables – et difficile à concilier avec une mauvaise gestion). Et il a ajouté qu'elles n'auraient ces dirigeants solides que si elles étaient vendues aux étrangers – et pas seulement gérées par eux. Les ventes ont été réalisées par ces mêmes institutions financières étrangères qui, en retirant leurs capitaux, avaient déclenché la crise. Ces banques ont alors reçu de grosses commissions pour leurs opérations de vente ou de démantèlement des firmes en difficulté, tout comme elles avaient reçu de grosses commissions quand elles avaient, au début, organisé l'afflux des capitaux dans ces pays. Et ce qui s'est passé ensuite a encore renforcé le scepticisme. Certaines de ces compagnies financières américaines et autres n'ont pas restructuré grand-chose : elles n'ont conservé les firmes que jusqu'à la reprise, et elles ont fait alors de gros profits en revendant à des prix plus près de la norme ce qu'elles avaient acheté en solde.

Je crois que l'explication est plus simple. Le FMI ne participait pas à un complot, mais reflétait les intérêts et l'idéologie de la communauté financière occidentale. Des modes de fonctionnement marqués par le secret ont tenu l'institution et ses politiques à l'abri du type d'examen intensif qui aurait pu l'obliger à utiliser des modèles et à prendre des mesures convenant à la situation en Asie. Les lourdes fautes de la crise asiatique ressemblent beaucoup à celles du développement et de la transition. Aux chapitres 8 et 9, nous examinerons de plus près leurs causes communes.

Pour une autre stratégie

En réponse à mes critiques contre la stratégie FMI-Trésor américain, mes adversaires m'ont demandé à juste titre ce que j'aurais fait à leur place. J'ai déjà laissé entendre dans ce chapitre quel aurait été mon principe de base : maintenir l'économie aussi près que possible du plein emploi. Pour y parvenir, il aurait fallu des politiques monétaire et budgétaire expansionnistes (en tout cas non restrictives), le dosage précis entre l'une et l'autre dépendant du contexte de chaque pays. Je suis d'accord avec le FMI sur l'importance de la restructuration financière (le règlement des difficultés des banques fragiles), mais je l'aurais menée de façon tout à fait différente, avec pour objectif premier le maintien des flux financiers et un gel provisoire sur le remboursement des dettes existantes – une restructuration de la dette comme celle qui a finalement bien fonctionné en Corée. Pour maintenir les flux financiers, il aurait fallu mettre plus d'énergie à réorganiser les institutions existantes. Et un élément clef de la restructuration des entreprises aurait été la mise en œuvre d'une clause « spéciale faillite » conçue pour résoudre sans tarder les difficultés dues à des troubles macroéconomiques créant une situation tout à fait anormale. Le Code des faillites des États-Unis contient des articles qui permettent de réorganiser une firme relativement vite (au lieu de la liquider) : c'est le chapitre 11. La faillite induite par des perturbations macroéconomiques, comme en Asie orientale, nécessite un règlement encore plus rapide – ce que j'appelle un « superchapitre 11 ».

Avec ou sans une telle clause, une intervention forte de l'État était nécessaire, mais elle devait avoir pour but la restructuration financière – établir à qui appartenaient les firmes et leur permettre de revenir sur les marchés du crédit. Cela leur aurait permis de profiter pleinement des possibilités d'exportation offertes par la baisse du taux de change. Une telle démarche aurait aussi éliminé la tentation de piller leurs actifs, et induit une incitation forte à engager les initiatives requises en matière de restructuration réelle – une restructuration que les nouveaux propriétaires et directeurs auraient été bien plus aptes à diriger que des bureaucrates nationaux ou internationaux qui, comme on dit, n'ont jamais eu en main un livre de paie. Une telle restructuration financière n'aurait pas exigé de gigantesques opérations de renflouement. Les plans de sauvetage massifs ont presque universellement déçu. Je ne peux certifier que mes idées auraient eu de bons résultats, mais je ne doute pas que leurs chances de succès auraient été de loin supérieures à celles du plan du FMI, dont l'échec était parfaitement prévisible et le coût énorme.

Le FMI a été lent à tirer les leçons de ses échecs en Asie. Avec de légères variantes, il a réessayé plusieurs fois le sauvetage massif. Après sa déconfiture en Russie, au Brésil et en Argentine, la nécessité d'un changement de stratégie s'est imposée, et l'on constate aujourd'hui un intérêt croissant pour certains au moins des éléments clefs de l'approche que je viens de décrire. Tant le FMI que le G7 parlent de faire davantage de place à la faillite, au gel transitoire – la suspension des paiements à court terme –, et même à l'usage temporaire des contrôles sur les opérations en capital. Nous reviendrons sur ces réformes au chapitre 9.

La crise asiatique a entraîné de nombreux changements qui vont être très utiles aux pays qu'elle a touchés. Les méthodes de gestion et les normes comptables des entreprises se sont améliorées – propulsant parfois ces pays, en la matière, au tout premier rang des marchés émergents. La nouvelle Constitution thaïlandaise laisse présager un renforcement de la démocratie (l'un de ses articles reconnaît aux citoyens le « droit de savoir », que même la Constitution américaine ne prévoit pas : la transparence ainsi promise est sûrement bien supérieure à celle des institutions financières internationales). Beaucoup de ces changements posent les bases d'une croissance encore plus robuste à l'avenir.

Mais, face à ces gains, les pertes sont réelles. La stratégie du FMI pendant la crise a laissé dans la plupart des pays un lourd héritage de dettes publiques et privées. L'expérience a inspiré aux entreprises la hantise du surendettement tel qu'il existait en Corée, mais les a détournées aussi d'un recours plus prudent à l'emprunt. Les taux d'intérêt exorbitants qui ont acculé des milliers de firmes à la faillite leur ont montré que même des niveaux d'endettement modérés peuvent être extrêmement risqués. Elles vont désormais s'en tenir davantage à l'autofinancement. Le fonctionnement des marchés des capitaux sera donc moins efficace qu'avant : eux aussi ont été victimes de la vision idéologique du FMI sur l'« amélioration de l'efficience du marché ». Et – c'est le plus important – l'amélioration du niveau de vie sera plus lente.

Les mesures du FMI en Asie orientale ont eu le type même de conséquences qui ont fait de la mondialisation la cible de tant d'attaques. Dans les pays plus pauvres, les échecs des institutions internationales ne datent pas d'hier, mais ils n'avaient jamais fait les gros titres des informations. La crise asiatique a révélé en direct aux populations du monde développé une partie de la rancœur ressentie depuis longtemps dans le monde en développement. Ce qui s'est passé en Russie dans les années quatre-vingt-dix en offre des illustrations encore plus impressionnantes, qui font bien comprendre pourquoi les institutions internationales suscitent un tel mécontentement et pourquoi elles doivent changer.

NOTES

1. Pour des points de vue opposés sur la question, voir P. Krugman, « The myth of Asia's miracle : a cautionary fable », *Foreign Affairs*, novembre 1994, et J.E. Stiglitz, « From miracle to crisis to recovery : lessons from four decades of East Asian experience », *in* J.E. Stiglitz et S. Yusuf (éd.), *Rethinking the East Asian Miracle*, Washington DC et New York, Banque mondiale et Oxford University Press, 2001, p. 509-526; Banque mondiale, *The East Asian Miracle : Economic Growth and Public Policy*, New York, Oxford University Press, 1993; Alice Amsden, *The Rise of « the Rest » : Challenges to the West from Late-Industrialization Economies*, New York, Oxford University Press, 2001; Masahiko Aoki, Hyung-Ki Kim, Okuno Okuno-Fujiwara et Masahjiro Okuno-Fujiwara (éd.), *The Role of Government in East Asian Economic Development : Comparative Institutional Analysis*, New York, Oxford University Press, 1998. Pour un récit très facile à lire de la crise asiatique, voir Paul Blustein, *The Chastening : Inside the Crisis that Rocked the Global Financial System and Humbled the IMF*, New York, Public Affairs, 2001. On trouvera des débats plus techniques dans Morris Goldstein, *The Asian Financial Crisis : Causes, Cures, and Systemic Implications*, Washington DC, International Institute for Economics, 1998, et dans l'article de Jason Furman et Joseph E. Stiglitz, « Economic crises : evidence and insights from East Asia », *Brookings Papers on Economic Activity*, texte présenté au groupe d'études de la Brookings Institution sur l'activité économique, Washington DC, vol. 2, 3 septembre 1998, p. 1-114.

2. L'économie américaine n'étant pas touchée, les États-Unis n'ont offert aucune aide, alors qu'ils s'étaient montrés si généreux pour le Mexique dans sa dernière

crise. Cette attitude suscita une immense rancœur en Thaïlande. Après le soutien sans faille qu'elle avait apporté aux États-Unis pendant la guerre du Vietnam, elle pensait mériter un meilleur traitement.

3. Voir E. Kaplan et D. Rodrik, « Did the Malaysian capital controls work? », document de travail n° W814, Cambridge, Mass., National Bureau of Economic Research, février 2001 (on peut trouver cette étude sur le site Internet du professeur Rodrik, http://ksghome.harvard.edu/~drodrik.academic.ksg/papers.html).

4. La Corée a reçu 55 milliards de dollars, l'Indonésie 33 milliards et la Thaïlande 17 milliards.

5. Voir J. Sachs, « The wrong medicine for Asia », *New York Times*, 3 novembre 1997, et « To stop the money panic : an interview with Jeffrey Sachs », *Asiaweek*, 13 février 1998.

6. Les investissements directs étrangers (en millions de dollars) ont été de 24130 en 1990, de 170258 en 1997 et de 170942 en 1998. Les investissements de portefeuille (en millions de dollars) sont passés de 3935 en 1990 à 79128 en 1997, puis à 55225 en 1998. Les investissements liés à la banque et au commerce (en millions de dollars) se sont montés à 14541 en 1990, à 54507 en 1997 et 41534 en 1998. Total des flux de capitaux privés (en millions de dollars) : 42606 en 1990, 303894 en 1997 et 267700 en 1998.

7. Sur les facteurs en jeu dans les crises bancaires et financières, voir par exemple D. Beim et C. Calomiris, *Emerging Financial Markets*, New York, McGraw Hill/Irwin, 2001 ; A. Demirguc-Kunt et E. Detragiache, « The determinants of banking crises : evidence from developing and developed countries », *IMF Staff Papers*, vol. 45, n° 1, mars 1998 ; G. Caprio et D. Klingebiel, « Episodes of systemic and borderline financial crises », *World Bank*, octobre 1999 ; et Services de la Banque mondiale, « Global economic prospects and the developing countries 1998/99 : beyond financial crisis », Banque mondiale, février 1999.

8. M. Camdessus, « Capital account liberalization and the role of the Fund » remarques faites au séminaire du FMI sur la libéralisation des comptes d'opération en capital, Washington DC, 9 mars 1998.

9. Le ralentissement américain de 2000-2001 est lui aussi la conséquence d'une euphorie excessive des marchés, d'un surinvestissement dans Internet et les télécoms, en partie dû à la forte hausse des cours des actions. Des fluctuations très marquées dans l'économie peuvent se produire même s'il n'y a pas une mauvaise gestion des institutions financières et de la politique monétaire.

10. La discussion sur la Corée s'inscrivait dans un débat plus général sur la libéralisation des marchés des capitaux et sur les opérations de sauvetage qui s'ensuivent quand les choses – comme c'est inévitable – tournent mal. Ce débat était en cours au sein du FMI et de l'administration américaine, presque entièrement à huis clos. Il réapparaissait régulièrement, par exemple quand nous préparions les accords de commerce régionaux et les réunions du G7. Lors de la crise de 1995 au Mexique, le Trésor a soumis le problème des opérations de sauvetage au Congrès, qui a rejeté son projet. Revenu à ses locaux et à son huis clos habituels, le Trésor a alors imaginé un moyen de réaliser ce renflouement sans l'aval du Congrès, et a fait violemment pression sur d'autres gouvernements pour qu'ils y participent (cette attitude a engendré une très forte hostilité dans de nombreux cercles européens, et toutes les conséquences des méthodes musclées du département du Trésor se sont lentement révélées au cours des années suivantes, quand les positions officielles des États-Unis dans les contextes les plus divers ont été discrètement contrées, par exemple dans le choix du directeur exécutif du FMI). Les problèmes sont complexes, mais le département du Trésor a pris, semble-t-il, le plus vif plaisir à se montrer plus fin que le Congrès.

11. Dans FMI, *Annual Report of the Executive Board for the Financial Year*

Ended April 30, 1998, Washington DC, certains directeurs du FMI avaient émis des doutes sur le bien-fondé des politiques d'austérité budgétaire pendant la crise asiatique, puisque les budgets de ces pays n'étaient pas en déficit (p. 25). Notons avec intérêt que le FMI, dans son rapport annuel 2000 (*ibid.*, p. 14), a reconnu que la reprise en Corée, en Malaisie et en Thaïlande s'est produite grâce à une politique budgétaire expansionniste. Voir aussi T. Lane, A. Ghosh, J. Hamann, S. Phillips, M. Schulze-Ghattas et T. Tsikata, « IMF-Supported Programs in Indonesia, Korea and Thailand : A Preliminary Assessment », *Occasional Papers*, n° 178, FMI, janvier 1999.

12. Stanley Fischer, « Comment & Analysis : IMF – the right stuff. Bailouts in Asia are designed to restore confidence and bolster the financial system », *Financial Times*, 16 décembre 1997.

13. Au fil des ans, je n'ai jamais vu un dirigeant du FMI, quel qu'il soit, donner une justification cohérente de la stratégie de hausse des taux d'intérêt dans les pays dont les firmes sont très endettées. La seule bonne défense que j'ai entendue est celle de l'économiste en chef de la Chase Securities, John Lipsky, qui s'appuyait explicitement sur les imperfections des marchés des capitaux. Les entrepreneurs de ces pays, observait-il, conservent en général de fortes sommes à l'étranger mais empruntent à l'intérieur. La hausse des taux d'intérêt sur les prêts intérieurs allait les « forcer » à rapatrier une partie des fonds qu'ils avaient à l'étranger, pour rembourser leurs emprunts et ne pas avoir à payer de tels taux. On n'a pas encore évalué cette hypothèse. Mais il est sûr que, pour plusieurs des pays en crise, les flux nets de capitaux se sont orientés en sens inverse. Beaucoup de chefs d'entreprise ont présumé qu'on ne pourrait pas les « forcer » à payer ces taux d'intérêt et qu'il y aurait nécessairement renégociation. Des taux d'intérêt aussi élevés n'étaient pas crédibles.

14. Le responsable concerné du ministère des Finances, Eisuke Sakakibara, a écrit par la suite sa propre interprétation des événements ; E. Sakakibara, « The end of market fundamentalism », texte de son allocution au Club des correspondants de presse étrangers, janvier 1999.

15. Pour plus de détails, voir E. Kaplan et D. Rodrik, « Did the Malaysian capital controls work ? », art. cité.

16. Pendant la crise, l'investissement direct étranger a connu une évolution semblable en Malaisie et dans les autres pays touchés dans la région. Néanmoins, les données sont encore trop fragiles pour qu'on puisse en tirer des conclusions fermes. Il faudra une étude économétrique plus approfondie (et davantage de chiffres) pour dissocier l'impact des contrôles des flux de capitaux sur l'investissement direct étranger des autres facteurs qui l'influencent.

5

Qui a perdu la Russie ?

Avec la chute du mur de Berlin, fin 1989, a commencé l'une des plus importantes transitions économiques de tous les temps. C'est le second coup d'audace du siècle en matière économique et sociale[1]. Le premier avait été, sept décennies plus tôt, le passage délibéré au communisme. Au fil des ans, on avait pris conscience des échecs de cette première expérience. Avec la révolution de 1917, puis l'hégémonie soviétique sur une grande partie de l'Europe après la Seconde Guerre mondiale, près de 8 % des habitants de la planète, qui vivaient dans le système communiste soviétique, avaient perdu à la fois la liberté politique et la prospérité économique. En Russie comme en Europe de l'Est et du Sud-Est, la seconde transition est loin d'être achevée. Mais une chose est claire : elle a donné en Russie des résultats très inférieurs à ce que les partisans de l'économie de marché avaient promis ou espéré. Pour la majorité des habitants de l'ex-Union soviétique, la vie économique sous le capitalisme a été encore pire que les anciens dirigeants communistes ne l'avaient prédit. L'avenir est sombre. La classe moyenne a été décimée, un capitalisme des copains et des mafieux a été créé, et le seul succès, l'instauration d'une démocratie porteuse de précieuses libertés, dont une presse libre, paraît au mieux fragile, à l'heure où les anciennes chaînes de télévision indépendantes sont fermées l'une après l'autre. Si des Russes portent une très lourde responsabilité dans ce qui s'est passé, les conseillers occidentaux, en particulier ceux des États-Unis et du FMI, si vite accourus pour prêcher l'évangile de l'économie de marché, ne sont pas non plus sans reproche. Au strict minimum, ils ont apporté leur soutien à ceux qui ont emmené la Russie et beaucoup d'autres économies sur les chemins qu'elles ont suivis, en préconisant de substituer une nouvelle religion – le fanatisme du marché – à l'ancienne – le marxisme –, qui s'était révélée si déficiente.

La Russie est un drame permanent. Rares sont ceux qui avaient prévu la dissolution soudaine de l'Union soviétique, et aussi rares ceux qui avaient prévu la démission soudaine de Boris Eltsine. Certains pensent que l'oligarchie, coupable des pires excès des années Eltsine, a déjà été mise au pas ; d'autres estiment seulement que certains oligarques sont tombés en disgrâce. Certains voient dans le redressement de la production qui a suivi la crise de 1998 le début d'une renaissance qui va conduire à la reconstitution d'une classe moyenne. D'autres sont persuadés qu'il faudra bien des années ne serait-ce que pour réparer les dégâts de la dernière décennie. Les revenus sont nettement plus bas aujourd'hui qu'il y a dix ans, et la pauvreté, bien supérieure. Les pessimistes voient la Russie comme une puissance nucléaire chancelante qui va sombrer dans l'instabilité sociale et politique. Les optimistes (!) pensent qu'un pouvoir semi-autoritaire assurera la stabilité, mais au prix de la perte de certaines libertés démocratiques.

La Russie a connu après 1998 une poussée de croissance, fondée sur la hausse des prix du pétrole et sur les retombées positives de la dévaluation à laquelle le FMI s'était si longtemps opposé. Mais, une fois les prix du pétrole repartis à la baisse et les bénéfices de la dévaluation engrangés, la croissance a ralenti. Aujourd'hui, le pronostic économique est un peu moins sombre qu'au moment de la crise de 1998, mais non moins incertain. L'État est à peine parvenu à boucler ses fins de mois quand les prix du pétrole – principal produit d'exportation du pays – étaient au plus haut. S'ils baissent, comme il semble que ce soit le cas au moment où j'écris, il pourrait y avoir de gros problèmes. Le mieux que l'on puisse dire, c'est que l'avenir reste lourd de nuages.

« Qui a perdu la Russie ? » Il n'est pas surprenant que ce débat ait eu un tel écho. Certes, la question est mal posée. Aux

États-Unis, elle évoque le souvenir d'un autre grand débat, voilà un demi-siècle : « Qui a perdu la Chine ? » Les communistes venaient d'y prendre le pouvoir. Mais la Chine de 1949 n'appartenait pas à l'Amérique pour qu'elle pût la perdre, ni la Russie quarante ans plus tard. Ni dans un cas ni dans l'autre les États-Unis et l'Europe occidentale n'avaient le contrôle de l'évolution politique et sociale. Cela dit, il est clair que les choses ont très mal tourné en Russie, mais aussi dans la plupart des autres pays – plus de vingt – qui ont émergé de l'empire soviétique.

Le FMI et les autres dirigeants occidentaux affirment qu'elles auraient tourné encore plus mal sans leur aide et leurs conseils. Nous n'avions pas à l'époque de boule de cristal – et nous n'en avons toujours pas – pour nous dire ce qui se serait passé si d'autres mesures avaient été prises. Nous n'avons aucun moyen de mener une expérience contrôlée où l'on remonterait le temps pour essayer une stratégie de rechange. Nous ne pouvons en aucune façon être *sûrs* de ce qui *aurait pu être*.

Mais ce que nous savons, c'est que certains choix politiques et économiques clairs et nets ont été faits, et que les résultats ont été catastrophiques. Parfois, le lien entre les politiques suivies et leurs effets est facile à voir. Le FMI a eu peur qu'une dévaluation du rouble ne déclenche l'inflation. Son insistance auprès de la Russie pour qu'elle maintienne sa devise surévaluée, puis son soutien à cette position à coups de milliards de dollars de prêts ont fini par écraser l'économie (quand le rouble a été enfin dévalué en 1998, l'inflation ne s'est pas déchaînée comme le FMI l'avait craint, et l'économie a connu sa première poussée de croissance importante). Dans d'autres cas, les liens sont plus difficiles à établir, mais les expériences des quelques pays qui ont géré différemment leur transition nous aideront à nous orienter dans le labyrinthe. Il est essentiel que le monde se fasse un jugement informé sur les politiques suivies par le FMI en Russie, sur leurs mobiles, et sur les raisons pour lesquelles elles ont été à ce point erronées. Ceux, en particulier, qui ont eu l'occasion, comme moi, de voir de leurs yeux comment ont été prises les décisions et quelles ont été leurs conséquences ont le devoir de donner leur interprétation des événements cruciaux.

Ce réexamen a aussi une seconde raison. Aujourd'hui, plus de dix ans après la chute du mur de Berlin, la transition est très loin d'être terminée. Ce sera un long combat, et, parmi les problèmes qui, il y a quelques années seulement, paraissaient réglés, beaucoup, pour ne pas dire presque tous, vont devoir être repensés. C'est seulement si nous comprenons les erreurs du passé que nous pouvons espérer concevoir des mesures qui auront des chances de succès dans l'avenir.

La révolution de 1917 avait compris que l'enjeu n'était pas seulement de changer l'économie, mais la société sous tous ses aspects. La transition du communisme à l'économie de marché était donc davantage, elle aussi, qu'une simple expérience économique : c'était une transformation des sociétés, et des structures sociales et politiques. L'une des raisons des résultats désespérants de la transition en matière économique, c'est que l'on n'a pas vu l'importance cruciale de ces composantes-là.

La première révolution avait mesuré toute la difficulté de son entreprise de transformation, et les révolutionnaires estimaient qu'elle ne pourrait être accomplie par des moyens démocratiques. Elle devait l'être par la «dictature du prolétariat». Certains dirigeants de la révolution des années quatre-vingt-dix pensaient à l'origine que, libéré des chaînes du communisme, le peuple russe apprécierait très vite les bienfaits du marché. Mais d'autres réformateurs russes (ainsi que leurs soutiens et conseillers occidentaux) n'éprouvaient pour la démocratie qu'une confiance et un intérêt fort réduits. Ils craignaient que, si on laissait le choix au peuple russe, il ne se prononçât pas pour le modèle économique «correct» (c'est-à-dire le leur). Effectivement, dans de très nombreux pays d'Europe de l'Est et de l'ex-Union soviétique, quand les bienfaits des «réformes de marché» ne se sont pas concrétisés, les élections démocratiques ont désavoué les extrémistes du marché et porté au pouvoir des partis sociaux-démocrates, ou même «communistes réformés», dont beaucoup avaient à leur tête d'anciens communistes. Ne nous étonnons pas si tant de chauds partisans du marché ont manifesté une remarquable affinité avec les vieilles méthodes : en Russie, le président Eltsine, muni de pouvoirs immensément supérieurs à ses homologues de n'importe quelle démocratie occidentale, a été incité à circonvenir la Douma (le parlement démocratiquement élu) et à promulguer les réformes par décrets[2]. Comme si les « bolcheviks du marché » – les fidèles russes de la nouvelle religion économique et ses évangélistes occidentaux, qui s'étaient rués sur les pays postsocialistes – tentaient d'utiliser une « bonne » version des méthodes de Lénine pour orienter la transition « démocratique ».

Les atouts et les défis de la transition

Quand la transition a commencé, au début des années quatre-vingt-dix, elle était grosse de défis redoutables et de grandes chances à saisir. On avait rarement vu un pays décider délibérément de passer d'un système où l'État contrôlait pratiquement tous les aspects de l'économie à un autre où les décisions seraient prises par les mécanismes de marché. La République populaire de Chine avait entamé sa transition à la fin des années soixante-dix, et elle était encore très loin d'avoir une économie de marché au sens plein du terme. L'une des transitions les plus réussies avait été celle de Taiwan, à 160 kilomètres de la Chine continentale. L'île avait été une colonie japonaise depuis la fin du XIXe siècle. Avec la révolution de 1949 en Chine, elle était devenue le refuge des anciens dirigeants nationalistes qui, de leur base à Taiwan, proclamaient leur souveraineté sur l'ensemble de la Chine continentale en conservant le nom de « République de Chine ». Ils avaient nationalisé et redistribué les terres, créé puis partiellement privatisé toute une gamme d'industries majeures, et instauré une économie de marché très dynamique. Après 1945, de nombreux pays, dont les États-Unis, sont passés de l'effort de guerre à l'économie de paix. À l'époque, beaucoup d'économistes et d'autres experts craignaient que la démobilisation ne fût suivie d'une récession majeure, car la *façon* dont étaient prises les décisions sur la production allait changer (elles ne le seraient plus par l'État, comme dans les mécanismes d'économie dirigée en vigueur pendant la guerre, mais à nouveau par le secteur privé). Il y aurait aussi une énorme redistribution dans la production des biens, puisqu'on allait passer, par exemple, des chars d'assaut aux automobiles. Néanmoins, en 1947, deuxième année pleine d'après guerre, la production aux États-Unis était 9,6 fois plus élevée qu'en 1944, dernière année pleine de la guerre. À la fin du conflit, 37 % du PIB étaient consacrés à la défense (1945). Avec la paix, ce pourcentage fut rapidement ramené à 7,4 % (1947).

Il y avait une différence importante – j'y reviendrai – entre la transition de la guerre à la paix et celle du communisme à l'économie de marché. Avant la Seconde Guerre mondiale, les institutions fondamentales du marché existaient aux États-Unis, même si pendant la guerre beaucoup avaient été suspendues et remplacées par des méthodes d'économie «dirigée et surveillée». En revanche, la Russie avait besoin *à la fois* de redéployer ses ressources et de créer de toutes pièces les institutions du marché.

Mais tant Taiwan que la Chine avaient affronté des problèmes semblables à ceux des économies en transition : le défi d'une transformation majeure de leurs sociétés, supposant la création des institutions qui sous-tendent une économie de marché. Et toutes deux avaient réussi des transitions vraiment impressionnantes. Loin de subir une «récession de transition», elles avaient connu un taux de croissance proche des deux chiffres. Les réformateurs radicaux qui ont entrepris de conseiller la Russie et bien d'autres pays en transition n'ont prêté aucune attention à ces expériences, et aux leçons qu'ils auraient pu en tirer. Ce n'était pas parce qu'ils pensaient que l'histoire russe (ou celle des autres pays engagés dans la transition) les rendait inapplicables : ils ont délibérément ignoré aussi l'avis des spécialistes russes – les historiens, les économistes, les sociologues. La raison de leur attitude était simple : ils estimaient que l'imminente révolution du marché allait rendre obsolète tout le savoir accumulé antérieurement par l'histoire, la sociologie et les autres disciplines. Ce que prêchaient ces fanatiques, c'était une économie de manuel, une version ultra-simplifiée de l'économie de marché qui s'intéressait fort peu à la dynamique du changement.

Considérons les problèmes auxquels la Russie (ou tout autre pays concerné) était confrontée au début des années quatre-vingt-dix. Elle avait des institutions qui portaient *le même nom* que celles de l'Occident, mais qui ne jouaient pas le même rôle. Il y avait des banques en Russie, et elles recevaient l'épargne ; mais ce n'étaient pas elles qui décidaient de l'attribution des prêts, et elles n'étaient pas non plus chargées de surveiller leur usage et de veiller à leur remboursement. Elles fournissaient simplement « les fonds » comme l'ordonnait l'organisme de planification centrale de l'État. Il y avait des firmes en Russie, des entreprises qui produisaient des biens, mais elles ne prenaient pas de décisions. Elles produisaient ce qu'on leur disait de produire avec des intrants (matières premières, masse salariale, machines) qui leur étaient alloués. Le champ d'action crucial de l'esprit d'entreprise, c'était le contournement des problèmes posés par l'État. Celui-ci fixait aux entreprises des quotas de production sans nécessairement leur donner tous les intrants nécessaires – mais dans certains cas il en fournissait trop. Les directeurs des firmes se livraient donc entre eux à un commerce afin de pouvoir respecter leurs quotas, tout en s'assurant au passage quelques petits avantages personnels, en supplément de ce qu'ils pouvaient s'offrir avec leur salaire officiel. Ces activités – qui avaient toujours été nécessaires, car sans elles le système soviétique n'aurait pas pu fonctionner – ont engendré la corruption, qui n'a fait que prendre une tout autre envergure lorsque la Russie est passée à l'économie de marché [3]. Circonvenir les lois en vigueur, sinon les violer carrément, était entré dans les mœurs, ce qui laissait présager l'effondrement de l'« état de droit » qui devait caractériser la transition.

Comme dans une économie de marché, il y avait des prix dans le système soviétique, mais ils étaient fixés par décret de l'État et non par le marché. Certains prix, tels ceux des produits de première nécessité, étaient maintenus artificiellement bas ; ainsi, même les Soviétiques aux revenus les plus faibles échappaient à la pauvreté. Les prix de l'énergie et des ressources naturelles étaient eux aussi maintenus artificiellement bas – la Russie ne pouvait se le permettre qu'en raison de l'énormité de ses réserves.

Les vieux manuels d'économie présentent souvent l'économie de marché comme si elle avait trois ingrédients essentiels, les trois P : Prix, Propriété privée, Profit. Avec la concurrence, ces trois P créent les incitations, coordonnent la prise de décision économique et font en sorte que les entreprises produisent ce que veulent les individus au coût le plus bas possible. Mais on reconnaît aussi depuis longtemps l'importance des *institutions*. Les principales sont le cadre juridique et réglementaire : il assure le respect des contrats ; il prévoit une démarche précise pour résoudre les différends commerciaux, et des procédures de faillite ordonnées lorsque les emprunteurs ne peuvent pas rembourser leurs dettes ; il veille à maintenir la concurrence, et la capacité des banques qui reçoivent les dépôts à rendre leur argent aux déposants s'ils le demandent. Cet ensemble de législations et d'institutions contribue à garantir que les marchés des titres fonctionneront équitablement, que les directeurs des entreprises ne pourront pas gruger les actionnaires, ni les actionnaires majoritaires spolier les minoritaires. Dans les pays qui ont des économies de marché parvenues à maturité, les cadres juridiques et réglementaires ont été édifiés pendant un siècle et demi, en réaction aux problèmes que suscite un capitalisme de marché sans entraves. La réglementation bancaire est entrée en vigueur après de catastrophiques faillites de banques. Celle des marchés financiers, après des scandales retentissants où les actionnaires imprudents ont été volés. Les pays qui voulaient créer une économie de marché n'étaient pas tenus de revivre ces désastres. Ils pouvaient apprendre de l'expérience des autres. Peut-être les réformateurs ont-ils mentionné cette infrastructure institutionnelle, mais en passant. Ils ont tenté d'arriver au capitalisme par un raccourci, en créant une économie de marché sans les institutions qui la sous-tendent, et les institutions sans l'infrastructure institutionnelle qu'elles supposent. Avant d'ouvrir une Bourse, il faut s'assurer que de vraies réglementations sont en place. Les nouvelles firmes doivent pouvoir trouver des capitaux frais, et il faut pour cela des banques qui soient de vraies banques, à la différence de celles de l'ancien régime, ou de celles qui ne prêtent d'argent qu'à l'État. Un système bancaire réel et efficace nécessite des réglementations fortes. Les nouvelles firmes doivent pouvoir acquérir des terrains, ce qui exige l'existence d'un marché foncier et d'un cadastre.

De même, dans l'agriculture de l'ère soviétique, les cultivateurs recevaient les semences et les engrais qu'il leur fallait. Ils n'avaient pas le souci de les obtenir, ni de se procurer les autres intrants (par exemple les tracteurs), ni de commercialiser leur production. Pour accéder à une économie de marché, il fallait créer des marchés pour les intrants et pour les produits agricoles, ce qui exigeait de nouvelles entreprises. Les institutions sociales ont aussi leur importance. Dans l'ancien système soviétique, il n'y avait pas de chômage, donc aucun besoin d'assurance-chômage. Les travailleurs étaient souvent employés par la même firme toute leur vie, laquelle leur assurait le logement et la retraite. Mais, dans la Russie des années quatre-vingt-dix, si l'on voulait créer un marché du travail, il fallait que chacun pût passer d'une entreprise à une autre. Si l'on ne pouvait pas trouver à se loger, cette mobilité serait pratiquement impossible – d'où la nécessité d'un marché du logement. S'ils ont la moindre sensibilité sociale, les employeurs répugneront à licencier des salariés qui n'ont aucun recours. La « restructuration » risque donc d'être limitée en l'absence de dispositifs de sécurité sociale. Malheureusement, il n'y avait ni marché du logement ni vrais filets de sécurité dans la Russie nouvelle de 1992.

Les économies de l'ex-Union soviétique et des nations de l'ancien bloc communiste en transition étaient confrontées à de redoutables défis : passer du système de prix déformé qui avait cours sous le communisme à la fixation des prix par le marché ; créer les marchés et l'infrastructure institutionnelle qui les sous-tend ; privatiser l'ensemble des biens qui appartenaient à l'État ; instaurer un nouvel esprit d'entreprise – pas seulement celui qui s'exerçait dans l'esquive des lois et règles de l'État –, et créer de nouvelles entreprises qui aideraient à redéployer les ressources dont on avait fait jusque-là un usage fort inefficace.

À tous les points de vue, ces économies devaient faire des choix difficiles – et ils suscitaient des débats acharnés. Le conflit le plus vif portait sur la vitesse de la réforme. Certains experts craignaient que, si l'on ne privatisait pas rapidement pour créer une catégorie sociale nombreuse dont les membres seraient personnellement intéressés au maintien du capitalisme, il y aurait un retour au communisme. Mais d'autres rétorquaient que, si l'on allait trop vite, les réformes seraient un désastre – un échec économique aggravé par la corruption politique –, et ouvriraient la voie à un choc en retour, d'extrême gauche ou d'extrême droite. On a baptisé la première école « thérapie de choc », la seconde, « gradualisme ».

Les idées de la thérapie de choc – dont les États-Unis et le FMI étaient de chauds partisans – l'ont emporté dans la plupart des pays. Mais les gradualistes estimaient que la transition vers l'économie de marché serait mieux gérée si l'on procédait à un rythme raisonnable et en bon ordre (par étapes). On n'avait pas besoin d'avoir des institutions *parfaites*, mais, pour prendre un seul exemple, si l'on privatisait un monopole avant de mettre en place une concurrence réelle ou une agence de réglementation, on allait remplacer un monopole public par un monopole privé qui se montrerait encore plus impitoyable pour le consommateur. Dix ans plus tard, le bien-fondé de l'approche gradualiste est enfin reconnu : les tortues ont dépassé les lièvres. Les critiques gradualistes de la thérapie de choc ont non seulement prédit ses échecs avec précision, mais aussi expliqué pour quelles raisons elle n'allait pas réussir. Leur seule erreur a été de sous-estimer l'ampleur du désastre.

Les défis de la transition étaient immenses, mais les atouts aussi. La Russie était un pays riche. Trois quarts de siècle de communisme avaient laissé sa population totalement ignorante de l'économie de marché, mais lui avaient assuré un haut niveau d'éducation, en particulier dans les domaines techniques, si importants pour la « nouvelle économie ». N'oublions pas que la Russie a été le premier pays à envoyer un homme dans l'espace.

La théorie économique qui expliquait l'échec du communisme était claire. La planification centralisée devait forcément échouer parce que aucune institution d'État ne pouvait collecter et traiter toute l'information pertinente requise pour qu'une économie fonctionne bien. Sans la propriété privée et la motivation du profit, il n'y avait pas de stimulants – en particulier pour les cadres et les entrepreneurs. La restriction du commerce, les subventions massives, les prix fixés arbitrairement multipliaient les distorsions dans le système.

Il découlait de cette analyse que, si l'on remplaçait la planification centralisée par un système de marché décentralisé, si l'on remplaçait la propriété publique par la propriété privée et si l'on éliminait (ou du moins réduisait) les distorsions en libéralisant le commerce, la production allait monter en flèche. Et la réduction des dépenses militaires – qui, du temps de l'URSS, absorbaient une énorme proportion du PIB, cinq fois plus que dans la période de l'après-guerre froide – donnait encore plus de marge pour augmenter le niveau de vie. Mais que s'est-il passé ? Un effondrement du niveau de vie en Russie et dans de nombreux autres pays d'Europe de l'Est.

Histoire de la « réforme »

Les premières erreurs ont été commises presque immédiatement, dès le début de la transition.

En 1992, dans l'enthousiasme du passage à l'économie de marché, la plupart des prix ont été libérés du jour au lendemain. Cette décision a déclenché une inflation qui a englouti toute l'épargne, et fait de la macrostabilité le problème numéro un. Chacun comprenait qu'avec l'hyperinflation (une inflation *mensuelle* à deux chiffres), il serait difficile de réussir la transition. C'est ainsi que le premier pas de la thérapie de choc – la libération instantanée des prix – a imposé le second : la lutte acharnée contre l'inflation. Elle exigeait un durcissement de la politique monétaire : la hausse des taux d'intérêt.

La plupart des prix étaient entièrement libres, mais certains des plus importants avaient été maintenus très bas : ceux des ressources naturelles. Dans l'économie de marché qu'on venait de proclamer, c'était une invitation ouverte : si l'on pouvait acheter du pétrole et le revendre à l'Ouest, on gagnait des millions ou même des milliards de dollars ! Donc certains l'ont fait. Au lieu de gagner de l'argent en créant de nouvelles entreprises, ils se sont enrichis par un nouvel usage de l'ancien « esprit d'entreprise » : l'exploitation des erreurs de l'État. Ce comportement de « recherche de rentes » allait permettre aux réformateurs de prétendre que le problème n'était pas qu'on eût réformé trop vite, mais trop lentement. Si seulement on avait immédiatement libéré *tous* les prix ! Il y a beaucoup de vrai dans cet argument, mais, comme défense des réformes radicales, il relève de la finasserie. Les processus politiques ne laissent jamais le champ entièrement libre au technocrate, et avec raison : d'importantes réalités politiques, sociales et économiques, nous l'avons vu, lui échappent. Toute réforme, y compris dans des systèmes économiques et politiques bien rodés, est toujours un peu chaotique. Même s'il y avait des raisons de préconiser la libération instantanée des prix, voici quelle était la question pertinente : comment faut-il gérer la libéralisation s'il est impossible de libérer rapidement les prix dans des secteurs importants comme celui de l'énergie ?

La libéralisation et la stabilisation étaient deux des trois piliers de la stratégie de réforme radicale du FMI. Le troisième était la privatisation rapide, mais les deux premiers lui ont fait obstacle. La terrible inflation initiale avait englouti l'épargne de la plupart des Russes : ils n'étaient donc plus assez nombreux à disposer de l'argent nécessaire pour acheter les entreprises qu'on privatisait. Et même s'ils pouvaient les acheter, ils auraient bien du mal à les revitaliser, étant donné le niveau des taux d'intérêt et l'absence d'institutions financières capables d'avancer des capitaux.

La privatisation devait être la première étape du processus de restructuration de l'économie. Il fallait changer non seulement la propriété des entreprises mais aussi leur direction, et il fallait réorienter la production. Les firmes ne produiraient plus ce qu'on leur dirait de produire, mais ce que voudraient les consommateurs. Cette restructuration exigerait, bien sûr, de nouveaux investissements et, dans bien des cas, des réductions de personnel. Celles-ci, évidemment, ne contribuent à l'efficacité globale que si les travailleurs concernés passent d'emplois peu productifs à d'autres qui le sont beaucoup plus. Malheureusement, on a vu trop rarement ce type de restructuration positive, en partie parce que la stratégie du FMI lui a créé des obstacles presque insurmontables.

Cette stratégie a échoué. Le PIB russe n'a cessé de chuter d'année en année. On avait prévu une courte récession de transition, elle a duré dix ans ou plus. Le fond ne semblait jamais en vue. La dévastation – le recul du PIB – a été supérieure à celle que la Russie avait subie pendant la Seconde Guerre mondiale. De 1940 à 1946, la production industrielle de l'Union soviétique avait diminué de 24 %. De 1990 à 1999, la production industrielle russe est tombée de près de 60 % – plus encore que le PIB (54 %). Les bons connaisseurs de la transition antérieure de la Révolution russe, celle du passage au communisme, peuvent faire quelques comparaisons entre ce traumatisme socio-économique et celui des années quatre-vingt-dix : le cheptel a diminué de moitié, l'investissement dans l'industrie manufacturière s'est pratiquement arrêté. La Russie a pu attirer quelques investissements étrangers dans les ressources naturelles – l'Afrique a prouvé depuis longtemps qu'en offrant à prix cassé ses richesses naturelles il est facile d'intéresser les investisseurs étrangers.

Certes, le programme « stabilisation-libéralisation-privatisation » ne visait pas à stimuler la croissance. Il se proposait d'en créer les conditions préalables. Mais en fait il a créé les conditions préalables de l'écroulement. Non seulement l'investissement s'est arrêté, mais les capitaux ont été épuisés : l'épargne s'est évaporée dans l'inflation, l'argent des privatisations et des emprunts à l'étranger a été en grande partie détourné. La privatisation assortie de l'ouverture des marchés des capitaux n'a pas conduit à la création de richesses mais au pillage des actifs. C'était parfaitement logique. Un oligarque qui vient de réussir à user de son influence politique pour s'emparer de biens publics valant des milliards, en les payant une misère, va tout naturellement vouloir faire sortir l'argent du pays. S'il le garde en Russie, que se passera-t-il ? Il l'investira dans un pays en état de profonde dépression, et risquera non seulement d'en tirer peu de profits, mais de tout se faire confisquer par le gouvernement suivant, qui va inévitablement se plaindre – et à très juste titre – de l'« illégitimité » de la privatisation. Toute personne assez habile pour gagner à la loterie mirifique de la privatisation est assez habile aussi pour placer son argent à la Bourse américaine en plein essor, ou pour le mettre en lieu sûr dans les comptes bancaires secrets des paradis fiscaux. Il n'y avait pas la moindre chance que les choses se passent autrement, et, bien évidemment, des milliards ont quitté le pays.

Le FMI continuait à promettre que la reprise était toute proche. En 1997, il avait quelques raisons de se montrer optimiste. La production avait déjà chuté de 41,3 % depuis 1990 : pouvait-elle vraiment tomber beaucoup plus bas ? De plus, le pays avait mis en œuvre une grande partie des mesures souhaitées par le FMI : il avait libéralisé (même si la libéralisation n'était pas totale), stabilisé (même si la stabilisation n'était pas complète, il y avait eu une baisse spectaculaire de l'inflation) et privatisé. Mais il est facile, bien sûr, de privatiser rapidement si l'on ne prête aucune attention à la *façon* dont on le fait : en l'occurrence, le gouvernement a donné les précieuses propriétés de l'État à ses amis. Et cette méthode peut se montrer très rentable pour les gouvernants – que les « retours d'ascenseur » soient des paiements en liquide ou des contributions aux campagnes électorales (ou les deux).

Mais les lueurs de reprise entraperçues en 1997 ne devaient pas durer. Les erreurs commises par le FMI dans une lointaine région du monde ont joué là un rôle crucial. En 1998, les retombées de la crise asiatique ont frappé. Cette crise avait suscité une réticence générale à investir dans les marchés émergents : pour consentir à prêter à ces pays, les détenteurs de capitaux exigeaient en compensation des bénéfices plus élevés. Les finances publiques de la Russie reflétaient la faiblesse du PIB et de l'investissement : l'État russe s'était lourdement endetté. Malgré ses difficultés à boucler son budget, le gouvernement, soumis à une très forte pression de la part des États-Unis, de la Banque mondiale et du FMI pour privatiser vite, avait cédé les entreprises publiques pour une misère, et cela avant de mettre en place un système fiscal efficace. Il avait ainsi créé une puissante classe d'oligarques et d'hommes d'affaires qui ne lui payaient qu'une petite fraction des impôts qu'ils lui devaient, beaucoup moins que ce qu'ils auraient versé dans tout autre pays du monde.

Donc, quand a éclaté la crise asiatique, la Russie se trouvait dans une situation bien singulière. Elle avait des ressources naturelles surabondantes, mais un État pauvre. Celui-ci faisait pratiquement cadeau des précieux actifs du secteur public, et pourtant il était incapable de verser leurs retraites aux personnes âgées et des prestations sociales aux pauvres. Il empruntait des milliards au FMI, et s'endettait donc toujours plus lourdement, tandis que les oligarques qui avaient si somptueusement profité de ses largesses faisaient sortir des milliards du pays. Le FMI avait incité le gouvernement à libéraliser ses marchés financiers pour permettre la libre circulation des capitaux. Cette politique devait, selon lui, rendre la Russie plus attrayante pour les investisseurs étrangers, mais en fait, la « porte ouverte » n'a pratiquement servi que dans un seul sens : elle a facilité la ruée des capitaux hors du pays.

La crise de 1998

La Russie était lourdement endettée, et la hausse des taux d'intérêt qu'avait provoquée la crise asiatique était pour elle une contrainte énorme. Cette tour branlante s'effondra quand les prix du pétrole chutèrent. En raison des récessions et dépressions en Asie du Sud-Est, que les mesures du FMI avaient exacerbées, non seulement la demande en pétrole n'augmenta pas comme on s'y attendait, mais elle se réduisit. Le déséquilibre qui en résulta entre l'offre et la demande entraîna une chute spectaculaire des prix du brut (de plus de 40 % dans les six premiers mois de 1998 par rapport aux prix moyens de 1997). Pour la Russie, le pétrole est à la fois un produit d'exportation essentiel et une source de recettes fiscales, et la chute des cours a eu l'effet dévastateur qu'on pouvait prévoir. À la Banque mondiale, nous avons pris conscience du problème début 1998 : il semblait alors que les cours allaient descendre jusqu'à devenir inférieurs aux prix de revient russes (extraction plus transport). Au taux de change existant, l'industrie pétrolière russe risquait fort de cesser d'être rentable. Une dévaluation serait alors inévitable.

Il était clair aussi que le rouble était surévalué. La Russie était envahie par des importations que les producteurs intérieurs avaient le plus grand mal à concurrencer. Le passage à l'économie de marché et le démantèlement des industries d'armement devaient permettre, pensait-on, de redéployer les ressources pour produire davantage de biens de consommation, ou davantage de machines-outils pour les branches qui en produisaient. Mais l'investissement était au point mort et le pays ne produisait pas de biens de consommation. Le taux de change surévalué – ainsi que d'autres mauvaises politiques macroéconomiques imposées à la Russie par le FMI – avait écrasé l'économie et, si le taux de chômage officiel restait modéré, le chômage déguisé était massif. Les gestionnaires de beaucoup d'entreprises répugnaient à licencier les ouvriers, puisqu'il n'y avait aucun filet de sécurité adéquat. Même déguisé, le chômage n'en était pas moins un traumatisme. Les travailleurs faisaient semblant de travailler, et les entreprises, de les payer. Le versement des salaires prenait un retard considérable. Quand ils étaient enfin payés, c'était souvent en nature, avec des produits et non des roubles.

Si, pour les salariés et pour le pays dans son ensemble, le taux de change surévalué était un désastre, c'était une bénédiction pour la nouvelle classe des hommes d'affaires. Il leur fallait ainsi bien moins de roubles pour acheter leurs Mercedes, leurs sacs Chanel et leurs mets raffinés importés d'Italie. Pour les oligarques aussi, qui faisaient sortir leur argent du pays, le taux de change surévalué était une aubaine : ils obtenaient grâce à lui davantage de dollars contre leurs roubles quand ils envoyaient leurs profits grossir leurs comptes en banque à l'étranger.

En dépit des souffrances infligées à la majorité des Russes, les réformateurs et leurs conseillers du FMI avaient peur d'une dévaluation : ils étaient persuadés qu'elle allait déclencher une nouvelle poussée d'hyperinflation. Ils résistaient énergiquement à tout changement du taux de change et étaient prêts à déverser des milliards de dollars dans le pays pour l'éviter. En mai 1998, et certainement en juin, il était clair que la Russie allait avoir besoin d'une aide extérieure pour maintenir son taux de change. La confiance dans le rouble s'était érodée. Chacun étant convaincu qu'une dévaluation était inévitable, les taux d'intérêt intérieurs montaient en flèche, et davantage d'argent quittait le pays, puisque les détenteurs de roubles les convertissaient en dollars. Cette peur de détenir des roubles et le manque de confiance dans les capacités de l'État à rembourser ses dettes contraignaient celui-ci, en juin 1998, à payer près de 60 % d'intérêts sur ses emprunts en roubles (les GKO, l'équivalent russe des bons du Trésor américains). Et ce taux est monté à 150 % en quelques semaines. Même lorsque l'État a promis de rembourser en dollars, il a dû payer des intérêts très élevés (les taux des instruments de la dette libellés en dollars émis par le gouvernement russe sont passés d'un peu plus de 10 % à près de 50 %, 45 points de plus que ce que payait à l'époque le gouvernement des États-Unis sur ses bons du Trésor) ; le marché estimait qu'il y avait de fortes probabilités de défaut de paiement, et il avait raison. Même de tels taux, d'ailleurs, étaient inférieurs à ce qu'ils auraient été si beaucoup d'investisseurs ne s'étaient pas dit que la Russie était un pays trop grand et trop important pour faire faillite. Alors même que les banques d'affaires de New York plaçaient ardemment auprès du public ces prêts douteux à la Russie, elles commençaient à chuchoter qu'il allait falloir une opération de sauvetage du FMI vraiment gigantesque.

La crise monta de la façon habituelle. Les spéculateurs pouvaient voir combien il restait dans les réserves. Plus elles s'amenuisaient, plus le pari sur une dévaluation devenait gagnant à coup sûr. Ils ne risquaient pratiquement rien à miser sur l'effondrement du rouble. Comme on s'y attendait, le FMI arriva à la rescousse, avec 4,8 milliards de dollars en juillet 1998[4].

Dans les semaines qui ont précédé la crise, le FMI a fait pression pour qu'on prît des mesures qui l'ont rendue pire encore quand elle s'est produite. Il a poussé la Russie à emprunter davantage en devises étrangères et moins en roubles. Son raisonnement était simple. Le taux d'intérêt sur les roubles était bien plus élevé que sur les dollars. S'il empruntait en dollars, l'État faisait donc des économies. Mais il y avait une faille fondamentale dans ce raisonnement. Il ressort de la théorie économique élémentaire que la différence de taux d'intérêt entre bons en dollars et bons en roubles reflète l'attente d'une dévaluation : les marchés s'équilibrent pour que le coût de l'emprunt après ajustement au risque (ou le rendement du prêt) soit le même. J'ai beaucoup moins confiance dans les marchés que le FMI, donc je ne crois pas que, dans la pratique, le coût de l'emprunt après ajustement au risque soit vraiment le même dans toutes les devises. Mais j'ai aussi beaucoup moins confiance que le FMI dans l'aptitude de ses bureaucrates à prédire l'évolution des taux de change mieux que le marché. Dans le cas russe, lesdits bureaucrates se croyaient plus malins que le marché : ils pensaient que le marché se trompait, et ils étaient prêts à jouer l'argent de la Russie sur cette idée. C'était une erreur de jugement, que le FMI répète inlassablement sous diverses formes. Non seulement le jugement était faux, mais il faisait courir à la Russie un risque énorme. Et s'il y avait ensuite une dévaluation du rouble ? La Russie aurait alors infiniment plus de mal à rembourser ses dettes si elles étaient libellées en dollars. Le FMI a choisi d'ignorer ce risque[5]. Puisqu'il l'a poussée à augmenter ses emprunts en devises étrangères et l'a mise ainsi dans une position quasi intenable après la dévaluation, il est donc en partie coupable du défaut de paiement final de la Russie.

Le sauvetage

Quand la crise frappa, le FMI prit la direction des opérations, et il demanda à la Banque mondiale de contribuer au sauvetage. Le plan se montait au total à 22,6 milliards de dollars. Le FMI, je l'ai dit, en fournirait 11,2; la Banque mondiale devait en prêter 6; le reste viendrait du gouvernement japonais.

À la Banque mondiale, le débat interne fut très vif. Parmi nous, beaucoup avaient toujours contesté les prêts à la Russie. Nous nous demandions si leur apport à une éventuelle croissance future était suffisant pour justifier le lourd héritage de dettes qu'ils allaient laisser. Nous étions nombreux à penser que le FMI permettait ainsi à l'État de remettre à plus tard des réformes cruciales, par exemple sur la collecte des impôts des compagnies pétrolières. Les preuves de la corruption en Russie étaient claires et nettes. L'étude sur la question effectuée par la Banque mondiale elle-même était formelle : cette région était l'une des plus corrompues du monde. L'Occident savait que beaucoup de ces milliards du plan de sauvetage ne serviraient pas à leur objectif officiel, qu'ils iraient aux parents et alliés des dirigeants corrompus, et à leurs amis les oligarques. La Banque mondiale et le FMI s'étaient fermement prononcés contre tout prêt aux États corrompus, mais ce n'était qu'une apparence : il y avait deux poids, deux mesures. Tandis que de petits pays non stratégiques comme le Kenya s'étaient vus interdits de prêts pour corruption, la Russie, où la corruption opérait à une échelle infiniment supérieure, recevait sans cesse de l'argent.

Même en laissant de côté toute considération morale, il y avait des problèmes purement économiques. Les fonds de l'opération de sauvetage du FMI devaient servir à soutenir le taux de change. Mais quand la devise d'un pays est surévaluée et que son économie en souffre, à quoi bon soutenir le taux de change ? Si l'opération réussit, l'économie continuera à souffrir, et si elle ne réussit pas – ce qui est plus probable –, on aura dépensé cet argent en pure perte et alourdi la dette de ce pays. Nos calculs montraient que le taux de change russe était surévalué ; dans ces conditions, fournir de l'argent pour le soutenir était une mauvaise politique économique. De plus, à la Banque mondiale, les simulations que nous avions effectuées sur la base d'estimations des revenus et des dépenses de l'État au fil du temps suggéraient fortement que le prêt de juillet 1998 ne réussirait pas. Sauf miracle qui ferait redescendre considérablement les taux d'intérêt, à l'automne, la Russie serait de nouveau en crise.

Un autre raisonnement m'amenait aussi à conclure qu'un nouveau prêt à la Russie serait une grave erreur. La Russie était un pays riche en ressources naturelles. Si elle agissait rationnellement, elle n'avait pas besoin d'emprunter à l'étranger ; et si elle n'agissait pas rationnellement, il était clair que les prêts les plus massifs ne changeraient rien. Dans un cas comme dans l'autre, la conclusion semblait irréfutable : il ne fallait pas prêter.

Mais, en dépit de la forte opposition de son propre état-major, la Banque mondiale subissait une pression politique énorme de l'administration Clinton, qui voulait absolument qu'elle prête à la Russie. Elle trouva donc un compromis : officiellement, elle annonça un prêt très important – mais qu'elle verserait par tranches. On décida d'avancer immédiatement 300 millions de dollars ; quant au reste, les dirigeants russes l'auraient plus tard, à mesure que nous verrions les réformes progresser. Nous pensions, pour la plupart, que le plan du FMI échouerait avant que nous ayons à débloquer le reste des fonds. Nos prédictions se révélèrent correctes. Quant au FMI, notons-le, il a montré qu'il pouvait ne s'inquiéter en rien de la corruption, et des risques qu'elle impliquait pour l'utilisation de l'argent du prêt. Il a vraiment cru qu'il était judicieux de maintenir le taux de change à un niveau surévalué, et que cet argent lui permettrait de le faire pendant plus d'un mois ou deux. Il a prêté des milliards à la Russie.

L'échec de l'opération de sauvetage

Trois semaines après le prêt, la Russie annonça une suspension unilatérale des paiements et une dévaluation du rouble[6]. Et le rouble s'effondra. Son niveau de janvier 1999 serait, en termes réels, inférieur de plus de 45 % à celui de juillet 1998[7]. L'annonce du 17 août provoqua une crise financière mondiale. Les taux d'intérêt pour les marchés émergents montèrent davantage qu'au plus fort de la crise asiatique. Même les pays en développement qui avaient suivi des politiques économiques irréprochables constatèrent qu'ils ne pouvaient plus obtenir de fonds. La récession du Brésil s'aggrava, et il finit par subir lui aussi une crise de sa devise. L'Argentine et les autres pays latino-américains, qui se relevaient très graduellement des crises antérieures, se retrouvèrent une nouvelle fois poussés au bord de l'abîme. L'Équateur et la Colombie y tombèrent, et entrèrent en crise. Même les États-Unis ne furent pas indemnes. La Federal Reserve Bank de New York monta une opération de sauvetage privé pour l'un des plus grands fonds spéculatifs du pays, Long Term Capital Management, car elle craignait que sa faillite ne provoquât une crise financière mondiale.

Ce qui surprend, dans ce désastre, ce n'est pas le désastre en tant que tel, mais la surprise très réelle qu'il a causée à de nombreux dirigeants du FMI – dont certains des plus hauts. Ils avaient vraiment cru que leur plan réussirait !

Nos propres prévisions ne se révélèrent qu'en partie exactes. Nous pensions que l'argent prêté pouvait soutenir le taux de change trois mois : il le fit trois semaines. Nous pensions qu'il allait falloir des jours, voire des semaines, aux oligarques pour le faire sortir en saignant à blanc la Russie : ce fut une question d'heures, et en quelques jours tout fut fini. L'État russe « permit » même une appréciation du taux de change. Ce qui voulait dire, nous l'avons vu, que les oligarques allaient acheter chaque dollar avec moins de roubles. Le président de la Banque centrale de Russie, Victor Guerachtchenko, nous a dit avec un grand sourire, au président de la Banque mondiale et à moi-même, que c'étaient, tout simplement, « les forces du marché à l'œuvre ». Quand on mit le FMI face à la réalité – les milliards de dollars qu'il avait donnés (prêtés) à la Russie étaient réapparus sur des comptes en banque chypriotes et suisses quelques jours seulement après le prêt –, il prétendit que ce n'étaient pas *ses* dollars. Ce raisonnement témoignait soit d'une remarquable incompréhension de l'économie, soit d'une duplicité n'ayant rien à envier à celle de Guerachtchenko, soit des deux. Quand on envoie des fonds dans un pays, on ne le fait pas en billets verts dont on a relevé le numéro, et on ne peut donc pas dire : c'est « mon » argent qui est allé ici ou là. Le FMI avait prêté à la Russie des dollars qui avaient permis à ses gouvernants de donner à ses oligarques les dollars qu'ils avaient fait sortir du pays. Certains d'entre nous observèrent, ironiques, que le FMI leur aurait facilité la vie à tous s'il avait viré directement l'argent sur les comptes suisses et chypriotes.

Les oligarques n'ont pas été les seuls, bien sûr, à bénéficier de l'opération de sauvetage. Les banquiers d'affaires de Wall Street et des autres places occidentales, qui avaient été parmi les plus ardents à réclamer une opération de sauvetage, savaient qu'elle n'allait pas durer. Eux aussi ont profité du bref répit qu'elle assurait pour sauver tout ce qu'ils ont pu, pour s'enfuir de Russie avec tout ce qu'ils ont réussi à emporter.

En prêtant à la Russie pour une cause perdue, le FMI a endetté les Russes encore davantage. Avec l'argent emprunté, qu'ont-ils obtenu de concret ? Rien. Qui va payer les coûts de cette erreur ? Pas les hauts fonctionnaires du FMI qui ont accordé le prêt. Pas les États-Unis qui ont fait pression pour le prêt. Pas les banquiers occidentaux et les oligarques qui ont profité du prêt. Ce sera le contribuable russe.

La crise eut un seul aspect positif : la dévaluation donna un coup de fouet aux secteurs de l'économie russe qui pouvaient concurrencer les importations. Des produits réellement fabriqués en Russie s'assurèrent enfin une part normale du marché national. Et cette conséquence « non voulue » fit enfin naître la croissance tant attendue dans l'économie réelle (et non parallèle) de la Russie. C'était assez paradoxal : la macroéconomie était censée constituer le point fort du FMI, et même là il s'était trompé. Ses bévues macroéconomiques avaient aggravé les autres et puissamment contribué à l'énormité du déclin.

Les transitions manquées

On a rarement vu un écart aussi gigantesque entre les attentes et la réalité que dans la transition du communisme au marché. On était sûr que la combinaison privatisation-libéralisation-décentralisation allait vite conduire, peut-être après une brève récession de transition, à une immense augmentation de la production. On était persuadé que les effets bénéfiques de la transition seraient encore supérieurs à long terme, à mesure qu'on remplacerait les vieilles machines inefficaces et qu'une nouvelle génération d'entrepreneurs apparaîtrait. L'intégration pleine et entière à l'économie mondiale, avec tous les bienfaits qu'elle allait apporter, ne serait pas immédiate, mais ne tarderait pas non plus.

Ces attentes de croissance économique ne se sont pas vérifiées, ni en Russie ni dans *la plupart* des économies en transition. Seule une poignée de pays ex-communistes – comme la Pologne, la Hongrie, la Slovénie et la Slovaquie – ont un PIB égal à celui d'il y a dix ans. Pour les autres, l'ampleur de la baisse des revenus est telle qu'on en reste sans voix. Suivant les chiffres de la Banque mondiale, le PIB de la Russie aujourd'hui (2000) représente moins des deux tiers de son niveau de 1989. Le déclin le plus spectaculaire est celui de la Moldavie : sa production est aujourd'hui (2000) à moins d'un tiers de son chiffre d'il y a dix ans. En Ukraine, le PIB 2000 pèse juste un tiers de celui d'il y a dix ans.

Sous les chiffres, il y a les vrais symptômes du mal russe. De géant industriel – celui qui avait réussi, avec Spoutnik, à mettre en orbite le premier satellite –, la Russie a été soudain transformée en pays exportateur de ressources naturelles. Ces ressources, à commencer par le pétrole et le gaz, représentent plus de la moitié de ses exportations totales. Tandis que les conseillers occidentaux qui œuvraient à la réforme écrivaient des livres intitulés *Le boom russe arrive*, ou *Comment la Russie est devenue une économie de marché*, il était bien difficile, au vu des chiffres, de prendre au sérieux la riante image qu'ils donnaient – et des observateurs plus objectifs écrivaient d'autres livres comme *La Braderie du siècle : l'équipée sauvage de la Russie du communisme au capitalisme*[8].

L'ampleur de la baisse du PIB en Russie (sans parler d'autres pays ex-communistes) a suscité une controverse. Certains estiment que, en raison de l'expansion du secteur informel, toujours plus important – des vendeurs de rue aux plombiers, peintres et autres fournisseurs de services qui sont notoirement difficiles à prendre en compte dans les statistiques nationales des revenus –, les chiffres surestiment le déclin. Mais d'autres font observer qu'un grand nombre de transactions en Russie relèvent du troc (plus de 50 % des ventes industrielles[9]), et que les prix de « marché » sont en général plus élevés que les prix de « troc » ; ils en concluent que les statistiques, en fait, sous-estiment le déclin.

Même si l'on prend en compte tous ces aspects, il y a accord général sur un constat : la plupart des individus ont connu une dégradation marquée de leur niveau de vie de base, ce qui se reflète dans quantité d'indicateurs sociaux. Alors que, dans le reste du monde, l'espérance de vie a nettement augmenté, elle a reculé de 3,7 ans en Russie, et de 2,83 ans en Ukraine. Les résultats des enquêtes sur la consommation des ménages – ce qu'ils mangent, combien ils dépensent pour se vêtir, quel type de logement ils habitent – confirment une baisse très nette des niveaux de vie, du même ordre que celle du PIB. Puisque l'État dépensait moins pour la défense, les niveaux de vie auraient dû augmenter encore plus que le PIB. Supposons qu'on soit parvenu à maintenir les dépenses de consommation de l'ancien régime, qu'on ait réorienté un tiers des dépenses militaires dans de nouvelles productions de biens de consommation et qu'on n'ait procédé à aucune restructuration pour accroître l'efficacité ou profiter de nouvelles opportunités commerciales. La consommation – le niveau de vie – aurait alors augmenté de 4 %. Ce n'eût peut-être pas été grand-chose, mais c'eût été tellement mieux que l'effondrement qui s'est produit !

La montée de la pauvreté et de l'inégalité

Ces statistiques ne disent pas toute l'histoire de la transition russe. Elles ignorent l'un de ses plus grands succès ; car comment évaluer les bienfaits de la démocratie nouvelle, si imparfaite qu'elle puisse être ? Mais elles ignorent aussi l'un de ses plus grands échecs : l'aggravation de la pauvreté et de l'inégalité.

Si la taille du gâteau économique national diminuait comme peau de chagrin, il était divisé toujours plus inéquitablement, si bien que le Russe moyen en recevait une tranche toujours plus fine. En 1989, seuls 2 % des habitants de la Russie vivaient dans la pauvreté. Fin 1998, ce pourcentage était monté en flèche jusqu'à 23,8 %, si l'on prend comme seuil 2 dollars par jour. Plus de 40 % de la population du pays vivaient avec moins de 4 dollars par jour, suivant une étude de la Banque mondiale. Les statistiques sur les enfants révélaient un problème encore plus grave. Plus de la moitié vivaient dans des familles pauvres. D'autres pays postcommunistes avaient connu des augmentations de la pauvreté comparables, voire pires [10].

Peu après mon arrivée à la Banque mondiale, j'ai commencé à examiner de plus près ce qui se passait et les stratégies qu'on mettait en œuvre. Lorsque j'ai exprimé mes inquiétudes à ce sujet, un économiste de la Banque qui avait joué un rôle essentiel dans les privatisations me répondit avec emportement. Il cita les embouteillages aux sorties de Moscou les week-ends d'été, où l'on voyait tant de Mercedes, et les magasins regorgeant de produits de luxe importés. Quel contraste avec les établissements de vente au détail de l'ancien régime, vides et ternes ! Je ne contestais pas que le nombre d'individus qui avaient fait fortune fût assez important pour provoquer un embouteillage, ou pour créer une demande de chaussures Gucci et d'autres articles de luxe importés qui suffisait à faire prospérer certains magasins. Dans beaucoup de villégiatures européennes, les Russes riches ont remplacé les Arabes d'il y a vingt ans. Même le nom des rues, parfois, y est écrit en russe, en plus de la langue nationale. Mais un embouteillage de Mercedes dans un pays où le revenu par tête est de 4730 dollars (comme en Russie en 1997) est un symptôme de maladie et non un signe de santé. Il révèle que la richesse est concentrée aux mains d'une petite élite au lieu d'être répartie également.

Si la transition a considérablement augmenté le nombre de pauvres et fait la fortune d'un tout petit nombre, elle a ravagé les classes moyennes russes. L'inflation a d'emblée aspiré l'ensemble de leur maigre épargne. Comme leurs salaires ne progressaient pas au même rythme que les prix, leur revenu réel a chuté. Les réductions des dépenses d'éducation et de santé ont dégradé plus encore leur niveau de vie. Ceux qui l'ont pu ont émigré. (Certains pays, comme la Bulgarie, ont perdu 10 % ou plus de leur population – et un pourcentage encore plus important de leur population active instruite.) Les brillants étudiants que j'ai rencontrés en Russie et dans d'autres pays de l'ex-Union soviétique travaillent dur, mais n'ont qu'une idée en tête : émigrer à l'Ouest. Ces pertes ne sont pas seulement graves par leurs effets immédiats sur la population russe, mais aussi par ce qu'elles laissent présager pour l'avenir. Historiquement, les classes moyennes ont joué un rôle essentiel dans la création d'une société fondée sur l'état de droit et sur les valeurs démocratiques.

L'ampleur de la montée de l'inégalité comme l'ampleur et la durée du déclin économique ont beaucoup surpris. Les experts s'attendaient certes à une certaine hausse de l'inégalité, du moins de l'inégalité mesurée. Sous l'ancien régime, les revenus étaient maintenus au même niveau par suppression des différences de salaires. Le système communiste, s'il ne permettait pas une vie facile, évitait les extrêmes de la pauvreté, et conservait une relative égalité des niveaux de vie en offrant un dénominateur commun important et de qualité en matière d'enseignement, de logement, de santé et de prise en charge des jeunes enfants. Avec le passage à l'économie de marché, ceux qui travaillaient dur et produisaient bien devaient être récompensés de leurs efforts, donc une certaine augmentation de l'inégalité était inévitable. Mais on pensait que la Russie échapperait à celle que créait l'héritage. Sans ce legs d'inégalité héritée, on pouvait espérer une économie de marché plus égalitaire. Comme la réalité a été différente ! La Russie a aujourd'hui un niveau d'inégalité comparable aux plus catastrophiques du monde : les sociétés latino-américaines fondées sur un héritage semi-féodal[11].

La Russie a eu le pire des mondes possibles, caractérisé par une énorme baisse de la production et une énorme hausse de l'inégalité. Et, pour l'avenir, le pronostic est sombre : l'extrême inégalité est une entrave à la croissance, en particulier quand elle entraîne l'instabilité sociale et politique.

Ce sont de mauvaises politiques qui ont fait échouer la transition

Nous avons déjà vu certains canaux par lesquels les politiques du consensus de Washington ont contribué au désastre : la privatisation mal réalisée n'a pas conduit à plus d'efficacité ou de croissance, mais au pillage des actifs et au déclin. Nous avons vu que les problèmes ont été aggravés par l'interaction entre les réformes, leur rythme et leur calendrier : la libéralisation des marchés financiers et la privatisation ont facilité la fuite des capitaux, la privatisation avant la mise en place d'une infrastructure juridique a accru les possibilités de pillage et les raisons de piller au lieu de réinvestir dans l'avenir du pays. Un récit exhaustif de ce qui s'est passé et une analyse complète des modalités par lesquelles les politiques du FMI ont contribué au déclin de la Russie demanderaient un livre entier. Je me contenterai d'esquisser trois exemples. Dans chaque cas, les défenseurs du FMI diront que, sans lui, les choses auraient été bien pires. Sur certains points – telle l'absence d'une politique de concurrence –, le FMI s'écriera que ces mesures faisaient partie de son plan, mais que la Russie, hélas, ne les a pas mises en œuvre. Cette défense est bien naïve. *Tout* était *dans* le plan du FMI, avec ses dizaines de conditions. Mais la Russie savait que, lorsqu'on en viendrait à l'inévitable pantalonnade où le FMI menacerait d'interrompre l'aide, elle négocierait de pied ferme, qu'un accord (rarement respecté) serait conclu et que les vannes de l'argent seraient rouvertes. L'important pour le FMI, c'étaient les objectifs monétaires, le déficit budgétaire et le rythme de la privatisation, c'est-à-dire le nombre de firmes remises au secteur privé par quelque moyen que ce fût. Tout le reste ou presque était secondaire : beaucoup de ces thèmes subalternes – telle la politique de concurrence – relevaient pratiquement de l'habillage de façade, simple parade contre ceux qui accusaient le FMI de laisser hors jeu d'importants facteurs de succès d'une stratégie de transition. Comme je n'ai cessé de faire pression pour une politique de concurrence forte, les Russes qui étaient d'accord avec moi, qui s'efforçaient d'établir une véritable économie de marché, qui essayaient de créer une autorité efficace de contrôle de la concurrence n'ont cessé de m'en remercier.

Décider sur quoi on va mettre l'accent, établir des priorités n'est pas simple. L'économie de manuel se révèle souvent un guide insuffisant. La théorie économique dit que, pour que les marchés fonctionnent bien, il faut la concurrence et la propriété privée. Si la réforme était facile, d'un coup de baguette magique on aurait eu les deux. Le FMI a choisi de privilégier la privatisation et de faire l'impasse sur la concurrence. Le choix n'est pas surprenant. Les intérêts industriels et financiers sont souvent hostiles aux mesures qui stimulent la concurrence, car elles limitent leur capacité à faire des profits. Mais ici, l'erreur du FMI n'a pas seulement entraîné des prix élevés : ses conséquences ont été infiniment plus graves. Les firmes privatisées se sont efforcées d'établir des monopoles et des cartels pour gonfler leurs profits, puisque aucune politique antitrust efficace ne les en empêchait. Et, comme on l'a vu si souvent, les profits de monopole attirent particulièrement ceux qui sont prêts à user de méthodes mafieuses pour établir leur domination sur un marché ou pour faire respecter une collusion.

L'inflation

Nous avons déjà vu comment, au tout début, la libération trop rapide des prix a déchaîné l'inflation. Ce qui est triste, dans l'histoire de la Russie, c'est que chaque erreur a été suivie par une autre qui en a aggravé les effets.

Ayant déclenché une très vive inflation par leur abrupte libération des prix de 1992, le FMI et le régime Eltsine devaient absolument la contenir. Mais le sens de l'équilibre n'a jamais été le fort du FMI, et son excès de zèle a propulsé les taux d'intérêt à des niveaux exagérés. On n'a guère de preuves que faire baisser l'inflation au-dessous d'un niveau modéré stimule la croissance. Les pays qui ont le mieux réussi, comme la Pologne, ont ignoré les pressions du FMI et maintenu l'inflation à 20 % environ pendant les années cruciales de l'ajustement. Les élèves modèles du FMI, telle la République tchèque qui a fait tomber l'inflation au-dessous de 2 %, ont vu leur économie stagner. On a de bonnes raisons de croire qu'un zèle outrancier dans la lutte contre l'inflation peut freiner la croissance économique réelle. Il est clair que les taux d'intérêt élevés ont étouffé tout investissement nouveau. De nombreuses firmes fraîchement privatisées, même si elles n'étaient pas gérées par des dirigeants cherchant à les piller, ont vu qu'elles ne pourraient pas se développer et se sont mises à réaliser leurs actifs. Les taux d'intérêt élevés promus par le FMI ont conduit à une surévaluation du taux de change, qui rendait les importations bon marché et les exportations difficiles. Voilà pourquoi tous les voyageurs qui se sont rendus à Moscou après 1992 ont vu les magasins regorger de vêtements et autres articles importés, mais auraient eu du mal à en trouver beaucoup avec une étiquette *made in Russia*. Et c'était encore vrai cinq ans après le début de la transition.

Les politiques monétaires restrictives ont aussi stimulé l'usage du troc. Puisqu'il y avait pénurie d'argent, les ouvriers ont été payés en nature – avec tout ce que l'usine produisait ou pouvait se procurer, du papier hygiénique aux chaussures. Si les marchés aux puces qui ont bourgeonné dans tout le pays (car les travailleurs essayaient de trouver de l'argent liquide pour acheter les produits de première nécessité) donnaient l'illusion de l'esprit d'entreprise, ils masquaient d'immenses inefficacités. Les taux élevés d'inflation sont coûteux pour une économie parce qu'ils interfèrent avec les mécanismes du système des prix. Mais le troc est tout aussi destructeur pour le fonctionnement efficace de ce système, et les excès de la rigueur monétaire ont simplement remplacé un type d'inefficacité par un autre, peut-être pire.

La privatisation

Le FMI a dit à la Russie de privatiser aussi vite que possible. Privatiser comment ? La question a été jugée secondaire. Lourde erreur, dont découle en grande partie l'échec que je viens d'exposer – la chute des revenus et la montée des inégalités. Une étude de la Banque mondiale sur les dix ans d'histoire de la transition a clairement montré que la privatisation, réalisée en l'absence des infrastructures institutionnelles (comme la gouvernance des entreprises), n'a eu aucun effet positif sur la croissance[12]. Le consensus de Washington avait tort, une fois de plus. Les liens entre la façon dont on a privatisé et le désastre sont aisément repérables.

En Russie et dans d'autres pays, par exemple, l'absence de lois assurant une bonne gouvernance d'entreprise a incité ceux qui parvenaient à prendre le contrôle d'une firme à voler les actionnaires minoritaires, et la direction de la firme à voler les actionnaires, en pillant les actifs. Pourquoi s'échiner à créer des richesses quand il est bien plus facile de les voler ? D'autres aspects du processus de privatisation, nous l'avons vu, ont multiplié les incitations au pillage et les occasions de dépouiller les entreprises. La privatisation en Russie concernait de très grandes firmes nationales, qui ont généralement été cédées à leurs anciens dirigeants. Ceux-ci étaient bien placés pour savoir à quel point leurs perspectives de développement étaient incertaines et difficiles. Même s'ils en avaient envie, ils n'ont pas osé attendre la création des marchés des capitaux et tous les autres changements nécessaires pour pouvoir profiter à plein d'éventuels efforts d'investissement et de restructuration. Ils se sont donc concentrés sur ce qu'ils pouvaient tirer de leur firme à bref délai – quelques années. Et, trop souvent, ce qui rapportait le plus était de piller ses actifs.

La privatisation était aussi censée éliminer le rôle de l'État dans l'économie – mais ceux qui raisonnaient ainsi avaient une vision beaucoup trop naïve de ce que fait un État dans une économie moderne. Il exerce son influence par d'innombrables canaux et à de multiples niveaux. La privatisation a en effet réduit le pouvoir du gouvernement central, mais considérablement élargi par là même la marge de manœuvre des autorités locales et régionales. Une ville comme Saint-Pétersbourg ou un *oblast* comme Novgorod pouvaient prendre quantité de mesures réglementaires et fiscales pour extorquer des « rentes » aux firmes opérant dans leur juridiction. Dans les pays industriels avancés, il y a un cadre juridique qui interdit aux autorités locales et aux États fédérés d'abuser de leur pouvoir potentiel, mais pas en Russie. Dans les pays industriels avancés, les collectivités locales rivalisent pour séduire les investisseurs. Mais, dans un monde où les taux d'intérêt élevés et la dépression généralisée rendent de toute manière les investissements improbables, les autorités locales ne vont pas perdre leur temps à créer un « environnement attractif » ! Elles vont avoir pour seul souci de chercher combien elles peuvent extorquer aux entreprises existantes – raisonnant donc exactement comme les propriétaires et les directeurs des firmes fraîchement privatisées. Et quand les entreprises privatisées opéraient dans plusieurs endroits à la fois, chaque district s'est dit que le mieux était de leur prendre tout ce qu'il pourrait avant que les autres ne se servent. Ce qui n'a fait qu'inciter encore davantage les directeurs à s'emparer le plus vite possible de tout ce qui leur tombait sous la main. De toute manière, les firmes n'allaient-elles pas tout perdre ? C'était la curée. Tout le monde avait des raisons de piller, à tous les niveaux.

Les réformateurs radicaux de la « thérapie de choc » ont prétendu que la libéralisation posait problème parce qu'elle avait été trop lente et non trop rapide, et ils ont raisonné de même pour la privatisation. Si la République tchèque, par exemple, a reçu les éloges du FMI alors même qu'elle chancelait, il est clair aujourd'hui que son discours avait dépassé ses actes : elle avait laissé les banques à l'État. Si un gouvernement privatise les entreprises mais laisse les banques aux mains de l'État ou sans réglementation efficace, il n'instaure pas les contraintes budgétaires strictes qui conduisent à l'efficacité, mais un autre mode, moins transparent, de subvention – et une invitation ouverte à la corruption. Selon certains observateurs critiques de la privatisation tchèque, le problème est qu'on est allé trop lentement et non trop vite. Mais aucun pays n'a réussi à tout privatiser du jour au lendemain dans de bonnes conditions, et il est probable que si un gouvernement tentait une privatisation instantanée, ce serait le chaos. C'est trop difficile. Les incitations à la malfaisance sont trop fortes. Les échecs des stratégies de privatisation rapide étaient prévisibles – et ont été prédits.

Non seulement la privatisation telle qu'elle a été imposée en Russie (et dans tant d'autres de ses anciennes dépendances du bloc soviétique) n'a pas contribué au succès économique du pays, mais elle a discrédité le gouvernement, la démocratie et la réforme. La Russie a bradé ses richesses naturelles avant d'avoir mis en place un système de collecte d'impôts sur ces ressources. Résultat : une poignée d'amis et d'associés d'Eltsine sont devenus milliardaires, mais le pays a été incapable de payer à ses retraités leurs 15 dollars par mois.

Le cas le plus flagrant de mauvaise privatisation a été l'affaire de la « privatisation par les prêts ». En 1995, au lieu de demander à la banque centrale les fonds dont il avait besoin, l'État s'est adressé aux banques privées. Beaucoup de ces banques privées appartenaient à des amis du pouvoir, lequel leur avait octroyé des chartes bancaires. Dans un contexte où les banques étaient très mal réglementées, ces chartes leur donnaient, *de facto*, l'autorisation de créer de l'argent pour le prêter à leurs amis, à eux-mêmes ou à l'État. Dans le cadre des conditions du prêt, l'État mit en nantissement les actions de ses propres entreprises. Après quoi – surprise ! –, il se déclara en défaut de paiement sur ce prêt. Les banques privées firent alors main basse sur les firmes publiques, dans ce qu'on peut considérer comme une fausse vente (bien que le gouvernement se soit livré à une mascarade de « vente aux enchères »), et une poignée d'oligarques devinrent aussitôt milliardaires. Ces privatisations n'avaient aucune légitimité politique, ce qui, on l'a dit, rendait encore plus impératif pour les oligarques de transférer l'argent le plus vite possible hors de Russie – avant que n'accédât au pouvoir un nouveau gouvernement qui aurait pu tenter d'annuler les privatisations ou d'affaiblir leurs positions.

Ceux qui ont bénéficié des largesses de l'État, ou plus exactement d'Eltsine, ont fait de gros efforts pour assurer la réélection du président. On avait toujours supposé qu'une partie de ce qu'il donnait reviendrait financer sa campagne, mais, paradoxalement, certains observateurs ne pensent pas que ce fut le cas : avec tous les fonds publics dont ils disposaient pour graisser les pattes, les oligarques étaient trop fins manœuvriers pour utiliser leur propre argent. Ils ont offert à Eltsine un cadeau bien plus précieux : les techniques modernes de gestion de campagne, et une bonne image sur les chaînes de télévision qu'ils contrôlaient.

Le scandale de la «privatisation par les prêts» a été le bouquet final de l'enrichissement des oligarques, le petit groupe d'individus (dont certains, du moins le dit-on, devaient en partie leurs débuts à des relations mafieuses) qui est parvenu à dominer non seulement l'économie mais aussi la vie politique de la Russie. À un moment, ils affirmaient contrôler 50 % de la richesse du pays ! Les défenseurs des oligarques les ont comparés aux *robber barons* des États-Unis, les Harriman et les Rockefeller. Mais il y a une grande différence entre les activités des «barons voleurs» du capitalisme américain du XIXe siècle, même ceux qui se sont taillé leurs baronnies dans les chemins de fer et les mines du Wild West, et la mise en coupe réglée de la Russie par ses oligarques, qui en ont fait un Wild East. Les *robber barons* des États-Unis ont créé des richesses en faisant fortune. Ils ont laissé un pays beaucoup plus prospère, un «gâteau plus gros», même s'ils s'en sont réservé une belle tranche. Les oligarques russes, en se rendant coupables du pillage des entreprises, ont considérablement appauvri leur pays. Les firmes ont été laissées au bord de la faillite et les comptes bancaires des oligarques se sont remplis.

Le contexte social

Les hauts responsables qui ont appliqué les politiques du consensus de Washington n'ont pas pris en compte le contexte social des économies de transition. Ce qui a vraiment posé problème, étant donné ce qui s'était passé pendant les années du communisme.

Les économies de marché impliquent quantité de relations économiques – des échanges. Beaucoup de ces échanges reposent sur la confiance. Un particulier prête à un autre parce qu'il a confiance : il est convaincu qu'il sera remboursé. Pour soutenir la confiance, il y a un système judiciaire. Si les individus ne respectent pas leurs obligations contractuelles, on peut les y contraindre. Si un particulier vole un bien, il peut être traduit en justice. Mais, dans les pays où les économies de marché sont bien assises et les infrastructures institutionnelles adéquates, les individus et les entreprises ne recourent qu'exceptionnellement au procès.

Les économistes appellent souvent « capital social » la « colle forte » qui soude la société. La violence aveugle et le capitalisme mafieux sont souvent cités comme preuves de l'érosion du capital social. Mais, dans certains pays de l'ex-Union soviétique que j'ai visités, on pouvait voir partout, à plus petite échelle, des manifestations directes de cette érosion. Il ne s'agit pas seulement des méfaits de quelques chefs d'entreprise. C'est presque un vol anarchique de tous par tous. Au Kazakhstan, par exemple, le paysage est parsemé de serres sans vitres, donc inutilisables. Aux premiers jours de la transition, les gens avaient si peu confiance en l'avenir qu'ils ont pris tout ce qu'ils ont pu. Chacun était convaincu que les autres allaient voler les vitres des serres – ce qui mettrait celles-ci hors d'usage (et priverait l'ensemble de la population de ses moyens d'existence). Mais, puisqu'on allait de toute façon perdre les serres, il n'était pas absurde, pour chaque individu, de prendre ce qu'il pouvait, même si ce verre ne valait pas grand-chose.

La façon dont la transition a eu lieu en Russie a contribué à éroder le capital social. Ce n'était pas en travaillant dur qu'on s'enrichissait, ni en investissant, mais en faisant jouer ses relations politiques pour obtenir à bas prix des biens publics privatisés. Le contrat social qui liait les citoyens à leur gouvernement a été rompu quand les retraités ont vu l'État brader de précieuses entreprises publiques, puis leur expliquer qu'il n'avait pas de quoi payer leurs retraites.

Concentrant ses efforts sur la macroéconomie – et en particulier sur l'inflation –, le FMI n'a guère prêté attention à la pauvreté, à l'inégalité et au capital social. Quand on le mettait en face de sa myopie, il s'écriait : « L'inflation est particulièrement dure pour les pauvres. » Mais sa politique n'était pas conçue pour avoir un impact minimal sur les pauvres. Et, en ignorant les effets de ses mesures sur la pauvreté et sur le capital social, le FMI a, en fait, compromis le succès « macroéconomique ». L'érosion du capital social a créé un environnement qui n'était pas favorable à l'investissement. Le désintérêt du gouvernement russe (et du FMI) pour la mise en place du moindre filet de sécurité sociale a ralenti le processus de restructuration, car les directeurs d'usine, même s'ils n'étaient pas des tendres, ont souvent jugé difficile de licencier des ouvriers qui risquaient de subir ainsi les pires épreuves, et même la famine.

La thérapie de choc

Le grand débat sur la stratégie de la réforme en Russie s'est cristallisé autour de la question de son rythme. Qui avait raison finalement ? Les partisans de la « thérapie de choc » ou les « gradualistes » ? La théorie économique, qui se concentre sur l'équilibre et les modèles idéalisés, en dit beaucoup moins qu'on ne le souhaiterait sur la dynamique, l'ordre, le calendrier et la vitesse des réformes – bien que les économistes du FMI aient souvent tenté de persuader du contraire les pays clients. Chaque camp recourait à des métaphores pour convaincre l'autre des mérites de sa thèse. Les partisans d'une réforme rapide disaient : « On ne peut pas franchir un précipice en deux bonds. » Les gradualistes rétorquaient qu'il fallait neuf mois pour faire un bébé et parlaient de traverser le fleuve à gué, en éprouvant la solidité des pierres. Parfois, la différence portait moins sur la réalité que sur la façon de la voir. Lors d'un séminaire en Hongrie, j'ai entendu l'un des participants s'écrier : « La réforme, il faut la faire vite : tout doit être fini dans cinq ans », et un autre dire : « Il faut réformer graduellement : cela va nous prendre cinq ans. » L'enjeu du débat était surtout le style et non le rythme.

Nous avons déjà cité deux des grandes critiques que faisaient les gradualistes : la précipitation mène au gâchis – bien concevoir de bonnes réformes est difficile ; et il ne faut pas brûler les étapes. Pour réussir une privatisation massive, par exemple, il y a d'importantes conditions préalables, et les satisfaire prend du temps[13]. Le cours particulier des réformes en Russie prouve, certes, que les incitations comptent – mais l'ersatz de capitalisme russe incitait au pillage des actifs, non à la création de richesses et à la croissance économique. Au lieu d'une économie de marché bien huilée, la transition rapide a donné un Wild East chaotique.

L'approche bolchevique de la réforme de marché

Si les réformateurs radicaux avaient regardé au-delà du champ purement économique, ils auraient constaté que les expériences de réforme radicale – que ce soit la révolution française de 1789, la Commune de Paris de 1871, la révolution bolchevique de 1917 ou la révolution culturelle chinoise des années soixante et soixante-dix – se sont rarement bien terminées dans l'Histoire – jamais peut-être. Il est facile de comprendre les forces respectives qui ont donné naissance à ces révolutions, mais chacune a produit son Robespierre, ses chefs politiques qui ont poussé la révolution à l'extrême – ou alors qu'elle a corrompus. En revanche, la révolution américaine, qui a réussi, n'était pas une vraie révolution sociale. C'était une *révolution* dans les structures politiques mais une *évolution* dans celles de la société. Les réformateurs radicaux en Russie ont tenté de révolutionner simultanément le régime économique et l'organisation sociale. La triste vérité est qu'ils ont fini par échouer sur les deux plans. Dans l'« économie de marché », beaucoup d'ex-apparatchiks du Parti ont simplement été investis de pouvoirs plus étendus, ils dirigent à leur profit les entreprises qu'autrefois ils géraient, et les leviers du pouvoir sont restés à des anciens du KGB. La seule réalité nouvelle, c'est la poignée de nouveaux oligarques qui ont les moyens et la volonté d'exercer un immense pouvoir politique et économique.

En fait, les réformateurs radicaux ont employé des méthodes bolcheviques – même s'ils s'inspiraient de textes différents. Les bolcheviks s'étaient proposé, après 1917, d'imposer le communisme à un pays réticent. Ils estimaient que, pour construire le socialisme, une élite d'avant-garde devait « conduire » (ce qui a souvent été un euphémisme pour « contraindre ») les masses, afin de les mettre sur la voie juste, qui n'était pas nécessairement celle qu'elles souhaitaient ou jugeaient la meilleure. C'est exactement ce qui s'est passé dans la « nouvelle » révolution postcommuniste : une élite, dirigée par les bureaucrates internationaux, a tenté d'imposer un changement rapide à une population réticente.

Ceux qui ont préconisé l'approche bolchevique ignoraient apparemment l'histoire de ces réformes radicales, mais ce n'était pas tout : ils postulaient aussi que les processus politiques allaient fonctionner d'une façon dont l'Histoire ne donne aucun exemple. Des économistes comme Andreï Shleifer, qui reconnaissaient l'importance de l'infrastructure institutionnelle pour une économie de marché, pensaient que la privatisation, de quelque manière qu'on la mît en œuvre, susciterait une demande politique pour les institutions qui régissent la propriété privée.

On peut considérer l'argument de Shleifer comme une extension (indue) du théorème de Coase. L'économiste Ronald H. Coase, qui a reçu le prix Nobel pour son œuvre, a soutenu que des droits de propriété clairement définis sont essentiels pour l'efficacité d'une économie. Lorsque des actifs se trouvent attribués à quelqu'un qui ne sait pas les gérer correctement, dans une société où les droits de propriété sont bien définis cette personne a intérêt à les vendre à plus compétent que lui. C'est pourquoi, concluaient les partisans de la privatisation rapide, on n'avait pas vraiment besoin d'être très minutieux sur la façon dont on privatisait. Il est aujourd'hui admis que les conditions auxquelles l'hypothèse de Coase est vérifiée sont extrêmement restrictives[14] – et elles n'étaient sûrement pas satisfaites en Russie quand ce pays a entamé sa transition.

Néanmoins, Shleifer et consorts ont poussé les idées de Coase encore plus loin qu'il ne l'aurait fait lui-même. Ils ont cru que les mécanismes politiques obéiraient aux mêmes règles que les mécanismes économiques. Si l'on pouvait créer un groupe social personnellement intéressé à la propriété, il exigerait la mise en place de l'infrastructure institutionnelle nécessaire au fonctionnement d'une économie de marché, et ses revendications seraient reprises au niveau politique. Or la longue histoire des réformes politiques enseigne que la répartition des revenus compte beaucoup. C'est la classe moyenne qui a exigé les réformes que l'on désigne souvent par l'expression « état de droit ». Les super-riches, en général, font bien mieux avancer leurs intérêts à huis clos, en négociant des faveurs et des privilèges spéciaux. Ce ne sont évidemment pas les Rockefeller et les Bill Gates de la planète qui ont revendiqué des politiques fortes de stimulation de la concurrence. Dans la Russie d'aujourd'hui, nous n'entendons pas les oligarques, les nouveaux monopolistes, exiger de telles mesures. Quant à l'état de droit, ils n'ont commencé à le réclamer – eux qui doivent leur fortune à des transactions personnelles dans les coulisses du Kremlin – que lorsqu'ils ont vu s'évanouir leur ascendant particulier sur les dirigeants russes.

Les oligarques, qui ont voulu dominer les médias pour maintenir leur puissance, n'ont réclamé des médias ouverts, et non aux mains d'une élite, que lorsque l'État a cherché à utiliser son pouvoir pour les priver du leur. Dans la plupart des pays démocratiques et développés, de telles concentrations de pouvoir économique ne seraient pas longtemps tolérées par une classe moyenne contrainte à payer des prix de monopole. Les Américains sont depuis longtemps attentifs aux dangers de la concentration dans les médias, et il serait inacceptable qu'elle ait lieu aux États-Unis à une échelle comparable à ce qui se passe aujourd'hui en Russie. Néanmoins, les dirigeants des États-Unis et du FMI n'ont guère prêté attention à ces dangers. Ils ont plutôt vu dans la rapidité de la privatisation des médias russes un signe positif : on privatisait à bon rythme. Et ils ont été soulagés, et même fiers, de constater que les médias privés ainsi concentrés étaient utilisés, et avec quelle efficacité, pour garder au pouvoir leur ami Boris Eltsine et les soi-disant « réformateurs ».

L'une des raisons pour lesquelles il est important d'avoir des médias actifs et critiques, c'est d'assurer que les décisions prises ne reflètent pas seulement les intérêts de quelques-uns mais l'intérêt général de la société. Il était essentiel pour le maintien du système communiste qu'il n'y ait pas d'examen public. Et, parce qu'on n'a pas créé dans la Russie postcommuniste des médias efficaces, indépendants et concurrentiels, les politiques suivies – comme la « privatisation par les prêts » – n'ont pas été soumises à la critique publique qu'elles méritaient. Mais même en Occident, les décisions cruciales sur la politique russe – tant dans les institutions économiques internationales qu'au département du Trésor américain – ont été prises en général à huis clos. Ni les contribuables occidentaux, devant lesquels ces institutions sont censément responsables, ni le peuple russe, qui a payé le prix ultime, n'ont su grand-chose à l'époque sur ce qui se passait. Ce n'est qu'aujourd'hui que nous nous débattons avec la question : « Qui a perdu la Russie ? » – et pourquoi ? Les réponses, nous commençons à le voir, ne sont guère édifiantes.

NOTES

1. Ce chapitre et les deux suivants sont en grande partie fondés sur des travaux dont on trouvera un exposé plus complet dans d'autres textes. Voir les contributions et articles : J.E. Stiglitz, « Whither reform ten years of the transition », *in* Boris Pleskovic et Joseph E. Stiglitz (éd.), *Annual World Bank Conference on Development Economics 1999*, Washington DC, Banque mondiale, 2000, p. 27-56 ; J.E. Stiglitz, « *Quis custodiet ipsos custodes ?* » (Who is to guard the guards themselves ?), *in* J.E. Stiglitz et P.-A. Muet (éd.), *Governance, Equality, and Global Markets. The Annual Bank Conference on Development Economics, Europe*, Washington DC, Banque mondiale, 2001, p. 22-54. Voir aussi D. Ellerman et J.E. Stiglitz, « New bridges across the chasm : macro- and micro-strategies for Russia and other transitional economies », *Zagreb International Review of Economics and Business*, vol. 3, n° 1, 2000, p. 41-72 ; A. Hussain, N. Stern et J.E. Stiglitz, « Chinese reforms from a comparative perspective », *in* Peter J. Hammond et Gareth D. Myles (éd.), *Incentives, Organization, and Public Economics : Papers in Honour of Sir James Mirrlees*, Oxford, Oxford University Press, 2000, p. 243-277.

Pour d'excellents comptes rendus journalistiques de la transition en Russie, voir Chrystia Freeland, *Sale of the Century*, New York, Crown, 2000 ; P. Klebnikov, *God-*

father of the Kremlin, Boris Berezovsky and the Looting of Russia, New York, Harcourt, 2000 [trad. fr., *Le Parrain du Kremlin, Boris Berezovski et le pillage de la Russie*, trad. fr. de Pierre Lorrain, Paris, Laffont, 2001] ; R. Brady, *Kapitalizm : Russia's Struggle to Free its Economy*, New Haven, Conn., Yale University Press, 1999 ; et l'article de John Lloyd, « Who lost Russia ? », *New York Times Magazine*, 15 août 1999.

Plusieurs politologues ont publié des analyses globalement en harmonie avec les interprétations que j'avance ici. Voir, en particulier : A. Cohen, *Russia's Meltdown : Anatomy of the IMF Failure*, Heritage Foundation Backgrounders, n° 1228, 23 octobre 1998 ; S.F. Cohen, *Failed Crusade*, New York, W.W. Norton, 2000 ; P. Reddaway et D. Glinski, *The Tragedy of Russia's Reforms : Market Bolshevism Against Democracy,* Washington DC, United States Institute of Peace, 2001 ; Michael McFaul, *Russia's Unfinished Revolution : Political Change from Gorbachev to Putin*, Ithaca, NY, Cornell University Press, 2001 ; Archie Brown et Liliia Fedorovna Shevtskova (éd.), *Gorbachev, Yeltsin and Putin : Political Leadership in Russia's Transition*, Washington DC, Carnegie Endowment for International Peace, 2001 ; et Jerry F. Hough et Michael H. Armacost, *The Logic of Economic Reform in Russia*, Washington DC, Brookings Institution, 2001.

Bien évidemment, plusieurs réformateurs ont publié des analyses nettement différentes des miennes. Ces interprétations-là ont été plus fréquentes dans les premières phases de la transition, lorsque l'optimisme était encore de saison. Certaines portent des titres qui jurent manifestement avec la suite des événements. Voir, par exemple : A. Anders Aslund, *How Russia Became a Market Economy*, Washington, DC, Brookings Institution, 1995, ou R. Layard et J. Parker, *The Coming Russian Boom : A Guide to New Markets and Politics*, New York, The Free Press, 1996. Pour des points de vue plus critiques, voir Lawrence R. Klein et Marshall Pomer (éd.), *The New Russia : Transition Gone Awry*, Palo Alto, Stanford University Press, 2001 (avec une préface de Joseph E. Stiglitz).

2. J.R. Wedel, « Aid to Russia », *Foreign Policy*, vol. 3, n° 25, études politiques de l'Interhemispheric Resource Center and Institute, septembre 1998.

3. Pour en savoir plus, voir P. Murrell, « Can neo-classical economics underpin the economic reform of the centrally planned economies ? », *Journal of Economic Perspectives*, vol. 5, n° 4, 1991, p. 59-76.

4. Voir Fonds monétaire international, « IMF approves augmentation of Russia extended arrangement and credit under CCFF, activates GAB », communiqué de presse n° 98/31, Washington DC, 20 juillet 1998.

5. Selon une thèse qui a été avancée, il ne l'aurait pas du tout ignoré, en vérité. Certains sont persuadés qu'il essayait par ce biais d'exclure l'option de la dévaluation, en la rendant si onéreuse que le pays ne dévaluerait pas. Si tel était bien son raisonnement, il s'est vraiment trompé.

6. Il y avait, bien sûr, d'autres mesures dans la déclaration faite le 17 août par le gouvernement russe, mais celles-ci comptent parmi les plus importantes pour notre propos. Le gouvernement instaurait aussi des contrôles temporaires des flux de capitaux, comme une interdiction aux non-résidents d'investir dans les actifs à court terme libellés en roubles, et un moratoire de quatre-vingt-dix jours sur la dette extérieure et les paiements d'assurances à l'étranger. Il annonçait aussi son soutien à un consortium créé par les principales banques russes pour maintenir la stabilité des paiements, et présentait un projet de loi sur le paiement en temps et en heure des salariés de l'État et sur la réhabilitation des banques. Pour plus de détails, voir le site Internet http://www.bisnis.doc.gov/bisnis/country/980818ru.htm, qui donne le texte original des deux annonces publiques à la date du 17 août 1998.

7. Le mardi 17 août 1998, au marché des changes interbancaire de Moscou, le

rouble est tombé de 1,9 % contre le dollar par rapport à son niveau du 16 août, mais à la fin de la semaine (vendredi 21 août) sa dépréciation était de 11 % (toujours par rapport au niveau du 16 août). Toutefois, le 17 août 1998, sur le marché interbancaire non officiel, le rouble avait baissé de 26 % en fin de journée.

8. Voir C. Freeland, *Sale of the Century*, *op. cit.* ; R. Layard et J. Parker, *The Coming Russian Boom : A Guide to New Markets and Politics*, *op. cit.* ; et A. Aslund, *How Russia Became a Market Economy*, *op. cit.*

9. Pour les effets du troc sur l'économie russe et les coûts qu'il lui impose, voir C.G. Gaddy et B.W. Ickes, «Russia's virtual economy», *Foreign Affairs*, n° 77, septembre-octobre 1998.

10. Il est clair que la transition n'a pas profité aux pauvres. Par exemple, la proportion de la population la plus pauvre (20 %) n'a reçu que 8,6 % du revenu en Russie (en 1998), 8,8 % en Ukraine (en 1999), 6,7 % au Kazakhstan (en 1996). (Banque mondiale, *World Development Indicator 2001*.)

11. Si l'on emploie une mesure courante de l'inégalité, le coefficient de Gini, on constate qu'en 1998 le niveau d'inégalité atteint en Russie était le double de celui du Japon, dépassait de 50 % celui du Royaume-Uni et des autres pays européens, et pouvait se comparer à celui du Venezuela ou de Panama. Au même moment, les pays qui avaient suivi des politiques gradualistes, la Pologne et la Hongrie, avaient réussi à conserver un bas niveau d'inégalité – en Hongrie il était même plus bas qu'au Japon, et en Pologne plus bas qu'au Royaume-Uni.

12. Voir J.E. Stiglitz, *« Quis custodies ipsos custodes ? »*, art. cité.

13. Voici quelques exemples. Libéraliser les marchés des capitaux avant d'avoir créé dans le pays un climat propice aux investissements – ce que recommandait le FMI –, c'est inviter les capitaux à s'enfuir. Privatiser des entreprises avant d'avoir créé dans le pays un marché des capitaux efficace, et en donnant la propriété et/ou le contrôle à des individus proches de la retraite, cela n'incite nullement à la création de richesse à long terme, mais bien au pillage des actifs. Privatiser avant de mettre en place une structure juridique et réglementaire capable de maintenir la concurrence, c'est donner des incitations à créer des monopoles, et des incitations *politiques* à empêcher la création d'un régime de concurrence efficace. Enfin, si l'on privatise dans un cadre fédéral, mais en laissant les États fédérés et les autorités locales libres d'imposer à leur gré des taxes et des règlements, on n'a pas éliminé la capacité – la tentation – des pouvoirs publics d'extorquer des rentes; en un sens, on n'a pas privatisé.

14. Pour le théorème de Coase lui-même, voir R.H. Coase, «The problem of social cost», *Journal of Law and Economics*, 3, 1960, p. 1-44. Ce théorème n'est vérifié que là où il n'y a pas de coûts de transaction et pas d'imperfections de l'information. Coase lui-même a reconnu la force de ces limites. De plus, il n'est jamais possible de préciser totalement les droits de propriété, et c'était particulièrement vrai dans les économies en transition. Même dans les pays industriels avancés, les droits de propriété sont circonscrits par le souci de l'environnement, des droits des salariés, les plans d'occupation des sols, etc. Même si la loi s'efforce d'être aussi claire que possible sur ces questions, il y a souvent des différends, qu'il faut régler dans le cadre des procédures judiciaires. Heureusement, avec l'état de droit la confiance règne : chacun est persuadé que cela se passe de façon juste et équitable. Mais pas en Russie.

6

Les « injustes lois du juste commerce » et autres méfaits

Le FMI est une institution politique. Son opération de sauvetage de 1998, absurde au regard de tous les *principes* qui auraient dû régir une décision de prêt, a été dictée par le souci de maintenir Boris Eltsine au pouvoir. S'il a accepté sans broncher, sinon soutenu ouvertement, la scandaleuse « privatisation par les prêts », c'est en partie pour la même raison : la corruption aussi, c'était pour la bonne cause – pour faire réélire Eltsine[1]. Les décisions du FMI dans ce domaine ont été inextricablement liées aux jugements politiques du département du Trésor de l'administration Clinton.

L'administration dans son ensemble était en fait très inquiète de la stratégie du Trésor. Après la défaite des réformateurs, en décembre 1993, Strobe Talbott, alors chargé de la politique à l'égard de la Russie (il deviendrait plus tard sous-secrétaire d'État), exprima l'appréhension générale face à la stratégie de « thérapie de choc ». N'y avait-il pas eu trop de choc et trop peu de thérapie ? Au Council of Economic Advisers, nous étions tout à fait persuadés que les États-Unis donnaient de mauvais conseils à la Russie et utilisaient l'argent des contribuables pour la persuader de les suivre. Mais le Trésor considérait la politique économique russe comme sa chasse gardée, étouffait toute tentative d'ouvrir un vrai débat, tant à l'intérieur qu'à l'extérieur du gouvernement, et s'obstinait dans son soutien résolu à la thérapie de choc et à la privatisation rapide.

Dans ces positions, les jugements politiques pesaient aussi lourd que les considérations économiques : le Trésor voyait un risque imminent de retour au communisme. Les gradualistes rétorquaient que le vrai danger, c'était l'échec de la thérapie de choc : la montée de la pauvreté et la chute des revenus allaient détourner les populations des réformes de marché. Les événements leur ont donné raison, une fois de plus. Les élections législatives de février 2000 en Moldavie, où les ex-communistes ont obtenu 70 % des sièges, en ont été l'illustration la plus extrême, mais le rejet de la réforme radicale et de la thérapie de choc est aujourd'hui courant dans les économies en transition[2]. Or une certaine vision de la transition, qui en faisait l'ultime combat de la guerre entre le bien et le mal, entre le marché et le communisme, avait créé un problème supplémentaire : le FMI et le Trésor traitaient la plupart des ex-communistes avec mépris et méfiance, sauf quelques heureux élus qui étaient devenus leurs alliés. Il existait, bien sûr, des communistes convaincus, mais certains – beaucoup, peut-être – de ceux qui avaient servi les régimes communistes étaient loin d'être des purs et durs. C'étaient plutôt des pragmatiques qui avaient voulu réussir dans le système. Si le système leur demandait d'adhérer au Parti communiste, cela ne leur semblait pas un prix excessif à payer. Mais nombreux étaient ceux qui avaient été aussi satisfaits que les autres de la fin du régime communiste et du retour aux procédures démocratiques. S'ils conservaient quelque chose de leur période communiste, c'était l'idée d'une responsabilité de l'État à l'égard des plus démunis, et un idéal de société plutôt égalitaire.

Beaucoup de ces ex-communistes sont devenus ce qu'en Europe on appelle des sociaux-démocrates, de diverses tendances. Sur l'échiquier politique américain, on pourrait les situer, plus ou moins, entre les vieux démocrates du New Deal et les nouveaux démocrates – la plupart d'entre eux seraient tout de même plus proches des premiers que des seconds. Paradoxalement, l'administration démocrate de Bill Clinton, dont les idées paraissaient tout à fait en harmonie avec celles de ces sociaux-démocrates, allait très souvent s'allier dans les économies de transition avec des réformateurs de droite, disciples de Milton Friedman et partisans des réformes de marché radicales, qui se souciaient trop peu des conséquences sociales de leurs politiques, et des effets qu'elles avaient sur la répartition des revenus.

En Russie, on ne pouvait traiter qu'avec des ex-communistes : il n'y avait personne d'autre. Eltsine lui-même était un ex-communiste – membre postulant du Politburo. Les communistes, en Russie, n'ont jamais été vraiment chassés du pouvoir. Presque tous les réformateurs russes étaient des ex-communistes des hautes sphères. Un moment, on a pu croire que la ligne de démarcation allait passer entre ceux qui avaient été étroitement liés au KGB et au Gosplan, les centres du contrôle politique et économique de l'ancien régime, et tous les autres. Les « gentils », c'étaient les apparatchiks qui avaient géré des entreprises, comme le directeur de Gazprom Viktor Tchernomyrdine, le successeur d'Egor Gaïdar aux fonctions de Premier ministre. Des hommes pratiques, avec lesquels on pouvait discuter. Si certains d'entre eux étaient prêts à voler tout ce qu'ils pourraient à l'État pour eux-mêmes et leurs amis, ils n'étaient sûrement pas des idéologues d'extrême gauche. Si, aux premiers temps de la transition, des jugements (erronés ou non) sur les personnalités les plus susceptibles de faire entrer la Russie dans la terre promise du libre marché ont pu guider les États-Unis (et le FMI) dans le choix de leurs alliés, en 2000 le pragmatisme total était la règle. Au début, il y avait beaucoup d'idéalisme, mais les manquements d'Eltsine et d'une grande partie de son entourage l'ont transformé en scepticisme. L'administration Bush a établi avec Poutine des relations apparemment chaleureuses, elle a vu en lui quelqu'un avec qui nous pouvions travailler, sans accorder la moindre importance à son passé au KGB. Nous avons mis bien longtemps avant de cesser de nous demander, pour juger les gens, s'ils avaient été ou non communistes sous le régime précédent – ou même ce qu'ils avaient fait sous le régime précédent. Si une idéologie déplacée a pu nous aveugler dans nos rapports avec les dirigeants et les partis émergents en Europe de l'Est comme dans la conception de la politique économique, des jugements politiques déplacés n'ont pas joué un moindre rôle en Russie. Parmi les dirigeants auxquels nous nous sommes alliés, beaucoup s'intéressaient moins à créer une économie de marché efficace qu'à s'enrichir personnellement.

Lorsque, avec le temps, les problèmes de la stratégie de réforme et du gouvernement Eltsine sont apparus clairement, le FMI et le Trésor américain ont eu à peu près la réaction des dirigeants américains pendant la guerre du Vietnam : ignorer les faits, nier la réalité, interdire toute discussion et déverser de l'argent frais, toujours plus d'argent frais, par-dessus celui qu'on avait déjà perdu. La Russie était presque arrivée au tournant. La croissance était toute proche. Le prochain prêt allait permettre à la Russie de décoller. Désormais, elle avait prouvé qu'elle respecterait les conditions. Etc. Puis, comme les perspectives de succès étaient de plus en plus floues et la crise imminente, le discours a changé. Le thème central n'a plus été la confiance qu'il fallait avoir en Eltsine, mais la peur de la terrible menace qui allait surgir s'il était remplacé.

L'angoisse était palpable. Un jour, j'ai reçu un appel téléphonique du bureau d'un très haut conseiller du gouvernement russe. Il voulait organiser une séance de *brainstorming* en Russie sur le thème : que pourrait bien faire le pays pour s'en sortir ? Le FMI donnait des conseils depuis des années, mais tout ce qu'il avait à dire portait sur la stabilisation. Pas un mot sur la croissance. Et il était clair que la stabilisation – au moins telle qu'il la proposait – ne menait pas à la croissance. Quand le FMI et le Trésor eurent vent de cette initiative, ils passèrent aussitôt à l'action. Le Trésor (au plus haut niveau, paraît-il) téléphona au président de la Banque mondiale, et je reçus la consigne de ne pas y aller. Le Trésor se plaisait à croire que la Banque mondiale était sa propriété privée. Mais d'autres pays, quand leurs efforts sont soigneusement orchestrés, peuvent contourner même le secrétaire au Trésor des États-Unis. C'est ce qui s'est passé en l'occurrence : les coups de téléphone et courriers nécessaires sont arrivés de Russie, et j'y suis allé, pour faire ce que demandaient les Russes : ouvrir une discussion libérée de l'idéologie du FMI et des intérêts particuliers du Trésor.

Ma visite a été fascinante. L'ampleur des discussions était impressionnante. Des esprits brillants consacraient tous leurs efforts à la conception d'une stratégie de croissance économique. Ils connaissaient les chiffres – mais à leurs yeux le déclin russe n'était pas une simple question de statistiques. Beaucoup de ceux avec qui j'ai parlé comprenaient l'importance de ce que les plans du FMI avaient omis ou négligé. Ils savaient que la croissance exige bien davantage que la stabilisation, la privatisation et la libéralisation. Ils craignaient fort que les pressions du FMI pour une privatisation rapide, qu'ils subissaient toujours, ne créent encore plus de problèmes. Certains voyaient l'importance d'instaurer des politiques de concurrence fortes, et regrettaient d'être si peu soutenus. Mais ce qui m'a le plus frappé, c'est à quel point l'état d'esprit à Washington et à Moscou était différent. À Moscou, il y avait (à l'époque) un salubre débat politique. Beaucoup disaient, par exemple, que le taux de change trop élevé empêchait la croissance – et ils avaient raison. D'autres craignaient qu'une dévaluation ne réveille l'inflation – et ils avaient raison aussi. Ce sont des questions complexes, et, dans des démocraties, il faut en débattre, en discuter. La Russie s'efforçait de le faire, de laisser s'exprimer des avis différents. C'était Washington – ou plus exactement le FMI et le Trésor – qui avait peur de la démocratie, qui voulait étouffer le débat. Je n'ai pu que constater tristement ce paradoxe.

Les preuves de l'échec se multipliaient, et il devenait évident que les États-Unis avaient choisi le mauvais cheval. Alors les efforts pour étouffer la critique et le débat redoublèrent. Le Trésor tenta d'interdire tout contact entre les services internes de la Banque mondiale et la presse : celle-ci ne devait entendre que sa propre version des faits. On put néanmoins faire un constat intéressant : même quand les preuves d'une possible corruption furent étalées publiquement dans les journaux américains, le département du Trésor ne changea rien à sa stratégie.

Beaucoup estiment aujourd'hui que la mise en œuvre de la « privatisation par les prêts », analysée au chapitre 5 (le stratagème par lequel une poignée d'oligarques se sont emparés d'une très grande partie des richesses naturelles du pays), a été le moment clef où les États-Unis auraient dû parler haut et fort. En Russie même, les États-Unis ont été perçus – ce qui n'a rien d'injuste – comme des alliés de la corruption. Le sous-secrétaire au Trésor Lawrence Summers a invité chez lui (ce qui a été interprété comme un témoignage public de soutien) Anatoli Tchoubaïs, le ministre chargé de la privatisation qui avait organisé la scandaleuse opération des prêts et était devenu depuis – comment s'en étonner ? – l'un des dirigeants les moins populaires de toute la Russie. Le Trésor et le FMI se sont ingérés dans la vie politique russe. En prenant si fermement et si durablement parti pour ceux qui étaient aux commandes quand ce processus de privatisation corrompue a créé une inégalité colossale, les États-Unis, le FMI et la communauté internationale se sont associés de façon indélébile à des politiques qui, au mieux, ont favorisé les intérêts des riches aux dépens du Russe moyen.

Quand la presse américaine et la presse européenne ont fini par révéler publiquement la corruption, la condamnation du Trésor a sonné faux. La réalité, c'est que l'inspecteur général de la Douma était venu faire ces accusations à Washington longtemps avant qu'elles fassent les titres des journaux. À la Banque mondiale, on m'avait donné instruction de ne pas le rencontrer : on avait peur que nous soyons convaincus par ses propos. Si l'on ne connaissait pas l'ampleur de la corruption, c'est parce qu'on fermait les yeux et qu'on se bouchait les oreilles.

Ce qu'il aurait fallu faire

Les intérêts à long terme des États-Unis auraient été infiniment mieux servis si, au lieu de nous lier étroitement à des dirigeants particuliers, nous avions apporté un soutien général au processus démocratique. Nous aurions pu le faire en aidant, à Moscou et dans les provinces, de jeunes responsables qui étaient hostiles à la corruption et s'efforçaient de créer une véritable démocratie.

J'aurais aimé qu'il y ait au début de l'administration Clinton un débat ouvert sur la stratégie des États-Unis vis-à-vis de la Russie, un débat plus proche de ce qui se disait dans le monde extérieur. Si Clinton avait été confronté à des positions argumentées, je suis persuadé qu'il aurait suivi une politique plus équilibrée. Il aurait été plus sensible aux préoccupations des pauvres et plus conscient de l'importance des processus politiques que les dirigeants du Trésor. Mais, comme sur tant d'autres questions, on n'a jamais donné au Président la possibilité d'accéder à toutes les données et d'entendre tous les points de vue. Le Trésor jugeait le problème trop crucial pour le laisser jouer un grand rôle dans la prise de décision. Et, peut-être en raison du manque d'intérêt du peuple américain, Clinton lui-même ne jugeait pas la question assez importante pour exiger qu'on lui en rendît compte dans tous les détails.

Les intérêts des États-Unis et la réforme russe

Beaucoup de gens en Russie (et ailleurs) pensent que l'échec des politiques suivies n'a rien de fortuit, qu'il a été voulu, afin de saigner la Russie et d'éliminer sa menace pour un temps indéterminé. Cette vision des choses prête aux services du FMI et du Trésor plus de perfidie et d'habileté conspiratrice qu'ils n'en ont, à mon avis. Ils ont pensé, j'en suis persuadé, que les mesures qu'ils préconisaient allaient vraiment réussir. Ils croyaient fermement qu'une économie russe forte et un gouvernement russe stable et réformiste étaient dans les intérêts des États-Unis et de la paix mondiale.

Mais leur politique n'a pas été non plus totalement altruiste. Les intérêts économiques des États-Unis – ou plus exactement les intérêts financiers et commerciaux américains – transparaissent dans leurs décisions. L'opération de sauvetage de juillet 1998, par exemple, visait autant à secourir les banques occidentales sur le point de perdre des milliards de dollars (et qui, en définitive, les ont effectivement perdus) que la Russie. Mais ce n'étaient pas seulement les intérêts directs de Wall Street qui influençaient la politique, c'était aussi l'idéologie dominante de la communauté financière. On sait que Wall Street considère l'inflation comme le pire des maux : elle érode la valeur réelle des sommes dues aux créanciers, ce qui conduit à des hausses de taux d'intérêt qui feront baisser le cours des actions. Le chômage est, à ses yeux, infiniment moins préoccupant. Pour les financiers, il n'est rien de plus sacré que la propriété privée – ne soyons donc pas surpris de l'importance qu'ils accordent à la privatisation. Leur soutien à la concurrence est beaucoup moins ardent – après tout, c'est l'actuel secrétaire au Trésor Paul O'Neill qui a monté le cartel mondial de l'aluminium et œuvré à supprimer la concurrence sur le marché mondial de l'acier. Quant aux idées de capital social et de participation politique, peut-être n'apparaissent-elles même pas sur leurs écrans radar. Ils se sentent bien plus à l'aise avec une banque centrale indépendante que soumise à un certain contrôle des instances politiques. (Ce qui, dans le cas de la Russie, n'allait pas sans paradoxe : au lendemain de la crise de 1998, c'est le président de la banque centrale indépendante de Russie qui a menacé de mener une politique plus inflationniste que le FMI et certains membres du gouvernement ne le souhaitaient ; et l'indépendance de la banque centrale a été l'un des facteurs qui lui ont permis d'ignorer les accusations de corruption.)

D'autres intérêts économiques particuliers ont orienté la politique américaine dans un sens contraire à l'intérêt général du pays, et propre à lui faire une solide réputation d'hypocrisie. Les États-Unis soutiennent le libre-échange, mais, trop souvent, quand un pays pauvre parvient à trouver un produit qu'il peut exporter sur leur marché, les intérêts protectionnistes américains sont galvanisés. Pour opposer aux importations des barrières infranchissables, des coalitions d'intérêts syndicaux et patronaux recourent à tout un arsenal de législations commerciales qu'on appelle officiellement les « lois du juste commerce », mais qui, hors des États-Unis, ont été baptisées les « injustes lois du juste commerce ». Ces lois permettent à une firme qui estime qu'un concurrent étranger vend un produit au-dessous du prix de revient de demander à l'État d'imposer à celui-ci des droits de douane spéciaux afin de la protéger. La vente de produits au-dessous du prix de revient s'appelle le « dumping », d'où le nom de ces droits de douane : « droits anti-dumping ». Mais l'État américain détermine souvent les coûts sans réclamer beaucoup de preuves et par des méthodes assez absurdes. La plupart des économistes pensent que ces droits « anti-dumping » s'apparentent à un protectionnisme pur et simple. Pourquoi, demandent-ils, une firme nationale vendrait-elle au-dessous du prix de revient ?

L'AFFAIRE DE L'ALUMINIUM

Dans la période où j'ai fait partie du gouvernement, le cas le plus grave d'interférence d'intérêts privés américains dans la liberté du commerce – et le processus de réforme – s'est produit début 1994, juste après l'effondrement du prix de l'aluminium. Face à la chute des cours, les producteurs d'aluminium américains ont accusé la Russie de dumping. Toutes les analyses économiques de la situation montraient clairement que la Russie ne faisait pas de dumping. Elle vendait simplement au prix international, qui avait baissé pour diverses raisons, dont le fléchissement de la demande mondiale dû au ralentissement de la croissance et à la diminution de l'utilisation de l'aluminium russe pour la production d'avions de combat. De plus, les nouvelles canettes de soda utilisaient nettement moins d'aluminium qu'avant, et cela jouait aussi dans la baisse de la demande. Dès que j'ai vu les cours de l'aluminium s'effondrer, j'ai su que l'industrie allait vite solliciter un secours quelconque de l'État – soit de nouvelles subventions, soit une nouvelle protection contre la concurrence étrangère. Je n'en ai pas moins été fort surpris par ce qu'a proposé le président d'Alcoa, Paul O'Neill : un cartel mondial de l'aluminium. Les cartels restreignent la production et font donc monter les prix; ainsi, ce n'était pas l'intérêt d'O'Neill pour la formule qui m'étonnait. Mais celui-ci menaçait aussi de recourir aux lois anti-dumping si le cartel n'était pas créé. Le problème n'était évidemment pas de savoir si la Russie faisait ou non du dumping, elle vendait son aluminium aux prix mondiaux. Avec ses capacités de production excédentaires dans la branche et le faible prix de son électricité, il était clair que l'écrasante majorité, pour ne pas dire la totalité de ses ventes sur les marchés internationaux s'effectuaient à des prix supérieurs aux coûts de production. Mais O'Neill savait comment sont généralement mises en œuvre les lois anti-dumping, et moi aussi. Les pays peuvent être accusés de dumping même quand ils n'en font pas – selon la définition économique du terme. Comme on l'a dit, les États-Unis estiment en effet les coûts de production en usant d'une méthodologie particulière qui, si elle était appliquée aux firmes américaines, conduirait probablement à conclure que la plupart d'entre elles font aussi du dumping. Et il y a plus grave. Le département du Commerce, qui fait office simultanément de procureur, de juge et de jury, estime les prix de revient sur la base de ce qu'il appelle la BIA (*best information available*), la « meilleure information disponible » – et, en général, c'est celle que lui donnent ces mêmes firmes américaines qui s'efforcent de barrer la route à la concurrence étrangère. Pour la Russie et les autres pays ex-communistes, il évalue souvent les coûts en se référant à ceux qu'il relève dans un pays comparable. La Pologne a ainsi été accusée de faire du dumping sur les chariots de golf ; on avait choisi comme pays « comparable » le Canada. Dans l'affaire de l'aluminium, si une plainte avait été déposée pour dumping, la Russie courait un risque sérieux de se voir imposer des droits de douane assez élevés pour l'empêcher de vendre son aluminium aux États-Unis. Mais – sauf si d'autres pays suivaient l'exemple américain – elle aurait pu le vendre ailleurs, et les prix internationaux de l'aluminium seraient restés déprimés. Pour Alcoa, la solution du cartel mondial était donc préférable, offrant de bien meilleures chances de créer la hausse des prix que recherchait la firme.

Je me suis opposé au cartel. Le principe moteur des économies de marché, c'est la concurrence. Les cartels sont illégaux aux États-Unis et devraient l'être au niveau mondial. Le Council of Economic Advisers était devenu un allié sûr de la division antitrust du département de la Justice : il ne cessait d'exiger que les lois sur la concurrence soient appliquées sans faiblesse. Et voilà que les États-Unis contribuaient à créer un cartel mondial ! C'était une violation de tous les principes. Mais il y avait en l'occurrence un enjeu encore plus important. La Russie luttait pour créer une économie de marché. Le cartel allait lui nuire en restreignant ses ventes de l'un des rares produits qu'elle pouvait commercialiser sur le marché international. Et sa création allait aussi lui donner une bien mauvaise leçon sur la façon dont fonctionnent les économies de marché.

Au cours d'un bref voyage en Russie, je me suis entretenu avec Gaïdar, alors vice-Premier ministre chargé de l'économie. Nous savions bien, lui et moi, que la Russie ne faisait pas de dumping – au sens où ce terme est utilisé par les économistes –, mais nous savions aussi tous deux comment fonctionnaient les lois promulguées par les États-Unis. Si la Russie était officiellement accusée de dumping, il était très probable qu'on lui imposerait des droits anti-dumping. Néanmoins, Gaïdar comprenait qu'un cartel serait mauvais pour son pays, tant au niveau économique que par son impact sur les réformes qu'il essayait de mettre en place. Nous sommes donc tombés d'accord pour résister de toutes nos forces. Gaïdar était prêt à courir le risque de subir des droits anti-dumping.

Je me dépensais beaucoup pour convaincre les membres du National Economic Council que soutenir l'idée d'O'Neill serait une erreur, et j'y parvenais de mieux en mieux. Mais, dans une réunion houleuse au niveau du sous-cabinet, la création d'un cartel international a été avalisée. Les membres du Council of Economic Advisers et du département de la Justice étaient livides. Ann Bingaman, l'adjointe du ministre de la Justice chargée des lois antitrust, avertit le cabinet qu'une violation de ces lois risquait de se produire en présence du sous-cabinet. Au sein du gouvernement russe, les réformateurs étaient farouchement opposés à la création du cartel et m'en avaient informé directement. Ils savaient que les restrictions de volume qu'il allait imposer rendraient de leur ancien pouvoir aux ministères économiques centraux. Avec un cartel, chaque pays se verrait attribuer des quotas d'aluminium qu'il pourrait produire ou exporter. Et les ministères décideraient de la répartition de ces quotas. C'était le type de système qui leur était familier, et qu'ils adoraient. Je craignais que les surprofits créés par cette restriction au commerce ne constituent une source supplémentaire de corruption. Nous n'avions pas encore compris que dans la Russie nouvelle, devenue mafieuse, ils allaient aussi provoquer un bain de sang, dans la lutte à qui s'emparerait des quotas.

Alors que j'avais réussi à convaincre presque tout le monde des dangers de la solution du cartel, deux voix ont dominé. Le Département d'État, qui entretenait d'étroites relations avec les ministères, s'est prononcé pour la création du cartel. Sa valeur centrale est l'ordre, et les cartels, effectivement, font régner l'ordre. Les ministères, bien sûr, n'avaient jamais jugé très raisonnable ce passage aux prix et aux marchés, et l'expérience de l'aluminium ne faisait que les conforter dans ce point de vue. Rubin, qui dirigeait à l'époque le National Economic Council, a joué un rôle décisif en se rangeant du côté du Département d'État.

Et le cartel a fonctionné, au moins pour un temps. Les prix ont été augmentés. Les profits d'Alcoa et des autres producteurs se sont redressés. Les consommateurs américains – et ceux du monde entier – y ont perdu, et les principes de base de l'économie, qui enseignent la valeur des marchés concurrentiels, montrent d'ailleurs que les pertes des consommateurs dépassent les gains des producteurs. Mais, dans ce cas précis, il y avait un tout autre enjeu : nous étions justement en train d'essayer de former les Russes à l'économie de marché. Ils ont retenu la leçon, mais c'était une mauvaise leçon, et elle allait leur coûter cher au cours des années suivantes : pour réussir en économie de marché, il fallait aller voir l'État. Nous n'avions pas l'intention de leur enseigner le « capitalisme du copinage en 100 leçons », et ils n'avaient probablement pas besoin de nous pour l'apprendre, ils disposaient de toutes les connaissances requises. Mais, sans le vouloir, nous leur avons donné le mauvais exemple[3].

SÉCURITÉ NATIONALE À VENDRE

L'affaire de l'aluminium n'était pas la première (et ne serait pas la dernière) où des intérêts privés l'ont emporté sur l'objectif national et planétaire du succès de la transition. À la fin de l'administration Bush et au début de l'administration Clinton, un accord historique, dit de « transformation des épées en charrues », avait été conclu entre la Russie et les États-Unis. Une entreprise publique américaine, la United States Enrichment Corporation (USEC), allait acheter l'uranium des ogives nucléaires russes désactivées et le transférer aux États-Unis. Cet uranium serait désenrichi pour ne plus pouvoir servir à des fins militaires, puis recyclé dans des centrales. Ces ventes apporteraient à la Russie de précieuses liquidités, qu'elle pourrait utiliser pour mieux contrôler ses matériaux nucléaires.

Aussi incroyable que cela puisse paraître, les lois sur le juste commerce ont été à nouveau invoquées pour empêcher ce transfert. Les producteurs d'uranium américains ont soutenu que la Russie faisait du dumping d'uranium sur le marché intérieur des États-Unis. Comme dans le cas de l'aluminium, cette accusation n'avait pas le moindre fondement économique. Mais les « injustes lois du juste commerce » des États-Unis ne reposent pas sur des principes économiques. Leur unique raison d'être est de protéger les industries américaines gênées par les importations.

Quand l'importation d'uranium par l'État américain pour réaliser le désarmement a été contestée par les producteurs d'uranium américains au nom des lois sur le juste commerce, on a compris qu'il fallait changer ces lois. Une offensive de charme au plus haut niveau a fini par persuader le département du Commerce et le représentant au Commerce de proposer des amendements au Congrès. Celui-ci les a rejetés. Je n'ai jamais réussi à savoir si le département et le représentant avaient saboté la tentative en présentant le projet au Congrès sous une forme qui rendait l'issue inévitable, ou s'ils se sont vraiment battus contre un Congrès qui a toujours fermement soutenu le protectionnisme.

Ce qui s'est passé peu après, au milieu des années quatre-vingt-dix, a été tout aussi stupéfiant. Dans la course aux privatisations des années quatre-vingt, les États-Unis étaient loin derrière, au grand embarras des administrations Reagan et Bush. Margaret Thatcher avait privatisé pour des milliards. Au « tableau de chasse » des États-Unis, on trouvait une centrale à hélium de 2 millions de dollars au Texas… La différence, bien sûr, c'était que Mme Thatcher disposait de secteurs nationalisés – donc privatisables – bien plus nombreux et importants. Enfin, les adeptes américains de la privatisation pensèrent à une firme que peu d'autres gouvernements auraient souhaité ou pu privatiser : l'USEC, qui enrichissait l'uranium non seulement pour les réacteurs nucléaires, mais aussi pour les bombes atomiques. Cette privatisation posait de multiples problèmes. On avait confié à l'USEC l'importation de l'uranium enrichi venu de Russie. Pour une firme privée, c'était une position de monopole qui n'aurait pas résisté à l'examen des autorités antitrust. Pis : au Council of Economic Advisers, nous avions analysé les futures motivations d'une USEC privatisée, et démontré clairement qu'elle aurait toutes les raisons de garder l'uranium russe hors des frontières américaines. C'était un vrai problème. On s'inquiétait beaucoup de la prolifération, du risque de voir des matériaux nucléaires tomber entre les mains d'un État pirate ou d'une organisation terroriste – et une Russie affaiblie ayant de l'uranium enrichi à vendre au plus offrant n'était pas une perspective réjouissante. L'USEC affirma avec force qu'elle n'agirait jamais contre les intérêts supérieurs des États-Unis, et qu'elle ferait toujours rentrer sur le territoire américain l'uranium russe dès que les Russes voudraient le vendre. Mais, la semaine même où elle protestait ainsi de sa bonne foi, je découvris un accord secret entre elle et l'administration russe. La Russie avait proposé de tripler ses livraisons. Non seulement l'USEC avait décliné l'offre, mais elle avait versé à la Russie une jolie somme pour – comment dire autrement ? – « acheter son silence », pour qu'elle garde son offre secrète (et le refus de l'USEC aussi). On pourrait penser que cela aurait dû suffire pour empêcher la privatisation. Mais non : le Trésor était aussi ardent à privatiser aux États-Unis qu'en Russie.

Il est intéressant de constater que cette privatisation, la seule importante aux États-Unis au cours de la décennie, n'a cessé de poser des problèmes presque aussi pénibles que ceux qui ont accablé la privatisation ailleurs, à tel point que des projets de loi bipartisans ont été déposés au Congrès pour renationaliser l'entreprise. Nous avions dit que la privatisation allait gêner l'importation de l'uranium enrichi russe, et nos prévisions sur ce point ne se sont révélées que trop prémonitoires. Un moment, on a bien cru que toutes les exportations vers les États-Unis allaient être arrêtées. Finalement, la firme a demandé d'énormes subventions pour continuer à importer. Le riant tableau économique que l'USEC et le Trésor avaient peint en rose s'est révélé faux, et les investisseurs ont été furieux de voir le cours de l'action s'effondrer. La production d'uranium enrichi de notre pays était donc confiée à une firme à la limite de la viabilité financière : voilà une situation qui suscitait quelque nervosité. Après un ou deux ans de privatisation, on se demanda si le Trésor pourrait délivrer sans rire le certificat financier qu'exigeait la loi pour que l'USEC pût poursuivre ses activités.

Leçons à la Russie

La Russie recevait une formation accélérée en économie de marché, nous étions les professeurs. Et quelle formation ! Nous apprenions aux Russes, de façon intensive, l'économie des manuels à la gloire du libre marché. Ce qu'ils voyaient pratiquer par leurs enseignants, en revanche, s'écartait radicalement de cet idéal. On leur disait que libéraliser le commerce était nécessaire au succès d'une économie de marché, mais quand ils tentaient d'exporter aux États-Unis de l'aluminium ou de l'uranium (ainsi que d'autres produits), ils trouvaient porte close. Manifestement, les États-Unis avaient réussi sans libéraliser le commerce, ou avaient fait leur cette formule qu'on entend parfois : « Le commerce, c'est bien, mais les importations, c'est mal. » On leur disait que la concurrence était vitale (même si on n'insistait pas trop sur le sujet), mais l'État américain était au cœur de la création d'un cartel mondial de l'aluminium, et il donnait le monopole de l'importation d'uranium enrichi au producteur américain, lui-même en position de monopole. On leur disait de privatiser rapidement et honnêtement, mais les États-Unis ont mis des années à réaliser l'unique privatisation qu'ils ont tentée, et dont on a finalement mis en doute l'intégrité. Les États-Unis donnaient des leçons à tout le monde, notamment après la crise asiatique sur les dangers du capitalisme des petits copains, mais l'usage de l'influence a été au premier plan et au centre non seulement des affaires évoquées dans ce chapitre, mais du renflouement de Long Term Capital Management signalé dans le précédent chapitre.

Si la prédication de l'Occident n'est pas prise au sérieux partout, comprenons bien pourquoi. Ce n'est pas seulement à cause des injustices du passé, comme les traités inégaux que nous avons mentionnés. C'est pour ce que nous faisons aujourd'hui. Les autres ne font pas qu'écouter ce que nous disons, ils voient aussi ce que nous faisons. Et ce n'est pas toujours très reluisant.

NOTES

1. C'était la raison *supposée*, mais, nous l'avons dit, même cette justification-là est contestable. Les oligarques n'ont pas utilisé l'argent pour financer la réélection d'Eltsine. Mais ils lui ont bien apporté la base organisationnelle (et le soutien télévisé) dont il avait besoin.

2. Les pays en transition actuellement gouvernés par des partis ou des dirigeants ex-communistes sont les suivants : Albanie, Azerbaïdjan, Biélorussie, Croatie, Kazakhstan, Lituanie, Moldavie, Pologne, Roumanie, Russie, Slovénie, Tadjikistan, Turkménistan et Ouzbékistan.

3. Pour plus de détails, voir M. Du Bois et E. Norton, « Foiled competition : don't call it a cartel, but world aluminum has forged a new order », *Wall Street Journal*, 9 juin 1994. Cet article indiquait que les étroites relations entre O'Neill et Bowman Cutter, à l'époque directeur adjoint du National Economic Council de Clinton, avaient été essentielles pour faire aboutir l'affaire. Le petit cadeau aux Russes était une prise de participation à hauteur de 250 millions de dollars, garantie par l'OPIC. Les barons de l'aluminium américain ont tout fait pour sauver les apparences afin d'éviter des poursuites antitrust, et le gouvernement américain a fait participer trois juristes spécialisés à la rédaction de l'accord, que l'on a pris soin, selon cet article, de formuler en termes vagues pour satisfaire le département de la Justice.

En 1995, ce cartel a commencé à se désagréger, en raison de l'augmentation de la demande mondiale d'aluminium et des difficultés pour faire respecter l'accord par les producteurs russes (voir S. Givens, « Stealing an idea from aluminum », *The Dismal Scientist*, 24 juillet 2001). De plus, Alcoa et d'autres producteurs américains ont été poursuivis pour conspiration visant à restreindre le commerce ; mais la requête a été rejetée par les tribunaux (voir J. Davidow, *Rules for the Antitrust/Trade Interface*, Miller & Chevallier, 29 septembre 1999, sur le site http ://www.ablondifoster.com/library/article.asp?pubid=143643792001&groupid=12). On trouvera un éditorial qui exprime une opinion semblable à celle que je soutiens dans le *Journal of Commerce* du 22 février 1994. L'histoire ne s'arrête pas là. En avril 2000, on a appris que deux oligarques russes (Boris Berezovski et Roman Abramovitch) ont réussi à constituer un monopole privé afin de contrôler 75 à 80 % de la production annuelle russe, créant ainsi la deuxième compagnie d'aluminium du monde (après Alcoa). Voir « Russian aluminum czars joining forces », *Sydney Morning Herald*, 19 avril 2000, et A. Meier et Y. Zarakhovich, « Promises, promises », *Time Europe*, vol. 155, n° 20, 22 mai 2000. La presse a aussi évoqué l'hypothèse de liens entre la mafia russe et la production d'aluminium ; voir, par exemple, R. Behar, « Capitalism in a cold climate », *Fortune*, juin 2000.

7

De meilleures voies vers le marché

Quand les échecs des stratégies de réforme radicales, en Russie et ailleurs, sont devenus évidents, ceux qui les avaient préconisées ont prétendu qu'ils n'avaient pas eu le choix. Mais d'autres orientations étaient possibles. J'en ai eu la révélation saisissante lors d'une réunion à Prague en septembre 2000, où d'anciens dirigeants de plusieurs pays d'Europe de l'Est – dont certains avaient réussi et d'autres obtenu des résultats décevants – ont réexaminé leurs expériences. Si le gouvernement de la République tchèque, dirigé par Vaclav Klaus, avait eu droit aux bonnes notes du FMI en raison de sa politique de privatisation rapide, sa gestion d'ensemble du processus de transition avait abouti à un PIB qui, à la fin des années quatre-vingt-dix, était plus faible qu'en 1989. Les membres de son gouvernement ont affirmé que les mesures qu'ils avaient prises étaient les seules possibles. Des orateurs de la République tchèque et des autres pays ont contesté cette assertion. Il y avait d'autres options : d'autres pays avaient fait des choix différents, et il y avait un lien très clair entre la différence des choix et l'écart des résultats.

La Pologne et la Chine avaient mis en œuvre des stratégies nettement distinctes de celles que préconisait le consensus de Washington. La Pologne est le pays d'Europe de l'Est qui a le mieux réussi. La Chine a connu le taux de croissance le plus élevé de toutes les grandes économies du monde dans les vingt dernières années. La Pologne a commencé par une « thérapie de choc » pour ramener l'hyperinflation à des niveaux plus modérés, et, en raison de son recours initial et limité à cette politique, beaucoup s'imaginent que sa transition est du type «thérapie de choc». Mais c'est entièrement faux. La Pologne a vite compris que la thérapie de choc était adaptée pour abattre l'hyperinflation mais pas pour changer la société. Elle a suivi une politique de privatisation gradualiste, édifiant en même temps les institutions de base d'une économie de marché, telles que des banques qui prêtent vraiment et un système judiciaire capable de faire respecter les contrats et de régler équitablement les faillites. Elle a compris que, sans ces institutions, une économie de marché ne peut pas fonctionner. (Contrairement à la Pologne, la République tchèque a privatisé les entreprises avant de privatiser les banques. Les banques d'État ont continué à prêter aux entreprises privatisées, l'argent facile a coulé vers les favoris du pouvoir, et les entités privatisées n'ont donc pas été soumises à de rigoureuses contraintes budgétaires, ce qui leur a permis de remettre à plus tard la restructuration réelle). L'ancien vice-Premier ministre et ministre des Finances polonais, Grzegorz W. Kolodko, a soutenu que le succès de son pays était dû à son rejet explicite des doctrines du consensus de Washington[1]. La Pologne n'a pas fait ce que le FMI lui a recommandé – elle ne s'est pas engagée dans une privatisation rapide et n'a pas mis au-dessus de toute autre préoccupation macroéconomique la réduction de l'inflation à des niveaux toujours plus bas. Mais elle a privilégié des aspects auxquels le FMI avait prêté une attention insuffisante, par exemple l'importance d'un soutien démocratique aux réformes, qui impliquait d'essayer de maintenir le chômage à un bas niveau, d'indemniser ceux qui étaient sans emploi, de revaloriser les retraites en fonction de l'inflation, et de créer l'infrastructure institutionnelle requise pour faire fonctionner une économie de marché.

Le gradualisme de la privatisation a permis de restructurer avant de privatiser, et les grandes firmes ont pu être réorganisées en unités plus petites. On a ainsi créé un nouveau secteur dynamique de PME, animé par de jeunes dirigeants désireux d'investir pour leur avenir[2].

De même, le succès de la Chine au cours de la dernière décennie présente un vif contraste avec l'échec de la Russie. Alors que la Chine a progressé à un taux annuel moyen de plus de 10 % dans les années quatre-vingt-dix, la Russie a régressé a un taux annuel moyen de 5,6 %. À la fin de la décennie, le revenu réel en Chine (ce qu'on appelle le «pouvoir d'achat») était comparable à celui de la Russie. Alors que la transition chinoise a eu pour effet le plus grand recul de la pauvreté dans l'histoire (de 350 millions de personnes en 1990 à 208 millions en 1997, en utilisant le seuil, certes bas, d'un dollar par jour qui a cours en Chine), la transition russe a peut-être entraîné la plus grande augmentation historique de la pauvreté en si peu de temps (en dehors des guerres et des famines).

Le contraste entre la stratégie de la Chine et celle de la Russie n'aurait pu être plus clair, et il a commencé dès les toutes premières initiatives sur la voie de la transition. Les réformes chinoises ont débuté dans l'agriculture, avec le passage du système de production collective des «communes» populaires au système de la «responsabilité individuelle» – en fait, une privatisation *partielle*. Ce n'était pas une privatisation complète : les particuliers ne pouvaient pas acheter et vendre la terre librement. Mais l'augmentation de la production a montré combien on pouvait gagner même avec des réformes partielles et limitées. Ce fut un immense succès, impliquant des centaines de millions de travailleurs, et accompli en quelques années. Mais l'entreprise fut menée d'une façon qui lui attira un très vaste soutien : un essai réussi dans une province, suivi par des essais dans plusieurs autres, réussis également. Les preuves étaient si convaincantes que le gouvernement central n'a pas eu à *imposer* le changement. Il a été accepté de bon cœur. Mais la direction chinoise a compris qu'elle ne pouvait pas s'endormir sur ses lauriers et que les réformes devaient s'étendre à toute l'économie.

Elle a alors fait appel à plusieurs conseillers américains, dont Kenneth Arrow, économiste de l'université de Stanford et prix Nobel, et moi-même. Arrow devait en partie son prix Nobel à ses travaux sur les fondements de l'économie de marché. Il avait établi les bases mathématiques qui expliquaient pourquoi et à quelles conditions les économies de marché fonctionnent. Il avait également accompli un travail pionnier sur la dynamique – la façon dont les économies changent. Mais, à la différence des gourous de la transition qui ont fondu sur la Russie armés de leur économie de manuel, il reconnaissait les limites des modèles scolaires. Nous avons bien souligné, lui et moi, l'importance de la concurrence et de la création de l'infrastructure institutionnelle de l'économie de marché. La privatisation était secondaire. Les principales questions que posaient les Chinois portaient sur des problèmes de dynamique. Ils se demandaient, en particulier, comment passer des prix distordus aux prix de marché. Ils ont trouvé à ce problème une solution ingénieuse : un système de prix à deux étages. Ce qu'une firme produisait dans le cadre de l'ancien quota serait à l'ancien prix, mais tout ce qui serait produit en plus serait au prix de marché. Ce système a permis aux incitations de jouer à plein *à la marge* – et c'est là qu'elles comptent, les économistes le savent bien. Mais il a évité les gigantesques redistributions qui se seraient produites si les nouveaux prix s'étaient instantanément appliqués à l'ensemble de la production. Il a permis au marché de « chercher à tâtons » les prix non distordus – ce qui ne va pas toujours sans à-coups – avec un minimum de perturbations. Surtout, l'approche gradualiste des Chinois a esquivé le piège de l'inflation galopante qui avait marqué les thérapies de choc en Russie et dans les autres pays sous tutelle du FMI, avec toutes ses pénibles conséquences, dont l'assèchement total des comptes d'épargne. Dès qu'il eut joué son rôle, le système des prix à deux étages fut abandonné.

Pendant ce temps, la Chine avait déclenché un processus de destruction *créatrice* : éliminer l'ancienne économie en en construisant une nouvelle. Des millions d'entreprises ont été créées par les municipalités et les villages, qui, n'ayant plus la responsabilité de gérer l'agriculture, pouvaient tourner leur attention ailleurs. En même temps, le gouvernement chinois a invité les firmes étrangères à venir participer à des *joint-ventures*. Elles sont venues en masse : la Chine est devenue le plus grand pays d'accueil des investissements directs étrangers parmi les marchés émergents, et le huitième du monde : seuls la dépassaient les États-Unis, la Belgique, le Royaume-Uni, la Suède, l'Allemagne, les Pays-Bas et la France[3]. À la fin de la décennie, elle était encore mieux classée. Et elle a entrepris, simultanément, de créer l'« infrastructure institutionnelle » –

une Commission des opérations de Bourse efficace, des réglementations bancaires, des filets de sécurité. C'est après avoir mis en place ces filets de sécurité et créé de nouveaux emplois qu'elle s'est attelée à la tâche de la restructuration des vieilles entreprises d'État, en réduisant leurs dimensions, ainsi que celle des bureaucraties centrales. En un an ou deux seulement, elle a privatisé une grande partie du parc immobilier. La tâche est loin d'être finie, l'avenir loin d'être clair, mais ce qui est incontestable, c'est que, dans leur immense majorité, les Chinois vivent beaucoup mieux aujourd'hui qu'il y a vingt ans.

La «transition» politique, la sortie du régime autoritaire du Parti communiste en Chine, est un problème plus épineux. La croissance économique et le développement n'apportent pas automatiquement la liberté individuelle et les droits civiques. L'interaction entre politique et économie est complexe. Il y a cinquante ans, une idée était largement répandue : on pensait qu'il fallait choisir entre la croissance et la démocratie, que la Russie allait peut-être avoir une croissance plus rapide que les États-Unis, mais en la payant au prix fort. Nous savons maintenant que, si les Russes ont renoncé à leur liberté, ils n'y ont pas gagné économiquement. Il y a des cas de réformes réussies sous une dictature – Pinochet au Chili, par exemple –, mais les cas de dictatures détruisant leur économie sont bien plus courants.

La stabilité est importante pour la croissance, et tous ceux qui connaissent l'histoire de la Chine comprendront combien la peur de l'instabilité est profonde dans ce pays de plus d'un milliard d'habitants. En définitive, la croissance et la prospérité largement partagée sont nécessaires, sinon suffisantes, pour la stabilité à long terme. Les démocraties d'Occident ont montré que les marchés libres (souvent disciplinés par les États) réussissent à apporter croissance et prospérité dans un climat de liberté individuelle. Cela a été vrai hier, ce sera probablement encore plus vrai pour les nouvelles économies de demain.

Puisqu'elle recherchait à la fois la stabilité et la croissance, la Chine a instauré la concurrence, fondé de nouvelles entreprises et créé des emplois *avant* de privatiser et de restructurer les firmes existantes. Si elle a compris l'importance de la macrostabilisation, elle n'a jamais confondu les fins et les moyens, et n'a jamais poussé à l'extrême la lutte contre l'inflation. Elle a bien vu que, si elle voulait maintenir la stabilité sociale, elle devait éviter le chômage massif. La création d'emplois devait être parallèle à la restructuration. Beaucoup de ses mesures peuvent être interprétées sous cet angle. Si la Chine a libéralisé, elle l'a fait progressivement, par des méthodes assurant que les ressources humaines ainsi évincées seraient redéployées dans des usages plus efficaces, et non laissées dans un chômage improductif. La politique monétaire et les institutions financières ont facilité la création d'entreprises et d'emplois nouveaux. Certes, une partie de l'argent est allée soutenir les entreprises d'État inefficaces – parce que la Chine jugeait plus important, non seulement politiquement mais aussi économiquement, de maintenir la stabilité sociale, qu'un chômage massif aurait détruite. Si elle n'a pas privatisé ses entreprises d'État, celles-ci ont très vite perdu de l'importance quand de nouvelles firmes ont été créées : vingt ans après le début de la transition, elles ne représentaient plus que 28,2 % de la production industrielle. Enfin, la Chine a compris les dangers d'une libéralisation totale des marchés financiers, tout en s'ouvrant à l'investissement direct étranger.

Le contraste entre ce qui s'est passé en Chine et ce qui s'est produit dans des pays comme la Russie, qui se sont inclinés devant l'idéologie du FMI, ne pourrait être plus total. Sur de multiples points, la Chine, nouvelle venue dans l'économie de marché, s'est montrée plus sensible aux effets d'incitation de chacune de ses décisions politiques que le FMI.

Les entreprises publiques des municipalités et des villages ont joué un rôle central dans les premières années de la transition. L'idéologie du FMI disait que, puisque c'étaient des entreprises *publiques*, elles ne pouvaient pas réussir. Le FMI avait tort. Les entreprises de municipalité et de village ont résolu le problème de la gestion, de la « gouvernance », auquel le FMI n'accordait qu'une attention des plus distraites mais qui était la raison cachée de beaucoup d'échecs. Municipalités et villages ont canalisé leurs précieuses ressources financières vers la création de richesses, et dans un climat de vive concurrence pour réussir. Les habitants des villes et des villages pouvaient voir ce qui arrivait à leur argent. Ils savaient si on avait créé des emplois, et si leur revenu avait augmenté. Ce n'était peut-être pas la démocratie, mais il fallait bien leur rendre des comptes. En Chine, les nouvelles activités industrielles ont été installées en zone rurale. Ce choix a contribué à limiter les bouleversements sociaux qui accompagnent inévitablement l'industrialisation. Ainsi, la Chine a posé les bases d'une économie nouvelle sur le socle des institutions existantes, en maintenant et en renforçant son capital social, alors qu'en Russie il s'est érodé.

L'ultime paradoxe, c'est que beaucoup de pays qui ont adopté une stratégie gradualiste ont réussi à opérer plus vite des réformes plus profondes. La Bourse chinoise est plus importante que la russe. Une grande partie de l'agriculture russe est gérée aujourd'hui à peu près comme il y a dix ans, tandis que la Chine est passée au système de « responsabilité individuelle » en moins de cinq ans. Ce contraste que je viens d'établir entre la Russie d'un côté, la Chine et la Pologne de l'autre, on peut le retrouver ailleurs dans les économies en transition. La République tchèque a reçu très tôt l'accolade du FMI et de la Banque mondiale pour la rapidité de ses réformes. On a vu plus tard que ces réformes avaient créé un marché de capitaux qui ne finançait pas d'investissements nouveaux, mais permettait à quelques habiles gestionnaires de fonds (ou, plus exactement, criminels en col blanc : s'ils avaient fait aux États-Unis ce qu'ils ont fait en République tchèque, ils seraient derrière les barreaux) de s'enfuir avec l'argent des autres – des millions de dollars. À cause de ces fautes, et d'autres, commises dans sa transition, la République tchèque a régressé par rapport à son niveau de 1989 – en dépit des énormes atouts que lui donnaient sa situation géographique et le haut niveau d'instruction de sa population. En revanche, la privatisation en Hongrie a peut-être débuté très lentement, mais ses firmes ont été restructurées et elles commencent à devenir concurrentielles sur le marché mondial.

La Pologne et la Chine montrent que d'autres stratégies sont possibles. Le contexte politique, social et historique diffère selon les pays. On ne peut pas être sûr que ce qui a réussi dans ces deux États aurait été efficace – et politiquement réalisable – en Russie. Certains soutiennent donc qu'il est injuste de comparer les résultats, puisque les conditions étaient tout à fait différentes. La Pologne avait, au départ, une tradition du marché plus forte que la Russie : elle avait un secteur privé même à l'époque communiste. Mais la Chine est partie d'une situation moins avancée que la Russie. La présence d'entrepreneurs en Pologne avant la transition aurait pu lui permettre de privatiser plus vite, mais elle a choisi, comme la Chine, de le faire progressivement.

On a prétendu que la Pologne était avantagée parce qu'elle était plus industrialisée, et la Chine parce qu'elle l'était moins. La Chine, a-t-on dit, était encore en cours d'industrialisation et d'urbanisation tandis que la Russie affrontait une tâche plus délicate : réorienter une économie déjà industrialisée mais moribonde. Or on pourrait soutenir exactement le contraire. Le développement n'est pas simple : la rareté des succès le montre assez. Si la transition est difficile et le développement aussi, on voit mal pourquoi il serait facile de faire les deux à la fois. L'écart entre le succès de la Chine et l'échec de la Russie a d'ailleurs été encore plus grand dans la réforme de l'agriculture que dans celle de l'industrie.

L'une des caractéristiques des expériences réussies, c'est qu'elles ont été « nationales », conçues par des esprits du pays, sensibles à ses besoins et à ses préoccupations. Les méthodes employées en Chine, en Pologne ou en Hongrie n'étaient pas du « prêt-à-porter ». Ces pays, et tous ceux qui ont réussi leur transition, se sont montrés pragmatiques – jamais ils n'ont laissé l'idéologie et les modèles simplistes des manuels déterminer leur politique.

Mais la science, même une science imprécise comme l'économie, avance en faisant des prédictions et en analysant les liens de *causalité*. Les prédictions des gradualistes se sont vérifiées – à la fois dans les pays qui ont suivi leur stratégie et dans ceux qui ont fait le contraire. En revanche, les prédictions des partisans de la thérapie de choc ne se sont pas vérifiées.

J'estime que si les pays qui ne se sont pas conformés aux prescriptions du FMI ont réussi, ce n'est pas par hasard. Il y a un lien clair entre les politiques suivies et les résultats – entre les succès de la Chine et de la Pologne et ce qu'elles ont fait, et entre l'échec de la Russie et ce qu'elle a fait. Les résultats en Russie ont été, nous l'avons dit, ceux qu'avaient prédits les adversaires de la thérapie de choc – mais en pis. Les résultats en Chine ont été exactement contraires à ce qu'aurait prédit le FMI, et tout à fait en harmonie avec ce qu'avaient annoncé les « gradualistes » – mais en mieux.

Pour se justifier, les partisans de la thérapie de choc font valoir que les mesures nécessaires à leur stratégie n'ont jamais été mises en œuvre pleinement. L'excuse n'est pas convaincante. En économie, aucune prescription n'est appliquée à la lettre. Les mesures (et les recommandations) doivent intégrer cette réalité : ce sont des individus imparfaits travaillant dans le cadre de processus politiques complexes qui vont les appliquer. Si le FMI ne l'a pas compris, c'est grave en soi. Et il y a pis : beaucoup de ses échecs ont été prévus par des observateurs et des experts indépendants – qu'il a ignorés.

Ce que l'on reproche au FMI, ce n'est pas seulement d'avoir fait des prédictions qui se sont révélées fausses : après tout, personne, pas même lui, ne pouvait être certain des conséquences de l'immense changement que représentait le passage du communisme à l'économie de marché. Ce qu'on lui reproche, c'est d'avoir eu une vision des choses par trop étroite (il s'est concentré uniquement sur l'économie) et d'avoir utilisé un modèle économique particulièrement limité.

Nous avons maintenant beaucoup plus de données sur le processus de réforme qu'il y a cinq ans, lorsque le FMI et la Banque mondiale s'étaient empressés de conclure que leurs stratégies étaient sur la voie du succès[4]. La situation apparaît à présent extrêmement différente de ce qu'elle semblait être au milieu des années quatre-vingt-dix. Peut-être, dans dix ans, au vu des résultats des réformes en cours, aurons-nous à réviser nos jugements. Mais, du point de vue d'aujourd'hui, certains faits paraissent clairs. Le FMI avait dit que les pays qui procédaient à une « thérapie de choc », même s'ils souffraient davantage à court terme, réussiraient mieux à long terme. La Hongrie, la Slovénie et la Pologne ont montré que les politiques gradualistes apportent moins de souffrance à court terme, plus de stabilité sociale et politique, et plus de croissance à long terme. Dans la course entre le lièvre et la tortue, la tortue a encore gagné. Les réformateurs à tous crins – élèves modèles comme la République tchèque ou un peu indisciplinés comme la Russie – ont perdu[5].

La voie de l'avenir

Les responsables des erreurs du passé ne se sont pas beaucoup exprimés sur l'orientation que devrait prendre la Russie dans l'avenir. Ils répètent les mêmes mots sacrés : il faut poursuivre la stabilisation, la privatisation et la libéralisation. Les problèmes causés par la politique d'hier les ont contraints, désormais, à reconnaître la nécessité d'institutions fortes, mais ils ont peu de conseils à donner sur ce qu'elles devraient être, ni sur la façon de les mettre en place. Dans toutes les réunions sur la politique russe, j'ai été frappé par leur absence de stratégie, tant pour faire reculer la pauvreté que pour stimuler la croissance. En fait, la Banque mondiale discutait d'une réduction de ses activités dans le secteur rural. Cette initiative était sensée pour la banque, étant donné les problèmes qu'avaient posés ses programmes antérieurs dans ce domaine, mais pas pour la Russie, puisqu'une grande partie de la pauvreté du pays se trouvait dans les campagnes. La seule stratégie de « croissance » proposée était la suivante : le pays devait prendre des mesures favorisant le rapatriement des capitaux qui avaient fui le pays. Ceux qui soutenaient cette idée négligeaient la signification concrète de leur recommandation : donner définitivement le pouvoir aux oligarques et à ce qu'ils représentaient – la cleptocratie et le capitalisme des copains, coquins et mafieux. Quelle autre raison auraient-ils eue de rapatrier leurs capitaux, qui leur rapportaient de jolis profits en Occident ? Le FMI et le Trésor n'ont jamais voulu voir qu'ils soutenaient là un système dénué de toute légitimité politique, où beaucoup de ceux devenus riches avaient obtenu leur argent par le vol et les faveurs d'un dirigeant, Boris Eltsine, qui avait perdu, lui aussi, toute crédibilité et toute légitimité. La triste vérité, c'est que, pour l'essentiel, la Russie devait considérer ce qui s'était passé comme un pillage des richesses nationales, un vol pur et simple, dont le pays ne pourrait jamais obtenir réparation. Son objectif à présent doit être d'empêcher que ce pillage continue, d'attirer des investisseurs légitimes en créant un état de droit et, plus généralement, un climat attractif pour les entreprises.

La crise de 1998 a eu un seul avantage, que j'ai déjà souligné : la dévaluation du rouble a stimulé la croissance, moins à l'exportation que par substitution aux importations. Elle a montré que les mesures du FMI avaient bel et bien étouffé l'économie en la maintenant au-dessous de son potentiel. Associée à un coup de chance – l'énorme augmentation des prix du pétrole à la fin des années quatre-vingt-dix –, la dévaluation a alimenté une reprise, à partir d'une base certes faible. Cette poussée de croissance a laissé des acquis durables – certaines entreprises qui ont tiré profit du contexte favorable semblent en passe de saisir de nouvelles occasions et de poursuivre leur développement. Il y a d'autres signes positifs. Parmi ceux qui ont profité du système d'ersatz de capitalisme pour devenir extrêmement riches, certains travaillent à changer les règles, afin d'être sûrs que nul ne pourra leur faire ce qu'ils ont fait aux autres. Certains milieux prennent des initiatives pour améliorer la « gouvernance » d'entreprise. Quelques oligarques, s'ils ne veulent pas risquer l'ensemble de leurs capitaux en Russie, aimeraient persuader d'autres investisseurs de s'y engager davantage, et savent que, pour y parvenir, ils doivent mieux se comporter que par le passé. Mais d'autres indices sont moins positifs. Même à l'époque exaltante de la très forte hausse des cours du pétrole, la Russie a été à peine capable d'équilibrer son budget. Or elle aurait dû constituer des réserves, en prévision des lendemains difficiles qu'allaient très probablement lui valoir la retombée des prix pétroliers et le ralentissement de la croissance. À l'heure où ce livre est sous presse, la reprise est incertaine. Les cours du pétrole redescendent, et l'on sait que les effets des dévaluations sont surtout ressentis dans les deux premières années. Mais, au taux de croissance faible qui s'installe aujourd'hui, la Russie aura besoin d'une, deux ou plusieurs décennies pour rattraper simplement son niveau de 1990 – sauf s'il y a des changements très nets.

La Russie a beaucoup appris. Au lendemain du communisme, de nombreux esprits étaient passés de l'ancienne religion de Marx à la nouvelle religion du marché. Ce culte a perdu de son éclat, et le pragmatisme prend la relève.

Certaines mesures pourraient être très utiles. Il est naturel, en les énumérant, de penser d'abord aux erreurs du passé : on a négligé les soubassements de l'économie de marché – des institutions financières qui prêtent aux nouvelles entreprises, des lois qui font respecter les contrats et soutiennent la concurrence, un pouvoir judiciaire indépendant et honnête.

La Russie doit cesser de se focaliser sur la macrostabilisation : elle doit stimuler la croissance économique. Tout au long des années quatre-vingt-dix, la grande préoccupation du FMI a été d'amener les pays à mettre de l'ordre dans leur budget et à contrôler l'augmentation de leur masse monétaire. Bien que cette stabilisation, quand elle est menée avec *modération*, puisse être une condition préalable à la croissance, elle n'est pas du tout une stratégie de croissance. En fait, elle a réduit la demande globale. Et l'interaction de cette diminution de la demande globale et des stratégies de restructuration mal inspirées a réduit l'offre globale. En 1998, il y a eu un vif débat sur le rôle de l'offre et de la demande. Le FMI soutenait que toute augmentation de la demande globale serait inflationniste. Si c'était vrai, quel terrible aveu d'échec ! En six ans, la capacité de production de la Russie avait été réduite de plus de 40 %, chiffre qui dépassait de loin la baisse de la production militaire et les pertes de capacité qu'inflige n'importe quelle guerre, sauf les pires. Je savais que la politique du FMI avait puissamment contribué à cette réduction de la capacité de production, mais j'estimais que la faiblesse de la demande globale restait malgré tout un problème. On a vu que le FMI, une fois de plus, avait tort. Quand la dévaluation s'est produite, les producteurs nationaux ont pu enfin concurrencer les importations étrangères et satisfaire la nouvelle demande. La production a augmenté. Il y avait bien une capacité excédentaire, que les mesures du FMI avaient laissée inutilisée pendant des années.

La croissance n'aura lieu que si la Russie crée un environnement favorable à l'investissement. Cela implique des initiatives publiques à tous les échelons : de bonnes décisions nationales peuvent être annulées par de mauvaises mesures régionales et locales. À tous les niveaux, des réglementations peuvent gêner la création de nouvelles entreprises. L'impossibilité de se procurer des terrains peut être une entrave, exactement comme le manque de capitaux. La privatisation ne sert pas à grand-chose si les autorités locales pressurent les entreprises au point qu'elles n'ont pas d'incitation à investir. Il faut donc s'attaquer sans détour aux problèmes du fédéralisme, en le dotant d'une structure qui offre des incitations cohérentes à tous les échelons. Ce sera difficile. Les mesures qui visent à réduire les abus des échelons inférieurs de l'État peuvent elles-mêmes engendrer d'autres abus, en donnant trop de pouvoir au centre, et en privant les autorités locales et régionales de la possibilité de concevoir des stratégies de croissance dynamiques et créatrices. Si la Russie a connu globalement la stagnation, il y a eu des progrès réels dans certains endroits – et l'on craint que les récents efforts du Kremlin pour remettre au pas les autorités locales n'étouffent les initiatives de ce type.

Mais il y a un élément essentiel pour instaurer un bon climat économique, et qui va être particulièrement délicat à obtenir après ce qui s'est passé dans la dernière décennie : la stabilité politique et sociale. L'immense inégalité, la pauvreté gigantesque qui ont été créées dans les dix dernières années offrent un terrain fertile à toute une gamme de mouvements, du nationalisme au populisme, dont certains pourraient menacer non seulement l'avenir économique de la Russie mais aussi la paix mondiale. Il sera difficile, et probablement très long, d'inverser l'inégalité qui a été si vite établie.

Enfin, la Russie doit faire rentrer les impôts. Ce devrait être très simple dans ses principales entreprises, celles liées aux ressources naturelles. Puisque la production et les recettes dans ce secteur sont, en principe, faciles à surveiller, il devrait être tout aussi facile d'y faire respecter les obligations fiscales. Il faut que la Russie fasse savoir à ces firmes que, si les impôts ne sont pas réglés dans les soixante jours, leurs actifs seront saisis. Si elles ne paient pas et que l'État les confisque, il pourra les reprivatiser par une procédure plus légitime que la scandaleuse « privatisation par les prêts» sous Eltsine. Et si elles paient, la Russie et le gouvernement russe auront les ressources nécessaires pour s'attaquer à certains des grands problèmes en suspens.

Et, de même que les firmes qui doivent des impôts sont tenues de les payer, il faut contraindre à rembourser leurs dettes celles qui doivent de l'argent aux banques – en particulier à celles qui, s'étant déclarées en faillite, sont aujourd'hui gérées par l'État. Cela pourrait passer, là encore, par une renationalisation de fait, suivie d'une privatisation plus légitime que la première.

Pour qu'un tel programme réussisse, il faut d'abord un gouvernement relativement honnête, soucieux d'améliorer le bien-être collectif. Et, sur ce plan-là, comprenons bien que nous, les Occidentaux, nous ne pouvons pas faire grand-chose. L'orgueilleuse politique de l'administration Clinton et du FMI – qui croyaient pouvoir choisir les dirigeants qu'il fallait soutenir, imposer d'efficaces stratégies de réforme et ouvrir une ère nouvelle à la Russie – a révélé sa vraie nature : c'était une tentative outrecuidante pour changer le cours de l'histoire, appuyée sur un ensemble étriqué de concepts économiques, menée par des gens ignorant pratiquement tout du pays, et, bien sûr, vouée à l'échec. Nous pouvons contribuer à soutenir le type d'institutions sur lesquelles reposent les démocraties – la mise en place de groupes de réflexion, la création d'espaces de débat public, l'aide aux médias indépendants, l'éducation d'une génération nouvelle qui comprend comment les démocraties fonctionnent. Au niveau national, régional et provincial, beaucoup de jeunes responsables aimeraient voir leur pays changer de cap. Leur apporter un large soutien – intellectuel autant que financier – pourrait être vraiment utile. Puisque la destruction de la classe moyenne est à long terme la pire menace pour la Russie, nous pouvons, à défaut d'effacer totalement les dégâts commis, œuvrer au moins à interrompre l'érosion.

George Soros a montré que l'aide fournie par un individu isolé peut compter. Il est certain que les efforts concertés de l'Occident, s'ils étaient bien orientés, pourraient compter encore plus. En instaurant de larges interactions démocratiques, nous devons prendre nos distances avec les dirigeants alliés aux anciennes structures de pouvoir et aux nouvelles, celles que font émerger les oligarques – au moins autant que la *Realpolitik* nous le permettra. Surtout, nous ne devons pas nuire. Les prêts du FMI à la Russie ont été nuisibles. Pas seulement parce que ces prêts et les décisions politiques qui les sous-tendaient ont laissé le pays plus endetté et plus pauvre, et qu'ils ont maintenu les taux de change à des niveaux qui étranglaient l'économie. Mais aussi parce qu'ils visaient à maintenir au pouvoir les cercles en place, alors qu'on les savait corrompus. Donc, dans la mesure où cette intervention délibérée dans la vie politique du pays a réussi, on peut soutenir que ces prêts ont compromis un programme de réformes plus radical qui, au lieu de se limiter à mettre en place une conception particulière et étriquée d'une économie de marché, aurait cherché à créer une démocratie dynamique. L'idée sur laquelle j'ai conclu mon intervention dans les débats sur le prêt de 1998 reste aussi vraie aujourd'hui qu'à l'époque : si la Russie, pays riche en pétrole et en ressources naturelles, est capable de se prendre en main, elle n'a pas besoin du prêt ; et si elle n'en est pas capable, le prêt ne lui servira à rien. Ce n'est pas d'argent que la Russie a besoin, c'est d'autre chose. Quelque chose que le reste du monde peut donner, mais dans le cadre d'un type de programme tout à fait différent.

LES ÉCHECS ET LA RESPONSABILITÉ DÉMOCRATIQUE DEVANT LES CITOYENS

J'ai peint un sombre tableau de la Russie en transition : une pauvreté massive, une poignée d'oligarques, les classes moyennes ravagées, le déclin démographique, la désillusion à l'égard du marché. Il convient d'équilibrer cet acte d'accusation en reconnaissant les acquis. La Russie a aujourd'hui une démocratie fragile, mais bien meilleure que l'ancien régime totalitaire. Si elle souffre du manque de liberté des médias, hier trop soumis à quelques oligarques, aujourd'hui contrôlés de trop près par l'État, les médias russes offrent malgré tout une gamme de points de vue bien plus large que sous le système étatique du passé. Même si, trop souvent, ils cherchent à émigrer à l'Ouest au lieu de faire face aux difficultés de la vie économique en Russie ou dans les autres ex-républiques soviétiques, des entrepreneurs jeunes, actifs, instruits, portent la promesse d'un secteur privé plus dynamique à l'avenir.

En dernière analyse, c'est la Russie et ses dirigeants qui sont responsables de l'histoire récente et du destin du pays. Dans une large mesure, ce sont des Russes, au moins une petite élite, qui ont fait le malheur de la Russie. Ce sont des Russes qui ont pris les décisions capitales – comme la « privatisation par les prêts ». On peut soutenir que les Russes ont été bien plus habiles à manipuler les institutions occidentales que les Occidentaux à comprendre la Russie. De hauts responsables comme Anatoli Tchoubaïs ont ouvertement reconnu[6] qu'ils ont induit le FMI en erreur – ou pis : qu'ils lui ont menti. Cela leur est apparu comme un « devoir », pour obtenir les fonds dont ils avaient besoin.

Mais nous, Occidentaux, et nos dirigeants, nous avons joué dans l'affaire un rôle qui est loin d'être neutre et anodin. Le FMI s'est laissé tromper parce qu'il voulait croire que ses plans réussissaient, parce qu'il voulait continuer à prêter, parce qu'il voulait croire qu'il était en train de remodeler la Russie. Et il est certain que nous avons pesé sur l'orientation du pays. Nous avons donné notre bénédiction aux détenteurs du pouvoir. La disposition manifeste de l'Occident à traiter avec eux – et massivement, avec des milliards de dollars à la clef – leur a conféré une crédibilité. Et sa réticence probable à soutenir de la même façon d'autres forces politiques a clairement joué contre elles. Notre soutien tacite à la « privatisation par les prêts » a peut-être muselé les protestations. Après tout, le FMI était l'expert en matière de transition : il avait demandé que l'on privatise aussi vite que possible, et le stratagème des prêts avait au moins la vertu d'être rapide. De toute évidence, la corruption qu'il impliquait ne posait pas problème. Le soutien occidental, les mesures prises par l'Occident – et les milliards de dollars du FMI – n'ont peut-être pas seulement permis au gouvernement corrompu, avec ses politiques corrompues, de rester au pouvoir, mais aussi réduit la pression pour des réformes sérieuses.

Nous avons parié sur des dirigeants qui avaient nos faveurs, et préconisé des stratégies de transition particulières. Certains de ces dirigeants se sont révélés incompétents, d'autres, corrompus, et d'autres, les deux à la fois. Certaines de ces stratégies se sont révélées fausses, d'autres corrompues, et d'autres les deux. Il est absurde de dire que les mesures étaient bonnes mais qu'elles ont été mal appliquées. La politique économique n'est pas faite pour un monde idéal mais pour le monde tel qu'il est. On ne doit pas prendre les décisions en fonction de la façon dont les appliquerait un monde idéal, mais de celle dont elles seront appliquées dans le monde où nous vivons. Il y a eu des appels comminatoires à ne pas explorer d'autres stratégies plus prometteuses. Aujourd'hui, la Russie commence à demander des comptes à ses dirigeants sur les conséquences de leurs décisions. Et nous aussi, nous devons demander des comptes à nos dirigeants. Ils risquent fort de ne pas en sortir grandis.

NOTES

1. Kolodko a écrit dans le *New York Times* : « Mais notre succès a eu une autre facette tout aussi importante. La Pologne n'a pas recherché l'approbation de la communauté financière internationale. Nous avons voulu, au contraire, que les citoyens polonais acceptent ces réformes. Nous avons donc payé les salaires et les retraites, réévaluées en fonction de l'inflation. Il y a eu des indemnités de chômage. Nous avons respecté notre propre société tout en menant de rudes négociations avec les investisseurs étrangers et les institutions financières internationales. » (George W. Kolodko, « Russia should put its people first », *New York Times*, 7 juillet 1998.)

2. La Pologne a aussi montré qu'on pouvait, en maintenant la propriété publique des entreprises, non seulement empêcher le pillage des actifs mais augmenter la productivité. En Occident, les gains de productivité les plus importants n'ont pas été dus à la privatisation mais à la «rationalisation», c'est-à-dire à l'introduction de contraintes budgétaires rigoureuses et de méthodes commerciales dans des entreprises qui continuent d'appartenir à l'État. Voir J. Vickers et G. Yarrow, *Privatization : an Economic Analysis*, Cambridge, Mass., MIT Press, 1988, chap. 2, et, des mêmes auteurs, «Economic perspectives on privatization», *The Journal of Economic Perspectives*, vol. 5, n° 2, printemps 1991, p. 111-132.

3. En 1990, les entrées nettes de capitaux privés en Chine représentaient 8 milliards de dollars. En 1999, elles ont atteint le niveau considérable de 41 milliards de dollars, plus de dix fois le chiffre de la Russie cette année-là. (Source : Banque mondiale, *World Development Indicators 2001*.)

4. Voir, par exemple, Banque mondiale, *De l'économie planifiée à l'économie de marché : rapport sur le développement dans le monde 1996*.

5. La meilleure défense qu'avancent les réformateurs radicaux après leur échec est la suivante : nous ne savons pas ce qui se serait passé autrement; les options offertes à d'autres pays n'étaient pas envisageables; à la date où les partisans d'un changement radical ont pris les commandes, une réforme guidée par le centre comme en Chine n'était plus possible, car en Russie le pouvoir central s'était effon-

dré ; la reprise des firmes par la *nomenklatura*, les dirigeants existants, qui s'était de toute façon déjà produite dans bien des cas, était la seule solution. Je soutiens au contraire que, si l'on avait conscience de ces problèmes, il était encore plus important de *ne pas* orienter la stratégie de privatisation et de libéralisation comme on l'a fait. La crise du pouvoir central rendait encore plus simple, et plus important, de morceler les grandes firmes nationales, en particulier dans le secteur des ressources naturelles, en plusieurs entreprises en concurrence entre elles, ce qui aurait abouti à diffuser plus largement le pouvoir économique. Et elle rendait d'autant plus impératif de veiller à la mise en place d'un système fiscal efficace avant de distribuer les sources de la création de richesses. Les réformes chinoises ont accompli une énorme décentralisation du pouvoir de décision économique. Peut-être d'autres stratégies se seraient-elles révélées inopérantes en Russie, mais on a du mal à croire que le résultat aurait pu être pire que ce qui s'est passé.

6. Quand on a demandé à Anatoli Tchoubaïs si le gouvernement russe avait le droit de mentir au FMI sur sa véritable situation budgétaire, il a répondu littéralement ceci : « Dans de telles situations, les autorités doivent le faire, nous devions le faire. Bien que nous leur ayons indûment soutiré 20 milliards de dollars, les institutions financières comprennent que nous n'avions pas le choix. » Voir R.C. Paddock, « Russia lied to get loans, says aide to Yeltsin », *The Los Angeles Times*, 9 septembre 1998.

8

L'autre programme du FMI

Les efforts bien peu réussis du Fonds monétaire international au cours des années quatre-vingt et quatre-vingt-dix soulèvent d'inquiétantes questions sur la façon dont il perçoit le processus de mondialisation. Comment voit-il ses objectifs ? Par quels moyens entend-il les atteindre dans le cadre de son rôle et de sa mission ?

Le FMI pense s'acquitter des tâches qui lui ont été confiées : promouvoir la stabilité mondiale, aider les pays en développement et en transition à obtenir non seulement la stabilité mais aussi la croissance. Il y a peu, il se demandait encore s'il devait se soucier de la pauvreté – qui était du ressort de la Banque mondiale –, mais aujourd'hui il a intégré même cet aspect des choses, du moins dans son discours. Néanmoins, j'estime qu'il a échoué, et que ses échecs ne sont pas des accidents, mais résultent de la façon dont il a compris sa mission.

Il y a bien des années, une formule du secrétaire à la Défense Charles E. Wilson, ancien président de General Motors, était devenue le symbole d'une certaine idée du capitalisme américain : « Ce qui est bon pour General Motors est bon pour le pays. » On a souvent l'impression que le FMI a une conception du même ordre : « Ce que la communauté financière juge bon pour l'économie mondiale est bon pour l'économie mondiale, et il faut le faire. » Parfois, c'est vrai ; dans bien des cas, ça ne l'est pas. Et quelquefois, ce que la communauté financière croit être dans ses intérêts ne l'est pas, parce que l'idéologie dominante du libre marché lui brouille les idées et qu'elle ne voit pas clairement la meilleure solution aux problèmes d'une économie.

Perte de cohérence intellectuelle ? Du FMI de Keynes à celui d'aujourd'hui

Keynes a été le parrain intellectuel du FMI, et l'idée qu'il se faisait de son rôle était assez cohérente. Il avait repéré un échec du marché – une raison de ne pas s'en remettre à ses mécanismes spontanés –, auquel une action collective pouvait remédier. Il craignait de voir les marchés engendrer un chômage chronique. Il est allé plus loin. Il a montré pourquoi on avait besoin d'une action collective *mondiale* : parce que les actes d'un pays ont des retombées sur d'autres. Les importations d'un État sont les exportations d'autres États. Lorsqu'il les réduit, pour quelque raison que ce soit, il porte atteinte aux économies de ces pays.

Il avait vu un autre échec du marché. Keynes craignait qu'en cas de crise économique grave, contre laquelle la politique monétaire se serait révélée inefficace, certains pays ne puissent pas emprunter pour stimuler l'économie – financer une augmentation des dépenses ou compenser des réductions d'impôts. Même un pays apparemment solvable risquait d'avoir du mal à se faire prêter de l'argent. Keynes a donc repéré cet ensemble d'échecs du marché, et il a expliqué en quoi une institution comme le FMI pouvait améliorer les choses : s'il faisait pression sur les pays pour qu'ils maintiennent leur économie au niveau du plein emploi, et s'il apportait des liquidités à ceux qui, face à une crise, ne pouvaient pas s'offrir une augmentation expansionniste des dépenses publiques, il serait possible de soutenir la demande globale *mondiale*.

Mais, aujourd'hui, ce sont les fanatiques du marché qui dominent le FMI. Ils sont persuadés que le marché, très généralement, ça marche, et que l'État, très généralement, ça ne marche pas. Nous avons de toute évidence un problème : une institution publique créée pour remédier à des échecs du marché est à présent dirigée par des économistes qui font très largement confiance aux marchés et très peu aux institutions publiques. Mais les incohérences du FMI apparaissent particulièrement perturbantes au regard des avancées de la théorie économique depuis trente ans.

La profession a procédé à une étude systématique de la *théorie qui explique l'action de l'État par l'échec du marché* – celle qui essaie de préciser pourquoi les marchés peuvent ne pas fonctionner correctement, et pourquoi une action collective est nécessaire. Au niveau international, cette théorie détermine les raisons pour lesquelles certains États risquent de ne pas bien servir la prospérité économique mondiale, et indique comment l'action collective planétaire – l'action concertée des États, qui coopèrent souvent dans le cadre d'institutions internationales – peut améliorer les choses. Élaborer une conception intellectuellement cohérente de la politique mondiale d'une institution internationale comme le FMI, c'est donc repérer les cas principaux de dysfonctionnement des marchés, analyser comment des mesures précises pourraient prévenir, ou réduire au minimum, les dégâts que causent leurs échecs. Et même plus : montrer en quoi telle ou telle intervention est la *meilleure* façon de s'attaquer aux échecs du marché, de faire face aux problèmes avant qu'ils ne se produisent, et de leur porter remède quand ils surgissent. Keynes, nous l'avons dit, a proposé une telle analyse. Il a expliqué pourquoi les pays risquaient de ne pas adopter de leur propre chef des politiques assez expansionnistes : parce qu'ils ne prennent pas en compte leurs apports bénéfiques pour d'autres pays. Le FMI, dans sa conception initiale, était donc censé faire peser sur eux une pression internationale pour les amener à suivre des stratégies plus expansionnistes qu'ils ne l'auraient choisi. Aujourd'hui, il fait l'inverse : il fait pression sur les pays, en particulier en développement, pour qu'ils mettent en œuvre des politiques plus restrictives qu'ils ne l'auraient choisi. Mais, tout en rejetant manifestement les idées de Keynes, le FMI actuel n'a, à mon sens, formulé aucune théorie cohérente de l'échec du marché qui justifierait sa propre existence et donnerait un fondement logique à ses interventions pratiques sur les marchés. En conséquence, nous l'avons vu, le FMI a trop souvent conçu des politiques qui non seulement ont exacerbé les problèmes mêmes qu'elles cherchaient à traiter, mais les ont laissés se reproduire de multiples fois.

UN NOUVEAU RÔLE POUR UN NOUVEAU RÉGIME DES TAUX DE CHANGE ?

Voilà une trentaine d'années, le monde est passé à un système de changes flexibles. Ce changement avait un fondement théorique cohérent : les taux de change, comme les autres prix, devaient être déterminés par les forces du marché ; les interventions de l'État dans le mécanisme de fixation n'avaient pas plus de succès pour ce prix-là que pour les autres. Or voici que les chauds partisans du marché qui dirigent le FMI se livrent à des interventions massives ! Ils dépensent des milliards de dollars pour tenter de maintenir les taux de change du Brésil et de la Russie à des niveaux insoutenables. Comment le FMI justifie-t-il de telles interférences ? Il fait valoir que *parfois* les marchés se montrent trop pessimistes – qu'il y a « surajustement » –, et qu'alors la main plus réfléchie du bureaucrate international peut contribuer à les stabiliser. Il me paraît bien curieux qu'une institution aussi prompte à proclamer l'efficacité des marchés, pour ne pas dire leur perfection, décide que sur un marché précis – celui des changes – il faut intervenir massivement. Le FMI n'a jamais expliqué de façon satisfaisante pourquoi cette intervention extrêmement coûteuse est souhaitable sur ce marché particulier, et pourquoi elle ne l'est pas sur les autres.

Les marchés peuvent se montrer trop pessimistes, j'en conviens. Mais je crois qu'ils peuvent aussi se montrer trop optimistes, et que ces problèmes ne concernent pas uniquement le marché des changes. Il existe une large gamme d'imperfections des marchés, en particulier des marchés financiers, qui exigent une gamme tout aussi large d'interventions.

C'est un excès d'euphorie, par exemple, qui a gonflé la bulle boursière et immobilière en Thaïlande – grossie, pour ne pas dire créée, par les capitaux spéculatifs qui ont afflué dans ce pays. L'euphorie a été suivie par un pessimisme excessif quand le flux s'est abruptement inversé. En fait, ce retournement du flux spéculatif a été la cause principale de la volatilité exagérée des taux de change. S'il s'agit d'un phénomène comparable à une maladie, le bon sens veut que l'on traite la maladie elle-même, et pas seulement ses symptômes – la volatilité des taux de change. Mais l'idéologie du libre marché a conduit le FMI à faciliter les entrées et sorties massives des fonds spéculatifs. En agissant sur les symptômes, en déversant des milliards de dollars sur le marché, le FMI a en réalité aggravé la maladie. Si les spéculateurs ne pouvaient gagner de l'argent qu'aux dépens d'autres spéculateurs, leur jeu n'aurait pas grand intérêt. Ce serait une activité à haut risque et rapportant *en moyenne* un profit nul, puisque les gains des uns seraient exactement compensés par les pertes des autres. Ce qui rend la spéculation lucrative, c'est l'argent qui vient des États soutenus par le FMI. Quand le FMI et l'État brésilien, par exemple, ont dépensé, fin 1998, près de 50 milliards de dollars pour maintenir le taux de change à un niveau surévalué, où est allé cet argent ? Il ne s'est pas évaporé dans l'atmosphère. Il est bien allé quelque part : une grande partie a fini dans les poches des spéculateurs. Certains spéculateurs peuvent gagner, d'autres peuvent perdre, mais les spéculateurs en tant que groupe font un gain égal aux pertes de l'État. En un sens, c'est donc le FMI qui les maintient en activité.

CONTAGION

Un autre exemple, tout aussi frappant, montre comment l'absence d'une théorie cohérente et raisonnablement complète peut conduire le FMI à exacerber, par les décisions qu'il prend, les problèmes qu'il est censé résoudre. Considérons ce qui se passe quand il tente de prévenir la « contagion ». Il soutient, pour l'essentiel, qu'il est tenu d'intervenir, et vite, dès qu'il s'aperçoit qu'une crise en cours dans un pays va déborder sur d'autres. Cette crise va se répandre comme une maladie virale, contagieuse.

S'il y a un problème de contagion, il importe de savoir par quels mécanismes elle se produit, comme les épidémiologistes, quand ils veulent empêcher une maladie infectieuse de se répandre, s'efforcent de comprendre comment elle se transmet. Keynes avait une théorie cohérente : la crise qui frappait un pays le conduisait à réduire ses importations, ce qui nuisait à ses voisins. Nous avons vu au chapitre 4 que le FMI, tout en parlant de contagion, a pris dans la crise financière asiatique des décisions qui ont en réalité accéléré la transmission du mal. Il a imposé l'austérité à plusieurs pays, où la chute des revenus a vite abouti à des réductions massives des importations, qui, dans les économies étroitement intégrées de la région, ont affaibli les pays voisins. Quand la région a implosé, la baisse de la demande de pétrole et d'autres produits de base a entraîné l'effondrement de leurs cours, ce qui a semé le chaos à des milliers de kilomètres dans de lointains pays qui dépendaient de l'exportation de ces produits.

Le FMI ne s'en est pas moins fermement tenu à l'austérité budgétaire comme antidote : il l'a proclamée essentielle pour rétablir la confiance des investisseurs. Mais la crise asiatique a gagné la Russie *via* l'effondrement des prix du pétrole, et non en raison d'un lien bien mystérieux entre la « confiance » des investisseurs étrangers et celle des nationaux dans les économies du miracle asiatique et dans le capitalisme mafieux russe. Ne disposant d'aucune théorie cohérente et convaincante de la contagion, le FMI a répandu le mal au lieu de le contenir.

À QUEL MOMENT UN DÉFICIT COMMERCIAL EST-IL UN PROBLÈME ?

L'incohérence ne règne pas seulement dans les remèdes du FMI mais aussi dans ses diagnostics. Ses économistes s'inquiètent énormément du déficit de la balance des paiements. Ce dernier constitue, dans leurs calculs, un signe sûr de grave problème en gestation. Mais, souvent, lorsqu'ils tonnent contre ce type de déficit, ils se soucient fort peu de l'usage réel qui est fait de l'argent. Quand l'État a un excédent budgétaire (comme la Thaïlande dans les années d'avant la crise de 1997), le déficit de la balance des paiements est essentiellement dû au fait que l'investissement *privé* est supérieur à l'épargne privée. Si une firme du secteur privé emprunte un million de dollars à 5 % et l'investit dans une activité qui lui rapporte 20 %, cet emprunt ne lui pose aucun problème. L'investissement rembourse la dette, et au-delà. Même si la firme a fait une erreur de jugement et que ses profits sont de 3 %, voire de 0 %, il n'y a toujours aucun problème, bien sûr. L'emprunteur fait alors faillite, et le créancier perd tout ou partie de son argent. C'est peut-être un problème pour lui, mais ce ne devrait en être un ni pour le gouvernement du pays, ni pour le FMI.

Une analyse *cohérente* aurait reconnu ce point. Elle aurait aussi admis que, si un pays importe plus qu'il n'exporte (c'est-à-dire s'il a un déficit de la balance commerciale), un autre pays doit exporter plus qu'il n'importe (et avoir une balance commerciale en excédent). C'est une loi imprescriptible de la comptabilité internationale : dans le monde, la somme de tous les déficits doit être égale à celle de tous les excédents. Cela signifie que, si la Chine et le Japon veulent absolument avoir un excédent commercial, certains pays doivent nécessairement être en déficit. On ne peut pas faire pression uniquement sur les pays en déficit. Les pays en excédent aussi sont en tort. Si le Japon et la Chine conservent leur excédent, et si la Corée du Sud convertit son déficit en excédent, le problème du déficit *doit* apparaître sur le paillasson de quelqu'un d'autre.

Il est vrai, néanmoins, que de gros déficits de la balance commerciale peuvent poser problème : ils obligent un pays à emprunter chaque année. Si ses créanciers changent d'idée et cessent de lui consentir des prêts, il peut avoir de graves ennuis – une crise. Il dépense davantage dans ses achats à l'étranger qu'il ne gagne par ses ventes extérieures. Quand les autres refuseront de continuer à financer la différence, ce pays devra s'ajuster précipitamment. Parfois, cet ajustement est aisément réalisable. Supposons qu'un pays emprunte massivement pour financer une folle pulsion d'achats de voitures (cela s'est vu récemment en Islande) : si les étrangers refusent de prêter davantage pour les voitures, la folle pulsion s'arrête et le trou de la balance commerciale disparaît. Mais, en général, l'ajustement ne se produit pas aussi élégamment. Et les problèmes sont encore pires si le pays a emprunté à court terme : les créanciers peuvent alors exiger le remboursement immédiat de l'argent qu'ils ont prêté pour financer le déficit des années précédentes, qu'il ait été dépensé en consommations débridées ou investi à long terme.

Faillite et aléa moral

Ces crises se produisent, par exemple, quand une bulle de l'immobilier éclate, comme cela s'est passé en Thaïlande. Ceux qui avaient emprunté à l'étranger pour financer leurs aventures immobilières n'ont pas pu rembourser. Les faillites se sont multipliées. La gestion des faillites par le FMI est un autre domaine où l'incohérence intellectuelle fait des ravages.

Dans l'économie de marché normale, si un prêteur consent un prêt qui tourne mal, il en subit les conséquences. L'emprunteur peut fort bien se déclarer en faillite : les pays ont des lois qui fixent les modalités du règlement de cette situation. C'est ainsi que sont censées fonctionner les économies de marché. En réalité, à de multiples reprises, le FMI a fourni des fonds aux États pour tirer d'affaire les créanciers occidentaux. Ceux-ci font donc l'hypothèse qu'il y aura, le cas échéant, une opération de sauvetage, et sont donc moins incités à examiner de près si les emprunteurs pourront rembourser. C'est le problème de l'« aléa moral », des effets pervers, bien connu dans la branche de l'assurance et désormais en économie. Quand on est assuré, on a moins de raisons de faire attention, d'être prudent. Une opération de sauvetage en cas de crise, c'est comme une assurance « gratuite ». Les prêteurs mettent moins de soin à trier ceux qui sollicitent leurs prêts, puisqu'ils savent qu'en cas de problème ils seront renfloués. Et, du côté des emprunteurs, que se passe-t-il ? Les firmes exposées à la volatilité des taux de change, si elles sont prudentes, peuvent s'assurer contre elle, par des moyens compliqués mais tout à fait accessibles ; si les emprunteurs, dans un pays, ne s'assurent pas, parce qu'ils savent ou croient qu'une opération de sauvetage du FMI est probable, celui-ci les encourage à prendre un risque supplémentaire – et à ne pas s'en inquiéter. C'est ce qui s'est produit dans la marche à la crise du rouble de 1998 en Russie. En l'occurrence, au moment même où ils prêtaient à la Russie, les financiers de Wall Street disaient ouvertement qu'à leur avis il faudrait une opération de sauvetage vraiment massive – et ils étaient persuadés qu'ils l'auraient, puisque la Russie était une puissance nucléaire.

Se concentrant sur les symptômes, le FMI tente de justifier ses interventions en faisant valoir que, sans elles, le pays manquerait à ses engagements et ne pourrait donc plus se faire prêter de l'argent. Une analyse *cohérente* aurait perçu la faille dans ce raisonnement. *Si* les marchés financiers fonctionnent bien – et plus encore s'ils fonctionnent aussi merveilleusement que semblent le croire leurs thuriféraires du FMI –, ils sont tournés vers l'avenir; les taux d'intérêt qu'ils demandent, ils les évaluent en fonction du risque qui est *devant eux*, et non derrière. Un pays qui s'est libéré d'un lourd fardeau de dettes, même en manquant à ses engagements, est en meilleure position pour se développer, donc *plus* capable de rembourser un nouvel emprunt. C'est l'une des raisons d'être de la faillite elle-même. Le paiement libératoire ou la restructuration de leur dette permettent aux entreprises – et aux pays – de repartir de l'avant vers la croissance. Peut-être les peines de prison pour dettes du XVIIIe siècle incitaient-elles puissamment les individus à ne pas faire faillite, mais elles n'aidaient pas les débiteurs à se relever. Non seulement elles étaient inhumaines, mais elles ne renforçaient pas l'efficacité globale de l'économie.

L'Histoire confirme cette analyse théorique. Le cas le plus récent est celui de la Russie : elle a rompu ses engagements par un défaut de paiement massif en 1998, et a été très critiquée pour n'avoir pas même consulté ses créanciers; néanmoins, elle a pu réemprunter sur le marché en 2001, et les capitaux commencent à revenir. Ils reviennent aussi en Corée du Sud, alors que ce pays a imposé de fait une restructuration de sa dette en laissant à ses créanciers étrangers un choix sans nuances : ou ils reconduisaient leurs prêts, ou ils ne seraient pas remboursés.

Voyons comment le FMI, s'il avait élaboré un modèle cohérent, aurait pu aborder l'un des problèmes les plus difficiles des événements asiatiques : fallait-il ou non augmenter les taux d'intérêt en pleine crise ? Les augmenter, c'était bien sûr acculer des milliers d'entreprises à la faillite. Mais le FMI affirme que ne pas les augmenter, c'était provoquer un effondrement du taux de change qui aurait entraîné encore plus de faillites. Laissons provisoirement de côté la question : la hausse des taux d'intérêt (avec l'exacerbation de la récession qui en résulte) fait-elle monter le taux de change ? (Dans la réalité, elle ne l'a pas fait.) Laissons de côté aussi la question empirique : est-ce la hausse des taux d'intérêt ou la chute du taux de change qui fait le plus de victimes dans les rangs des entreprises ? (En Thaïlande, les chiffres suggèrent fortement qu'une nouvelle chute du taux de change en aurait fait moins.) Le problème du chaos économique provoqué par les dépréciations du taux de change est créé par les firmes qui ont choisi de ne pas s'assurer contre elles. Une analyse cohérente de la question aurait commencé par s'interroger sur les raisons de cet échec manifeste du marché : pourquoi les entreprises ne s'assurent-elles pas ? Et elle aurait suggéré que le FMI lui-même est un élément majeur du problème : puisqu'il intervient pour soutenir les taux de change, les entreprises, on l'a dit, ont moins besoin de s'assurer, situation qui exacerbe pour l'avenir le problème même que l'intervention était censée résoudre.

DU *BAIL OUT* AU *BAIL IN*

Ses échecs se faisant de plus en plus visibles, le FMI a cherché de nouvelles stratégies. Mais, puisqu'il ne disposait pas d'une théorie cohérente, sa quête de solutions de rechange viables avait peu de chances de succès. Puisque les grandes opérations où il « sauvait des eaux » les créanciers – *bail out* – suscitaient d'innombrables critiques, il a essayé de les « mettre dans le bain », stratégie que certains ont baptisée *bail in*. Le FMI voulait que désormais, si opération de sauvetage il y avait, les institutions du secteur privé soient « dedans ». Pour commencer, il exigeait, avant de prêter lui-même de l'argent à un pays, une large « participation » des prêteurs du secteur privé ; en cas d'opération de renflouage, ils devraient subir « une coupe de cheveux » – faire remise d'une partie importante de ce qui leur était dû. Cette nouvelle stratégie – nul n'en sera surpris – a d'abord été essayée non sur de grands pays comme le Brésil et la Russie, mais sur des pays impuissants comme l'Équateur et la Roumanie, trop faibles pour résister au FMI. Elle s'est vite révélée problématique dans sa conception et perverse dans sa mise en œuvre, avec des conséquences tout à fait négatives pour les pays cobayes.

Le cas de la Roumanie a été particulièrement ahurissant. Elle ne menaçait nullement de ne pas rembourser ses dettes. Elle voulait un prêt du FMI à seule fin de bien montrer qu'elle était solvable, ce qui l'aiderait à faire revoir à la baisse les taux d'intérêt qu'elle payait. Mais les nouveaux créanciers privés ne prêtent que s'ils obtiennent un taux d'intérêt proportionnel aux risques qu'ils courent. Et, puisqu'ils sont nouveaux, on ne peut pas les obliger à subir une «coupe de cheveux». Si le FMI avait fondé ses mesures sur une théorie cohérente du bon fonctionnement des marchés financiers, il l'aurait compris.

Mais il y avait là un problème plus grave, qui touchait à la mission centrale du FMI. Il avait été créé pour faire face aux crises de liquidité causées par une éventuelle irrationalité du marché du crédit, son refus de prêter à des pays qui étaient en réalité solvables. Et voilà qu'il donnait la haute main sur ses politiques de prêt à ces mêmes individus et institutions qui provoquaient les crises. C'est seulement s'ils acceptaient de prêter que lui, le FMI, accepterait de prêter. Ces prêteurs privés ont vite saisi les implications profondes de ce changement, même si elles avaient échappé au FMI. Si les créanciers refusaient de prêter de l'argent au pays client ou d'accepter un règlement, ce pays ne pourrait pas obtenir des fonds – non seulement du FMI, mais aussi de la Banque mondiale et des autres institutions qui faisaient dépendre leurs prêts de l'aval du FMI. Les créanciers disposaient soudain d'un moyen de pression énorme. En consentant un prêt de quelques millions de dollars, un jeune cadre de l'agence de Bucarest d'une banque privée internationale avait le pouvoir de décider si le FMI, la Banque mondiale et les États-Unis prêteraient ou non à la Roumanie plus d'un milliard de dollars. En fait, c'est sa responsabilité d'évaluer la situation et de décider s'il fallait ou non prêter à la Roumanie que le FMI avait déléguée à ce jeune homme. Bien évidemment, ce jeune cadre et d'autres guère plus âgés que lui dans les agences de Bucarest des autres banques internationales ont vite compris le pouvoir de négociation qu'on venait de leur octroyer. Chaque fois que le FMI diminuait le montant qu'il exigeait que les banques privées avancent, elles diminuaient celui qu'elles étaient prêtes à offrir. À un moment il ne manquait à la Roumanie, semblait-il, que 36 millions de dollars de prêts du secteur privé pour recevoir une aide de plusieurs milliards de dollars. Les banques privées qui rassemblaient les sommes requises par le FMI demandaient non seulement le rapport maximal (des taux d'intérêt très élevés), mais aussi, dans un cas au moins, un assouplissement discret des réglementations roumaines. Cette « indulgence » aurait permis aux créanciers de faire certaines choses qui, sinon, leur auraient été interdites – prêter davantage, ou en prenant plus de risques, ou à des taux d'intérêt plus élevés : cela aurait accru leurs profits, mais aussi la fragilité du système bancaire, et sapé la raison d'être de la réglementation. Des gouvernements moins compétents ou plus corrompus auraient peut-être été tentés, mais la Roumanie a décliné l'offre, en partie parce que, depuis le début, elle n'avait pas vraiment un besoin désespéré de cet argent.

On peut prendre le problème par l'autre bout. Lorsqu'il décide de consentir ou non un prêt, le FMI est censé se fonder sur la façon dont le pays concerné règle ses problèmes macroéconomiques fondamentaux. Avec la stratégie « participative », il est possible qu'un pays ait un jeu de macropolitiques parfaitement satisfaisant et que néanmoins il ne puisse recevoir de fonds d'aucune source – s'il n'est pas parvenu à obtenir des banques privées la somme réclamée par le FMI. Or c'est le FMI qui est censé être l'expert sur ces questions, pas le jeune cadre de l'agence bancaire de Bucarest.

En définitive, dans le cas de la Roumanie au moins, même le FMI a pris conscience des faiblesses de cette stratégie : il a prêté l'argent, bien que le secteur privé n'eût pas apporté la contribution réclamée.

La meilleure défense, c'est l'attaque : « prêteur en dernier ressort », un rôle plus large pour le FMI

Alors que les échecs du FMI étaient perçus largement, et que l'on appelait de plus en plus souvent à réduire son champ d'action, son premier directeur général adjoint, Stanley Fischer, suggéra en 1999 de l'étendre, en faisant du FMI un « prêteur en dernier ressort». Étant donné l'incapacité du Fonds à user correctement des pouvoirs qu'il avait déjà, proposer de les augmenter ne manquait pas d'audace. L'idée reposait sur une analogie séduisante. Au sein des pays, les banques centrales font office de prêteurs en dernier ressort, puisqu'elles prêtent de l'argent aux banques qui sont «solvables mais sans liquidités», c'est-à-dire qui ont une situation nette positive mais ne peuvent pas obtenir de fonds par ailleurs. Le FMI jouerait le même rôle pour les pays. Si le FMI avait eu une vision cohérente des marchés financiers, il aurait vite vu la faille de cette idée[1]. Dans le cadre de la théorie du marché parfait, si une entreprise est solvable, elle est nécessairement capable d'emprunter sur le marché. Toute firme solvable *a* des liquidités. Néanmoins, comme les économistes du FMI, apparemment animés d'une telle foi dans le marché, croient pouvoir mieux juger que lui ce que doit être le taux de change, ils semblent penser aussi qu'ils peuvent mieux juger que lui si un pays endetté est digne de recevoir de nouveaux prêts.

Je ne crois pas que les marchés financiers fonctionnent à la perfection. Mais, paradoxalement, si j'estime qu'ils fonctionnent beaucoup moins bien que ne le suggèrent d'ordinaire les économistes du FMI, je les crois un peu plus «rationnels» que le Fonds monétaire ne semble le penser quand il intervient. Les prêts du FMI ont leurs avantages. Souvent, il prête quand les marchés financiers refusent de le faire. Mais en même temps, je vois bien que le pays paie au prix fort l'argent «bon marché» qu'il obtient du Fonds. Si une économie nationale se dégrade et que le défaut de paiement menace, le FMI est le créancier privilégié. Il se fait rembourser en premier – même si d'autres, comme les créanciers étrangers, ne sont pas remboursés. Ils prennent ce qui reste. Il pourrait ne rien rester. Donc, en toute rationalité, une institution financière du secteur privé va exiger une prime de risque – un taux d'intérêt plus élevé, pour couvrir une probabilité de non-remboursement plus forte. Plus la part des ressources financières d'un pays qui va au FMI est importante, moins il y en aura pour les prêteurs étrangers du secteur privé, et ceux-ci vont réclamer un taux d'intérêt d'autant plus haut. Une théorie cohérente des marchés financiers aurait inspiré au FMI une plus vive conscience de ces réalités – et moins d'ardeur à prêter milliards sur milliards dans ses plans de sauvetage. Elle l'aurait amené, en temps de crise, à chercher plus activement des solutions de rechange comme celles que nous avons esquissées au chapitre 4.

Le nouveau programme du FMI ?

Qu'un manque de cohérence conduise à une multitude de problèmes n'est guère surprenant. Mais pourquoi ce manque de cohérence ? Là est la question. Pourquoi persiste-t-il, sur tant de sujets, même après que les failles ont été dûment repérées ? L'une des raisons est la difficulté des problèmes que le FMI doit affronter. Le monde est complexe. Les économistes du FMI sont des hommes pratiques qui s'efforcent de prendre vite des décisions difficiles, non des universitaires qui travaillent sereinement à atteindre une solide cohérence intellectuelle. Mais je pense qu'il existe une autre raison, plus fondamentale. Le FMI ne prend pas pour seuls objectifs ceux qu'a définis son mandat initial – renforcer la stabilité mondiale et veiller à ce que les pays menacés d'une récession aient les moyens financiers de mettre en œuvre des politiques expansionnistes. Il cherche aussi à servir les intérêts de la communauté financière. Ce qui veut dire qu'il se fixe des buts souvent contradictoires.

La tension est d'autant plus forte que ce conflit ne saurait être discuté publiquement. Si son nouveau rôle était ouvertement reconnu, le soutien dont jouit le FMI risquerait fort de s'affaiblir, et ceux qui ont réussi à transformer son mandat en sont évidemment conscients. Le nouveau mandat devait donc être déguisé, de façon à *paraître*, au moins superficiellement, compatible avec l'ancien. L'idéologie simpliste du libre marché a tendu un voile. Ce qui s'est vraiment passé derrière, c'est la mise en œuvre du nouveau mandat.

Le changement de mandat et d'objectif, s'il a été discret, n'a rien de compliqué. Le FMI a cessé de servir les intérêts de l'*économie* mondiale pour servir ceux de la *finance* mondiale. La libéralisation des marchés financiers n'a peut-être pas contribué à la stabilité économique mondiale, mais elle a bel et bien ouvert d'immenses marchés nouveaux à Wall Street.

Soyons clair : le FMI n'a jamais changé de mandat *officiellement*, il n'a jamais pris la décision formelle de faire passer les intérêts de la communauté financière avant la stabilité de l'économie mondiale et le bien-être des pays pauvres qu'il devrait aider. On ne peut rien dire de sensé sur les motivations et les intentions d'une institution, seulement sur celles des personnes qui la constituent et la dirigent. Et même, il est souvent impossible d'être certain de ce qui motive vraiment ces personnes – il peut y avoir un abîme entre leurs intentions proclamées et les véritables. Mais, en sciences humaines, on peut toujours essayer de décrire le comportement d'une institution sur la base de ce qu'elle *paraît* faire. Si l'on examine le FMI *comme si* son objectif était de servir les intérêts de la communauté financière, on trouve un sens à des actes qui, sans cela, paraîtraient contradictoires et intellectuellement incohérents.

Le comportement du FMI ne devrait d'ailleurs pas nous surprendre : il a envisagé les problèmes du point de vue et selon l'idéologie de la communauté financière, dont les modes de pensée, naturellement, reflètent de près (sinon à la perfection) les intérêts. Parmi ses plus hauts dirigeants, beaucoup, nous l'avons dit, sont issus de la communauté financière, et beaucoup, ayant bien servi ses intérêts, vont ensuite y occuper des fonctions confortablement rétribuées. Stanley Fischer, le directeur exécutif adjoint qui a si activement participé aux événements rapportés dans ce livre, est passé directement du FMI au poste de vice-président de Citigroup, la gigantesque firme financière qui englobe la Citibank. L'un des présidents de Citigroup (le président de son comité exécutif) était alors Robert Rubin qui, lorsqu'il était secrétaire au Trésor, avait joué un rôle central dans la détermination des politiques du FMI. On ne peut que se poser la question suivante : Fischer a-t-il été richement récompensé pour avoir fidèlement exécuté les instructions qu'il a reçues?

Mais rien n'oblige à chercher l'explication dans la vénalité. Le FMI (ou du moins nombre de ses plus hauts dirigeants et experts) croyait que la libéralisation des marchés des capitaux accélérerait la croissance des pays en développement. Il le croyait si fort qu'il n'avait pas besoin de preuves, et qu'il récusait d'emblée toutes celles qui semblaient démontrer le contraire. Le FMI n'a jamais voulu nuire aux pauvres, il pensait que la politique qu'il préconisait leur serait en définitive profitable ; il croyait à l'économie des retombées, et, là encore, se refusait à regarder de trop près les preuves qui pouvaient la démentir. Il croyait que la discipline des marchés des capitaux aiderait les pays pauvres à se développer, et donc que le fait de se montrer serviable à l'égard de ces marchés était d'une importance cruciale.

Si l'on envisage les mesures du FMI sous cet angle, on comprend mieux son insistance à faire rembourser les créanciers étrangers au lieu d'aider les entreprises nationales à ne pas sombrer. Le FMI n'est peut-être pas devenu le collecteur d'impôts du G7, mais il est clair qu'il a fait de gros efforts (même s'ils n'ont pas toujours été couronnés de succès) pour que les prêteurs du G7 soient remboursés. Il y avait une autre solution que ses interventions massives, nous l'avons dit au chapitre 4. Une solution qui aurait été meilleure pour les pays en développement et, à long terme, pour la stabilité mondiale. Le FMI aurait pu faciliter le processus de règlement des faillites ; il aurait pu tenter de mettre en œuvre un gel (la suspension temporaire des paiements) qui aurait donné aux pays – et à leurs firmes – le temps de rattraper leurs pertes, de relancer le moteur de leurs économies, qui avait calé ; il aurait pu essayer d'instaurer une procédure de faillite accélérée[2]. Mais la faillite et le gel étaient (et restent) des options mal vues car elles signifiaient que les créanciers ne seraient pas remboursés. Beaucoup de prêts n'avaient aucun nantissement, donc, en cas de faillite, ceux qui les avaient consentis ne pouvaient pas récupérer grand-chose.

Le FMI redoutait que, au cas où un pays cessait de payer et en outre ne respectait pas le lien sacré du contrat, le capitalisme n'en pâtît. Il se trompait à plusieurs titres. La faillite est une clause non écrite de tous les contrats de crédit. La loi prévoit ce qui se passera si le débiteur ne peut pas rembourser le créancier. Puisqu'elle en est un élément implicite, la faillite ne viole nullement le lien sacré du contrat conclu entre débiteur et créancier. Mais il y a un autre contrat *non écrit* qui est essentiel : celui qui lie les citoyens à leur société et à leur État. On dit parfois : le « contrat social ». Ce contrat-là prévoit que les citoyens jouiront d'une protection sociale et économique de base, dont des possibilités raisonnables d'emploi. Pour préserver d'un danger imaginaire le lien sacré du contrat de prêt, le FMI était prêt à mettre en lambeaux le contrat social, bien plus important. En définitive, ce sont les mesures du FMI qui ont été réellement nuisibles au marché, et à la stabilité à long terme de l'économie et de la société.

On comprend alors pourquoi le FMI et les stratégies qu'il refile comme une fausse monnaie aux pays du monde entier soulèvent une telle hostilité. Les milliards de dollars qu'il fournit servent à maintenir les taux de change à des niveaux insoutenables pendant une courte période, au cours de laquelle les étrangers et les riches peuvent faire sortir leur argent du pays à des conditions plus favorables (grâce aux marchés des capitaux ouverts que le FMI a imposés). Pour chaque rouble, roupie, cruzeiro, les riches du pays obtiennent davantage de dollars tant que les taux de change sont soutenus. Et les milliards du FMI servent souvent aussi à rembourser les créanciers étrangers, *même quand la dette était privée*. Dans bien des cas, l'endettement privé se trouve, *de facto*, nationalisé.

Dans la crise financière asiatique, tout cela était vraiment bel et bon pour les créanciers américains et européens, heureux de récupérer les fonds qu'ils avaient prêtés aux banques et aux entreprises thaïlandaises ou coréennes, ou du moins une plus grande partie qu'ils n'en auraient eu autrement. Ce n'était pas aussi merveilleux pour les travailleurs et les autres contribuables de Thaïlande et de Corée, dont les impôts servent à rembourser les prêts du FMI, qu'ils aient ou non profité beaucoup des sommes prêtées. Mais là où le FMI passe toutes les bornes, c'est quand, après les milliards dépensés pour maintenir le taux de change à un niveau insoutenable et tirer d'affaire les créanciers étrangers, après la capitulation du gouvernement qui, sous sa pression, a réduit les dépenses et plongé le pays dans une récession où des millions de personnes ont perdu leur emploi, il semble qu'il n'y ait plus d'argent pour financer les coûts infiniment plus modestes du soutien aux prix des produits alimentaires ou des combustibles pour les pauvres ! Qu'on ne s'étonne pas s'il y a une telle rage contre le FMI !

Si l'on voit dans le Fonds monétaire international une institution qui a pour objectif de servir les intérêts des créanciers privés, on comprendra mieux aussi d'autres mesures qu'il exige. Nous avons relevé plus haut son insistance sur le déficit commercial, et rappelé comment, après la crise, les terribles politiques d'austérité imposées aux pays d'Asie ont conduit à une baisse rapide des importations et à une reconstitution massive des réserves. Du point de vue d'une institution qui se soucie de la capacité d'un pays à rembourser les créanciers, cela a un sens. Sans ces réserves, les gouvernements ne pourraient pas honorer leurs dettes en dollars – les dettes publiques et celles des entreprises du pays. Mais, si l'on avait privilégié le souci de la stabilité mondiale et du redressement économique de la région, on aurait moins insisté sur la reconstitution des réserves et pris d'autres mesures pour mettre les pays à l'abri des sautes d'humeur des spéculateurs internationaux. La Thaïlande n'avait plus aucune réserve, puisque ses réserves avaient servi en 1997 à repousser les spéculateurs. En décidant qu'elle devait les reconstituer rapidement, on rendait inévitable une très grave récession. Le « dépouille-toi toi-même » du FMI, qui, nous l'avons vu au chapitre 4, a remplacé le « dépouille ton voisin » des années trente, a été un facteur encore plus virulent de diffusion de la crise mondiale. Du point de vue des créanciers, cette politique a réussi, et remarquablement vite. En Corée, les réserves sont passées de pratiquement zéro à près de 97 milliards de dollars en juillet 2001 ; en Thaïlande, d'un chiffre en réalité négatif à plus de 31 milliards de dollars à la même date. Autant de bonnes nouvelles pour les créanciers, bien sûr. Ils pouvaient désormais être certains que la Corée avait les dollars nécessaires pour rembourser n'importe quel prêt s'ils l'exigeaient.

J'aurais suivi une stratégie plus attentive aux préoccupations des débiteurs et moins concentrée sur les intérêts des créanciers. J'aurais jugé plus important de maintenir l'économie en fonctionnement, et remis d'un an ou deux la reconstitution des réserves, en attendant pour y procéder que l'économie soit remise en selle. J'aurais exploré d'autres voies pour assurer la stabilité dans l'immédiat – non seulement les gels et les faillites que j'ai évoqués plus haut, mais des contrôles des capitaux à court terme et des taxes à la sortie comme celle qu'a utilisée la Malaisie. Il existe des moyens de protéger un pays contre les ravages des spéculateurs, ou même des prêteurs ou investisseurs à court terme qui ont soudain changé d'avis. Aucune politique n'est sans risque et sans coût, mais ces orientations différentes auraient certainement été moins onéreuses et moins risquées pour les *habitants* des pays en crise, même si elles avaient coûté plus cher aux créanciers.

Les défenseurs des mesures du FMI soulignent que les créanciers ont eu tout de même à supporter certains coûts. Beaucoup n'ont pas été totalement remboursés. Mais l'argument ne touche pas au fond du problème, pour deux raisons. Les politiques favorables aux créanciers avaient pour but de *réduire* leurs pertes par rapport à ce qu'elles auraient pu être. Elles ne les ont pas renfloués entièrement, mais partiellement. Elles n'ont pas empêché les taux de change de chuter, elles ont interrompu leur chute. La seconde raison, c'est que le FMI ne parvient pas toujours à ses fins. Il a poussé l'austérité trop loin en Indonésie, ce qui, en fin de compte, n'a pas bien servi les intérêts des créanciers. On peut soutenir, plus généralement, que la stabilité financière dans le monde n'est pas seulement dans l'intérêt de l'économie mondiale mais aussi dans celui des marchés financiers. Pourtant, il est à peu près certain que beaucoup des politiques suivies – de la libéralisation des marchés financiers aux sauvetages massifs – ont contribué à l'instabilité mondiale.

Considérer que le FMI partageait les préoccupations et reflétait les points de vue de la communauté financière aide aussi à expliquer sa rhétorique défensive. Dans les crises d'Asie orientale, le FMI et le Trésor ont vite accusé des difficultés les pays emprunteurs eux-mêmes, en particulier leur manque de transparence. Il était pourtant clair, même alors, que la non-transparence ne provoquait pas de crise et que la transparence ne vaccinait pas contre les crises. Avant les événements d'Asie, la toute dernière crise financière avait été le krach de l'immobilier à la fin des années quatre-vingt et au début des années quatre-vingt-dix en Suède, en Norvège et en Finlande, qui comptent parmi les pays les plus transparents du monde. Il y avait beaucoup de pays bien moins transparents que la Corée, la Malaisie et l'Indonésie – et ils n'étaient pas en crise. Si la transparence est la clef de l'énigme économique, les pays d'Asie orientale auraient dû avoir *davantage* de crises dans les années précédentes, puisque les chiffres montraient qu'ils devenaient *plus* transparents, et non moins. En dépit de leurs prétendus échecs sur le front de la transparence, les pays asiatiques avaient non seulement connu une croissance remarquable, mais aussi fait preuve d'une remarquable résistance aux chocs. S'ils étaient aussi « terriblement vulnérables » que l'ont proclamé le FMI et le Trésor, c'était une vulnérabilité de fraîche date, qui ne s'expliquait pas par une opacité croissante mais par un autre facteur bien connu : la libéralisation prématurée des marchés des capitaux que le FMI leur avait imposée.

Avec le recul, cette obsession pour la transparence a une raison… transparente[3]. La communauté financière, le FMI et le Trésor devaient absolument détourner ailleurs les accusations, et faire face à leur propre crise de confiance. Les mesures que le FMI et le Trésor avaient imposées en Asie, en Russie et dans tant d'autres pays étaient critiquables. La libéralisation des marchés des capitaux avait provoqué une spéculation déstabilisante, et celle des marchés financiers, de mauvaises pratiques de prêts. Dans la mesure où, contrairement à leurs annonces, leurs plans de redressement n'avaient pas fonctionné, ils avaient encore plus besoin d'esquiver les critiques, de dire que le vrai problème était ailleurs, dans les pays en crise.

Mais un examen plus précis des faits montre que les pays industriels étaient en faute sur bien d'autres plans : les réglementations bancaires laxistes du Japon, par exemple, ont peut-être encouragé ses banques à prêter à la Thaïlande à des taux si attractifs que les emprunteurs ne pouvaient résister à la tentation de s'endetter plus que de raison. Les politiques de libéralisation des réglementations bancaires aux États-Unis et dans d'autres grands pays industriels ont aussi incité à des prêts – et à des emprunts – peu judicieux. On a laissé les banques, nous l'avons vu au chapitre 4, considérer le prêt étranger à court terme comme plus sûr que celui à long terme – or les prêts à court terme ont été l'une des principales sources d'instabilité en Asie orientale.

Les grandes firmes de placement ont aussi voulu disculper leurs conseillers en investissement, qui avaient incité les clients à mettre leur argent en Asie. Avec le soutien total des gouvernements des grands pays industriels, à commencer par celui des États-Unis, les conseillers en placement, de Francfort à Londres et à Milan, ont pu proclamer qu'à cause du manque de transparence des pays asiatiques ils n'avaient aucun moyen de savoir à quel point la situation réelle était mauvaise : nul ne pouvait leur reprocher de l'avoir ignoré. Ces experts glissaient discrètement sur une réalité de base : dans un marché pleinement ouvert et transparent, où l'information est parfaite, les profits sont faibles. Si l'investissement en Asie avait été si séduisant – il rapportait gros –, c'est justement parce qu'il était plus risqué. C'était la conviction des conseillers d'être *mieux* informés et l'avidité de leurs clients pour les rendements élevés qui avaient attiré en masse les capitaux dans la région. Les problèmes majeurs – le surendettement de la Corée du Sud, les énormes déficits commerciaux de la Thaïlande et sa bulle spéculative immobilière qui allait inévitablement éclater, la corruption de Suharto – étaient bien connus, et les conseillers auraient dû révéler aux investisseurs les risques qu'ils impliquaient.

Les banques internationales ont également jugé commode de détourner le blâme sur d'autres cibles : les emprunteurs, et les pratiques détestables des banques thaïlandaises et sud-coréennes, qui consentaient des prêts irrécouvrables avec la connivence du gouvernement corrompu de leur pays. Le FMI et le Trésor, là encore, sont partis à l'assaut à leurs côtés. Mais on aurait dû se méfier d'emblée de ces arguments. En dépit des efforts du FMI et du Trésor pour dédouaner les grandes banques internationales, la dure vérité est que, dans tout prêt, il y a un emprunteur et un prêteur. S'il est intrinsèquement mauvais, le prêteur est aussi responsable que l'emprunteur. En outre, les banques des pays occidentaux avaient prêté aux grandes firmes coréennes en sachant parfaitement à quel point beaucoup étaient endettées. Les prêts irrécouvrables résultaient donc de leurs erreurs de jugement, et non d'on ne sait quelle pression du gouvernement des États-Unis ou d'autres pays occidentaux. Et ces erreurs avaient été commises en dépit des outils de gestion des risques prétendument performants de ces banques occidentales. Ne soyons donc pas surpris si ces grandes banques souhaitaient détourner les regards ailleurs. Le FMI avait de bonnes raisons de les soutenir, car il partageait leur culpabilité. Ses opérations de sauvetage répétées sous d'autres cieux avaient contribué à leur manque de diligence professionnelle.

Il y avait un enjeu encore plus profond. Dans les premières années quatre-vingt-dix, le Trésor avait proclamé le triomphe mondial du capitalisme. Le FMI et lui avaient garanti aux pays qui suivaient les « bonnes politiques » – celles du consensus de Washington – qu'ils obtiendraient la croissance. La crise asiatique semait le doute sur cette nouvelle vision du monde, *sauf si l'on pouvait montrer que le problème ne venait pas du capitalisme, mais des pays asiatiques et de leurs mauvaises politiques*. Le FMI et le Trésor se devaient de soutenir que, s'il y avait eu crise, ce n'était pas à cause des réformes (et surtout pas à cause de la libéralisation des marchés des capitaux, cet article de foi sacro-saint), mais parce qu'elles n'avaient pas été assez profondes. En concentrant la critique sur les faiblesses des pays en crise, non seulement ils l'ont détournée de leurs propres échecs – tant ceux de leur politique que ceux de leurs prêts –, mais ils ont même tenté d'utiliser les événements pour pousser encore plus loin la mise en œuvre de leur programme.

NOTES

1. Voir S. Fischer, « On the need for an international lender of last resort », *Journal of Economic Perspectives*, 13, 1999, p. 85-104. Fischer, comme beaucoup d'autres défenseurs de l'idée du « prêteur en dernier ressort », établit une analogie entre le rôle de la banque centrale dans un pays et celui du FMI entre les pays. Mais cette analogie est fallacieuse. Un prêteur en dernier ressort est nécessaire au niveau intérieur, car le principe « premier venu, premier servi » contribue au risque d'un retrait massif des dépôts (voir D. Diamond et P. Dibvig, « Bank runs, deposit insurance, and

liquidity», *Journal of Political Economy*, 91, 1983, p. 401-419). Et, même à ce niveau, son existence ne suffit pas à éviter les retraits massifs, comme l'expérience des États-Unis le prouve assez. C'est seulement quand il s'accompagne d'une réglementation bancaire solide *et* d'une garantie des dépôts qu'un prêteur en dernier ressort suffit à prévenir les ruées sur les banques. Et personne – pas même les plus chauds partisans du FMI – n'a préconisé qu'il offre, sous quelque forme que ce soit, l'équivalent d'une garantie des dépôts. De plus, l'intransigeance dont il a fait preuve dans la mise en œuvre de nombreuses mesures dissuaderait bien des pays de lui céder trop de pouvoir de réglementation (même si l'on pouvait délimiter précisément le champ de ce pouvoir et si le souci de la souveraineté nationale ne l'emportait pas). Les organismes de réglementation des États-Unis, notons-le, ont souvent soutenu que des mesures d'indulgence *bien conçues* sont une composante cruciale de la gestion macroéconomique, tandis que le FMI s'est régulièrement prononcé contre toute indulgence. J'ai soutenu ailleurs qu'en adoptant cette attitude le FMI est souvent tombé dans un piège élémentaire – l'erreur de la composition : face à des problèmes systémiques, l'intransigeance peut se révéler autodestructrice, puisque chaque banque, incapable de trouver des capitaux supplémentaires, va exiger le remboursement de ses prêts, ce qui va multiplier les défauts de paiement et aggraver la crise économique.

2. Ce que j'appelle «un super-chapitre 11». Pour les détails, voir M. Miller et J.E. Stiglitz, «Bankruptcy protection against macroeconomic shocks : the case for a "super chapter 11"», *World Bank Conference on Capital Flows, Financial Crises, and Policies*, 15 avril 1999.

3. S'il est difficile d'attribuer au manque de transparence la responsabilité de la crise, il a tout de même son coût : quand la crise a eu lieu, c'est à cause de lui que les créanciers ont retiré leurs fonds à tous les emprunteurs, sans distinction de qualité. Ils n'avaient pas l'information qui leur aurait permis de différencier les bons des mauvais.

9

L'avenir

Aujourd'hui, la mondialisation, ça ne marche pas. Ça ne marche pas pour les pauvres du monde. Ça ne marche pas pour l'environnement. Ça ne marche pas pour la stabilité de l'économie mondiale. La transition du communisme à l'économie de marché a été si mal gérée que partout, sauf en Chine, au Vietnam et dans quelques rares pays d'Europe de l'Est, la pauvreté est montée en flèche et les revenus se sont effondrés.

Pour certains, la solution est simple : abandonnons la mondialisation. Ce n'est ni possible ni souhaitable. La mondialisation, je l'ai dit au chapitre 1, a apporté aussi d'immenses bienfaits. C'est sur elle que l'Asie orientale a fondé son succès, notamment sur les échanges commerciaux et le meilleur accès aux marchés et aux technologies. C'est elle qui a permis de grands progrès en matière de santé, et qui crée une société civile mondiale dynamique luttant pour plus de démocratie et de justice sociale. Le problème n'est pas la mondialisation. C'est la façon dont elle a été gérée. En particulier par les institutions économiques internationales, le FMI, la Banque mondiale et l'OMC, qui contribuent à fixer les règles du jeu. Elles l'ont fait trop souvent en fonction des intérêts des pays industriels avancés – et d'intérêts privés en leur sein – et non de ceux du monde en développement. Mais la question n'est pas seulement qu'elles ont servi ces intérêts : trop souvent, elles ont eu de la mondialisation une vision étriquée, due à une idée très particulière de l'économie et de la société.

L'exigence d'une réforme est palpable partout – des commissions nommées par le Congrès et des comités d'éminents économistes qui, avec le soutien de fondations, écrivent des rapports sur la transformation de l'architecture financière mondiale jusqu'aux manifestations qui accompagnent la quasi-totalité des grandes réunions internationales. Et il y a déjà eu des changements. Le nouveau round des négociations commerciales lancé en novembre 2001 à Doha (Qatar) a été baptisé le Development Round : son objectif n'est pas seulement d'ouvrir encore plus de marchés, mais aussi de corriger certains déséquilibres du passé – et le débat à Doha a été beaucoup plus ouvert qu'autrefois. Le FMI et la Banque mondiale ont changé de discours : ils parlent bien davantage de la pauvreté, et, à la Banque mondiale au moins, des efforts réels ont lieu pour concrétiser, dans de nombreux programmes, la promesse de « mettre le pays sur le siège du conducteur ». Mais beaucoup d'observateurs critiques des institutions internationales restent sceptiques. Ils ne voient dans cette évolution qu'une simple réaction des institutions à la réalité politique : il *faut* qu'elles changent de discours si elles veulent survivre. Ils doutent fort que leur engagement soit sincère. Ils n'ont pas été rassurés quand, en 2000, le FMI a nommé comme numéro deux une personne qui avait été économiste en chef à la Banque mondiale au moment où celle-ci s'était ralliée au fanatisme du marché. Et certains observateurs sont si sceptiques qu'ils continuent de réclamer des mesures plus radicales, telle l'abolition du FMI. Je crois que cette dernière n'aurait pas de sens. S'il était supprimé, le FMI serait très probablement recréé sous une autre forme. En temps de crise internationale, les chefs de gouvernement aiment sentir que quelqu'un prend les choses en main, qu'une institution internationale agit. C'est ce rôle que le FMI joue aujourd'hui.

Je suis persuadé qu'il est possible de remodeler la mondialisation de façon à concrétiser ses potentialités bénéfiques, et de réorienter les institutions économiques internationales afin d'y parvenir. Mais, pour voir comment on pourrait transformer ces institutions, il nous faut d'abord mieux comprendre pourquoi elles ont échoué, et si lamentablement.

LES INTÉRÊTS ET L'IDÉOLOGIE

Au chapitre précédent, nous avons vu qu'en regardant les mesures du FMI *comme si* cette institution était au service des intérêts des marchés financiers au lieu d'accomplir sa mission initiale – aider les pays en crise et promouvoir la stabilité économique mondiale – on pouvait donner un sens à ce qui apparaissait, autrement, comme un bric-à-brac de politiques contradictoires et intellectuellement incohérentes.

Si les intérêts financiers ont dominé la pensée du Fonds monétaire international, les intérêts commerciaux ont joué un rôle tout aussi prépondérant à l'Organisation mondiale du commerce. De même que le FMI néglige totalement les préoccupations des pauvres – on trouve des milliards pour tirer d'affaire les banques, mais pas les quelques sous nécessaires pour soutenir les prix alimentaires à l'intention de ceux que les plans du FMI ont privés d'emploi –, de même l'OMC sacrifie tout au commerce. Ceux qui cherchent à faire interdire l'usage de filets à crevettes capturant aussi les tortues et mettant cette espèce en danger se voient répondre par l'OMC qu'une telle réglementation serait une violation injustifiable de la liberté du commerce. Ils découvrent que les considérations commerciales l'emportent sur tout, y compris sur la préservation de l'environnement !

S'il apparaît que ces institutions servent d'abord et avant tout des intérêts commerciaux et financiers, ce n'est nullement ainsi qu'elles se perçoivent. Elles pensent sincèrement agir dans *l'intérêt général.* Même si tout prouve le contraire, de nombreux ministres du Commerce et des Finances, et même certains chefs politiques, croient que tout le monde finira par bénéficier de la libéralisation du commerce et des marchés des capitaux. Beaucoup le croient si fermement qu'ils sont d'accord pour imposer ces « réformes » aux pays par tous les moyens, même si elles n'ont qu'un soutien populaire des plus limités.

Le plus grand défi n'est pas seulement dans les institutions, il est d'abord dans les esprits. Prendre soin de l'environnement, faire en sorte que les pauvres puissent dire leur mot dans les décisions qui les touchent, promouvoir la démocratie et le commerce équitable : tout cela est nécessaire pour concrétiser les bienfaits potentiels de la mondialisation. Le problème, c'est que les institutions reflètent l'état d'esprit de ceux devant qui elles sont responsables. Le gouverneur de banque centrale moyen commence sa journée en s'inquiétant des statistiques de l'inflation, et non de celles de la pauvreté. Le ministre du Commerce, des chiffres des exportations, pas des indices de pollution.

Le monde est complexe. Chaque catégorie sociale se concentre sur une partie de la réalité, celle qui la concerne le plus. Les travailleurs se préoccupent de l'emploi et des salaires, les financiers pensent aux taux d'intérêt et à être remboursés. Les taux d'intérêt élevés sont bons pour le créancier – s'il est remboursé –, mais le travailleur sait qu'ils vont provoquer un ralentissement de l'économie. Ce qui pour lui veut dire chômage. Il n'est donc pas surprenant qu'il voie dans ces taux élevés un danger. Pour le financier qui a prêté son argent à long terme, le vrai danger, c'est l'inflation. À cause d'elle, les dollars avec lesquels il sera remboursé vaudront peut-être moins que ceux qu'il a prêtés.

Rares sont ceux qui, dans le débat politique public, justifient ouvertement leurs positions par leurs propres intérêts. Tout est présenté en termes d'intérêt général. Pour évaluer l'impact probable de telle ou telle mesure sur l'intérêt général, il faut un modèle, une vision du fonctionnement global du système. Adam Smith, dans son plaidoyer pour les marchés, en a proposé un. Marx, constatant les effets négatifs du capitalisme sur la vie des ouvriers de son temps, en a avancé un autre. En dépit de ses nombreux défauts bien connus, le modèle de Marx a eu une énorme influence, en particulier dans les pays en développement, où, pour des milliards de pauvres, le capitalisme avait tout l'air de ne pas tenir ses promesses. Mais l'effondrement de l'empire soviétique a trop souligné ses faiblesses. Et, avec cet écroulement et la domination économique planétaire des États-Unis, le modèle du marché l'a emporté.

Mais il n'y a pas qu'un seul modèle du marché. Des différences fortes séparent la version japonaise de l'économie de marché des versions allemande, suédoise ou américaine. Plusieurs pays ont des revenus par tête comparables à celui des États-Unis, mais avec moins d'inégalité, moins de pauvreté et de meilleures conditions de vie sur certains plans, dont la santé (à en croire du moins leurs habitants). Si le marché est au centre des versions suédoise et américaine du capitalisme, l'État y joue des rôles entièrement différents. En Suède, il assume une responsabilité bien supérieure dans la promotion du bien-être social ; il offre toujours un bien meilleur système de santé publique, une bien meilleure indemnisation du chômage et de bien meilleures retraites que les États-Unis. Pourtant, la Suède a aussi bien réussi, même dans les innovations liées à la « nouvelle économie ». Pour beaucoup d'Américains, mais pas tous, le modèle américain a bien fonctionné. La plupart des Suédois le jugent inacceptable, et pensent que leur propre modèle les a bien servis. Aux yeux des Asiatiques, divers modèles asiatiques ont réussi, et c'est vrai pour la Malaisie et la Corée du Sud comme pour la Chine et Taiwan, même si l'on tient compte de la crise financière mondiale.

Dans les cinquante dernières années, la science économique a expliqué quand et pourquoi les marchés fonctionnent bien, *et quand ils ne le font pas*. Elle a montré pour quelles raisons ils peuvent aboutir à sous-produire certains facteurs – comme la recherche fondamentale – et à en surproduire d'autres – comme la pollution. Leurs échecs les plus dramatiques sont les crises périodiques, les récessions et dépressions qui ternissent le blason du capitalisme depuis deux cents ans : elles laissent un grand nombre de travailleurs sans emploi et une grosse partie du stock de capital sous-utilisée. Mais, si elles constituent les échecs du marché les plus visibles, il y en a des milliers d'autres plus discrets – des milliers de cas où les marchés ne parviennent pas à des résultats efficaces ou socialement souhaitables.

L'État peut jouer un rôle essentiel – et il l'a fait –, non seulement pour tempérer ces échecs du marché, mais pour assurer la *justice sociale* : par eux-mêmes, les mécanismes du marché peuvent parfois laisser beaucoup de gens sans ressources suffisantes pour survivre. Dans les pays qui ont le mieux réussi – les États-Unis, l'Asie orientale –, l'État a pris en charge ces tâches et, dans l'ensemble, s'en est relativement bien acquitté. Il a assuré à tous une éducation de qualité, et a mis en place une grande partie des infrastructures – notamment institutionnelles, par exemple le système judiciaire, nécessaire au fonctionnement efficace des marchés. Il a réglementé le secteur financier afin que les marchés des capitaux fonctionnent davantage comme ils sont censés le faire. Il a créé un filet de sécurité pour les pauvres. Il a développé la technologie, des télécommunications à l'agriculture, aux moteurs d'avion et aux radars. Si un débat très vif est en cours, aux États-Unis et ailleurs, sur la fonction *précise* que doit avoir l'État, chacun s'accorde à lui reconnaître un rôle pour faire fonctionner efficacement – et humainement – toute société et toute économie.

Il y a, dans nos démocraties, des divergences importantes sur la politique économique et sociale. Certaines portent sur des valeurs. Jusqu'à quel point devons-nous nous soucier de l'environnement ? (Jusqu'où devons-nous tolérer sa dégradation si elle permet d'augmenter le PIB ?) Des pauvres ? (Dans quelle mesure devons-nous consentir des sacrifices dans notre revenu total s'ils permettent à certains pauvres d'échapper à la pauvreté ou d'améliorer légèrement leur condition ?) De la démocratie ? (Sommes-nous prêts à transiger sur des droits fondamentaux, comme le droit d'association, si nous estimons que l'économie connaîtra ainsi une croissance plus rapide ?) D'autres divergences portent sur la façon dont l'économie fonctionne. Les *propositions théoriques* sont claires. Chaque fois qu'il y a information imparfaite des marchés (c'est-à-dire toujours), il existe, en principe, des interventions de l'État capables de renforcer l'efficacité du marché – même si l'État souffre des mêmes imperfections de l'information. Comme nous l'avons vu au chapitre 3, les postulats du fanatisme du marché ne tiennent pas dans les économies développées, sans parler des pays en développement. Mais ses partisans soutiennent, malgré tout, que les inefficacités des marchés sont *relativement* réduites et celles de l'État, relativement grandes. Ils rendent l'État responsable de phénomènes généralement interprétés comme des échecs du marché ; ils lui reprochent le chômage, en disant qu'il fixe les salaires trop haut ou qu'il laisse trop de pouvoir aux syndicats.

Adam Smith était bien plus conscient des limites du marché – notamment des menaces de la concurrence imparfaite – que ceux qui se prétendent aujourd'hui ses disciples. Il était aussi plus conscient du contexte social et politique dans lequel toute économie doit opérer. Pour qu'une économie fonctionne, la cohésion sociale compte. La violence urbaine en Amérique latine et la guerre civile en Afrique créent des environnements hostiles à l'investissement et à la croissance. Mais si la cohésion sociale peut avoir un impact sur l'économie, l'inverse est vrai aussi. Un recours excessif à l'austérité – qu'il s'agisse des politiques budgétaire et monétaire restrictives en Argentine ou, aggravées par la réduction du soutien aux prix des produits alimentaires, en Indonésie – va bien évidemment provoquer des troubles. Tout particulièrement quand on pense que l'injustice est massive, comme en Indonésie : des milliards pour les opérations de sauvetage des entreprises et des intérêts financiers, rien pour les citoyens réduits au chômage.

Dans mon propre travail – mes écrits et mes prises de position en qualité de conseiller économique du président et d'économiste en chef de la Banque mondiale –, j'ai toujours préconisé une vision équilibrée du rôle de l'État : elle reconnaît les limites et les échecs du marché *et* de l'État, mais les considère comme des partenaires qui doivent coopérer. La nature précise de ce partenariat diffère selon les pays, en fonction de leur niveau de développement politique et économique.

Mais, quel que soit ce niveau, l'État a un impact incontestable. Des États faibles ou au contraire trop interventionnistes ont compromis la stabilité et la croissance. La crise financière asiatique a été due à l'absence d'une réglementation suffisante du secteur financier ; le capitalisme mafieux russe, à l'incapacité de l'État à faire respecter les principes de base d'un ordre légal. La privatisation réalisée dans les pays en transition sans l'infrastructure institutionnelle nécessaire a conduit au pillage des actifs et non à la création de richesses. Dans d'autres pays, les monopoles privatisés, en l'absence de toute réglementation, se sont montrés plus aptes à exploiter les consommateurs que les monopoles d'État. En revanche, la privatisation associée à la réglementation, à la restructuration des firmes et à une gouvernance d'entreprise forte[1] a stimulé la croissance.

Mon intention ici, cependant, n'est pas de trancher ces controverses ni de soutenir ma vision particulière des rôles respectifs de l'État et du marché, mais de souligner qu'il existe sur ces questions de vrais désaccords, même entre économistes chevronnés. Certains censeurs de la science économique et des économistes en concluent trop vite que ceux-ci ne sont jamais d'accord sur rien et qu'il faut récuser d'emblée *tout* ce qu'ils peuvent dire. Mais c'est faux. Sur certains points – tels la nécessité de vivre selon ses moyens ou les dangers de l'hyperinflation –, il existe un très large consensus.

Le problème, c'est que le FMI – et parfois les autres organisations économiques internationales – présente comme une doctrine reconnue des thèses et des politiques sur lesquelles il n'y a pas consensus ; pour la libéralisation des marchés des capitaux, en fait, il n'existait pratiquement aucune preuve en sa faveur et beaucoup en sa défaveur. Si tous les économistes estiment que le succès est impossible lorsqu'il y a hyperinflation, il n'existe aucun consensus sur l'intérêt de faire baisser l'inflation toujours plus bas. Rien ne prouve que les gains d'une telle politique soient proportionnels à ses coûts, et certains économistes pensent même que trop réduire l'inflation a des effets *négatifs*[2].

S'il y a un mécontentement contre la mondialisation, c'est parce que, manifestement, elle a mis non seulement l'économie au-dessus de tout, mais aussi une vision particulière de l'économie – le fanatisme du marché – au-dessus de toutes les autres. L'opposition à la mondialisation dans de nombreuses régions du monde ne vise pas la mondialisation en soi – les nouvelles sources de financement pour la croissance ou les nouveaux marchés d'exportation –, mais un ensemble particulier de doctrines : les mesures du consensus de Washington qu'ont imposées les institutions financières internationales. Et ce n'est pas seulement à ces mesures que l'on s'oppose, mais à l'idée même qu'il n'existe qu'une seule politique juste. C'est une insulte flagrante à l'économie (qui souligne l'importance des arbitrages) et au simple bon sens. Dans nos démocraties, nous avons de vifs débats sur toutes les composantes de la politique économique : pas seulement la macro-économie, mais aussi des questions comme la législation des faillites et la privatisation des retraites. Une large partie du reste du monde a le sentiment qu'on la prive de la possibilité de faire ses choix, et même qu'on lui impose des options que des pays comme les États-Unis ont rejetées.

Mais si l'attachement à une idéologie particulière a privé les pays des choix qui auraient dû être les leurs, il a aussi puissamment contribué à leurs échecs. Les structures économiques sont très différentes selon les régions du monde. Les firmes asiatiques sont très endettées, les latino-américaines, assez peu. Les syndicats sont forts en Amérique latine, assez faibles dans beaucoup de pays d'Asie. Les structures économiques se transforment aussi au fil du temps – comme l'ont souligné les récents débats sur la « nouvelle économie ». Dans les trente dernières années, les progrès de la science économique se sont concentrés sur le rôle des institutions financières, l'information, la transformation des lignes de force de la concurrence mondiale. Ces avancées ont changé, je l'ai dit, les idées reçues sur l'efficacité de l'économie de marché. Et sur les réactions aux crises.

La Banque mondiale et le FMI ont opposé une résistance aux idées nouvelles – et, ce qui est plus important, à leur traduction en mesures économiques –, tout comme ils avaient résisté lorsqu'il s'était agi d'étudier de près les expériences de l'Asie orientale, qui *n'avait pas* suivi les politiques du consensus de Washington et se développait plus vite que toute autre région du monde. Ce refus d'apprendre les leçons de la science économique moderne a pesé lourd dans l'impréparation de ces institutions face à la crise asiatique, et a compromis leur aptitude à promouvoir la croissance dans le monde.

Le FMI ne ressentait pas le besoin de les apprendre parce qu'il *connaissait déjà* les réponses : si la science économique ne les donne pas, l'idéologie – la foi pure et simple dans le libre marché – les apporte. L'idéologie offre un prisme à travers lequel voir le monde, un ensemble de croyances auxquelles on tient si fermement qu'on n'en cherche pas de confirmation empirique. Les preuves qui les contredisent sont sommairement récusées. Pour les fidèles du marché libre et sans entraves, la libéralisation des marchés des capitaux est *évidemment* souhaitable. Ils n'ont pas besoin qu'on leur prouve qu'elle stimule la croissance. Et si on leur prouve qu'elle provoque l'instabilité, ils verront là simplement l'un des coûts de l'ajustement, l'une des souffrances qu'il faut subir pour passer à l'économie de marché.

IL FAUT DES INSTITUTIONS PUBLIQUES INTERNATIONALES

Nous ne pouvons pas revenir sur la mondialisation – elle va se poursuivre. Le problème, c'est de la faire fonctionner correctement. Et, pour qu'elle fonctionne bien, il faut des institutions publiques mondiales qui contribuent à fixer les règles.

Ces institutions doivent bien sûr se concentrer sur les problèmes où l'action collective mondiale est souhaitable, voire nécessaire. Depuis trente ans, on a beaucoup progressé sur ces questions : on comprend mieux dans quels cas il faut une action collective – mondiale ou non. J'ai déjà indiqué plus haut qu'il en fallait une quand les marchés ne donnent pas spontanément des résultats satisfaisants. Lorsqu'il existe des externalités – quand les actes de certains individus ont des effets sur d'autres sans que ceux-ci paient ou soient indemnisés –, le marché réagit très généralement par la surproduction de certains biens et par la sous-production d'autres. On ne peut pas lui faire confiance pour produire des biens publics par nature, comme la défense[3]. Dans certains domaines, il n'y a pas de marché[4] : les États ont assuré les prêts aux étudiants, par exemple, parce que le marché n'arrivait pas spontanément à financer l'investissement en capital humain. Et, pour toute une série de raisons, les marchés, souvent, ne s'autorégulent pas – il y a des expansions et des crises –, si bien que l'État joue un rôle stabilisateur important.

Au cours de la dernière décennie, on a mieux cerné le niveau – local, national ou mondial – auquel l'action collective est souhaitable. Les interventions dont les bénéfices sont essentiellement ressentis localement (telles celles qui concernent la pollution locale) doivent être menées au niveau local, celles qui profitent aux citoyens de tout le pays sont à entreprendre au niveau national. Le sens de la mondialisation, c'est que l'on repère toujours plus de domaines où l'impact est mondial. C'est là qu'une action mondiale est requise, et des systèmes de gouvernance mondiale, cruciaux. Quand on a pris conscience de l'existence de ces domaines, on a créé des institutions mondiales pour s'en occuper, mais toutes ne fonctionnent pas particulièrement bien. On peut considérer que les Nations unies sont chargées des problèmes de la sécurité politique dans le monde, tandis que les institutions financières internationales, en particulier le FMI, se concentreraient sur la stabilité économique mondiale. Dans les deux cas, il s'agit de traiter des externalités qui risquent de revêtir des dimensions planétaires. Si on ne les contient pas, si on ne les désamorce pas, les guerres locales peuvent s'étendre à d'autres pays, puis se muer en conflagrations mondiales. Une récession dans un pays peut conduire à des ralentissements ailleurs. La grande peur de 1998, c'était qu'une crise sur les marchés émergents ne provoque un effondrement économique planétaire.

Mais ce ne sont pas les seuls domaines où l'action collective mondiale est essentielle. Il y a les problèmes mondiaux d'environnement, en particulier ceux qui concernent les océans et l'atmosphère. Le réchauffement de la planète, dû à l'utilisation par les pays industriels des combustibles fossiles, qui a entraîné des concentrations de gaz à effet de serre (CO_2), touche des populations qui vivent en économie préindustrielle sur une île du Pacifique ou au cœur de l'Afrique. Le trou de la couche d'ozone, provoqué par l'usage des chlorofluorocarbures (CFC), lui aussi menace tout le monde – et pas seulement ceux qui se sont servis de ces produits chimiques. Face à la montée de ces problèmes d'environnement planétaires, des conventions internationales ont été signées. Certaines ont eu des résultats remarquables, comme celle de l'ozone (le protocole de Montréal de 1987), tandis que d'autres (celle qui porte sur le réchauffement de la planète, par exemple) ne sont toujours pas parvenues à avoir un impact sensible.

Il y a aussi les problèmes sanitaires mondiaux, par exemple la diffusion de maladies extrêmement contagieuses comme le sida, qui ne respectent aucune frontière. L'Organisation mondiale de la santé a réussi à éradiquer quelques maladies, notamment l'onchocercose et la variole. Mais, dans de nombreux champs de la santé publique mondiale, des défis colossaux nous attendent. Le savoir lui-même est un bien public mondial important : les fruits de la recherche peuvent bénéficier à tout le monde, partout, pratiquement sans le moindre coût supplémentaire.

L'aide humanitaire internationale est une forme d'action collective née d'une compassion commune pour les autres. Aussi efficace que soit le marché, il ne garantit pas que les individus auront de quoi se nourrir, se vêtir et se loger correctement. La mission principale de la Banque mondiale est d'éradiquer la pauvreté, moins en apportant une assistance humanitaire en cas de crise qu'en donnant aux pays la capacité de se développer et d'acquérir une autonomie solide.

Si les institutions spécialisées dans la plupart de ces domaines se sont constituées pour répondre à des besoins spécifiques, les problèmes auxquels elles sont confrontées sont souvent liés. La pauvreté peut conduire à la dégradation de l'environnement, et celle-ci contribuer à la pauvreté. Dans des pays pauvres comme le Népal, les habitants, manquant de ressources énergétiques et calorifiques, en sont réduits à déboiser : ils privent la terre de ses arbres et de ses arbustes afin d'avoir du combustible pour se chauffer et faire la cuisine, mais la déforestation provoque l'érosion des sols, donc les appauvrit encore plus.

La mondialisation, en accroissant l'interdépendance entre les peuples du monde, a renforcé le besoin d'une action collective mondiale et l'importance des biens publics mondiaux. Que les institutions mondiales qui ont été créées en conséquence n'aient pas fonctionné à la perfection n'a rien d'étonnant : les problèmes sont complexes et l'action collective est difficile à tous les niveaux. Mais du dossier que nous avons établi aux chapitres précédents il ressort qu'on peut leur reprocher bien plus qu'un fonctionnement imparfait. Nous savons maintenant les cas où leurs échecs ont été très graves, et ceux où elles ont suivi une politique déséquilibrée : certains ont bénéficié de la mondialisation beaucoup plus que d'autres – et quelques-uns en ont souffert.

Mode de gouvernement

Jusqu'à présent, nous avons lié les échecs de la mondialisation à un phénomène précis : les intérêts et les idées du commerce et de la finance l'ont apparemment emporté au sein des institutions économiques internationales quand il s'est agi de fixer les règles du jeu. Une conception particulière du rôle de l'État et des marchés est devenue hégémonique – conception qui n'est pas universellement admise dans les pays développés, mais qui a été imposée aux pays en développement et aux économies en transition.

La question est de savoir pourquoi cela s'est produit, et la réponse n'est pas difficile à trouver. Au FMI, ce sont des ministres des Finances et des gouverneurs de banque centrale qui sont assis autour de la table où se prennent les décisions, et à l'OMC, des ministres du Commerce. Même quand ils s'efforcent d'avoir l'esprit large en prenant des mesures d'intérêt national pour leur pays (ou encore plus large en suivant des politiques d'intérêt général pour toute la planète), ils voient le monde sous un jour très particulier et inévitablement très étroit.

J'ai dit qu'il fallait changer d'état d'esprit. Mais, pour comprendre l'état d'esprit d'une institution, demandons-nous devant qui elle est directement responsable, qui a le droit de vote – cela compte –, et qui a un siège autour de la table, même avec un droit de vote limité – cela compte aussi. On saura ainsi quelles voix s'y font entendre. Le FMI ne se consacre pas exclusivement à des accords techniques entre banquiers, par exemple sur des gains d'efficacité dans le système de compensation des chèques bancaires. Ses décisions ont un impact sur la vie et les moyens d'existence de milliards de personnes dans le monde en développement. Or ces milliards de personnes n'ont pas voix au chapitre quand il s'agit de décider. Les travailleurs éjectés de leur emploi à cause d'un plan du FMI n'ont aucun siège autour de la table, tandis que les banquiers qui exigent d'être remboursés sont abondamment représentés, par l'intermédiaire des ministres des Finances et des gouverneurs de banque centrale. L'impact désastreux de cette situation sur la politique de l'institution était prévisible : des opérations de sauvetage plus attentives au remboursement des créanciers qu'au maintien de l'économie au niveau du plein emploi. Ses effets sur le choix de la direction du FMI étaient prévisibles aussi : on s'est davantage soucié de lui trouver un dirigeant en harmonie idéologique avec les « actionnaires » dominants que bon connaisseur des problèmes des pays en développement, où le FMI exerce aujourd'hui le gros de ses activités.

Le « gouvernement » de l'OMC est plus compliqué. Comme au FMI, seuls des ministres s'y expriment. Ne nous étonnons donc pas si l'on y prête souvent peu d'attention aux problèmes d'environnement. Mais, alors que les règles de vote au FMI assurent la suprématie des pays riches, à l'OMC chaque pays a une voix, et les décisions se prennent en grande partie par consensus. En pratique, jusqu'ici, les États-Unis, l'Europe et le Japon ont dominé. Cela pourrait changer. À la dernière assemblée, celle de Doha, les pays en développement ont bien souligné que si un nouveau round de négociations commerciales était lancé leurs préoccupations devraient être entendues – et ils ont obtenu quelques concessions appréciables. Avec l'entrée de la Chine à l'OMC, ils ont désormais une voix puissante de leur côté – même si ses intérêts et ceux de nombreux autres pays en développement ne coïncident pas pleinement.

Le changement le plus fondamental qui s'impose pour que la mondialisation fonctionne comme elle le devrait, c'est celui de son mode de gouvernement. Il faut transformer le système des droits de vote au FMI et à la Banque mondiale, et réformer l'ensemble des institutions économiques internationales afin que les ministres du Commerce ne soient plus les seuls à se faire entendre à l'OMC, et les ministres des Finances et du Trésor, au FMI et à la Banque mondiale.

Ces changements ne seront pas simples. Il est fort peu probable que les États-Unis renoncent à leur droit de veto de fait au FMI, ou que les pays industriels avancés réduisent le nombre de leurs voix pour que les pays en développement puissent en avoir davantage. Ils avanceront même des arguments spécieux. Ils diront par exemple que le droit de vote, comme dans toute entreprise, est attribué sur la base des contributions au capital. Mais la Chine aurait depuis longtemps augmenté sa contribution au capital si cela pouvait lui donner plus de voix. Le secrétaire au Trésor des États-Unis O'Neill a cherché à donner l'impression que ce sont les contribuables américains, les plombiers, les charpentiers, qui financent les opérations de sauvetage de plusieurs milliards de dollars – et, puisque ce sont eux qui paient, c'est aussi à eux de voter. Mais c'est faux. L'argent vient en définitive des travailleurs et des autres contribuables des pays en développement, puisque le FMI est presque toujours remboursé.

S'il n'est pas simple, le changement est possible. Les concessions que les pays en développement ont arrachées aux pays développés en novembre 2001, prix à payer pour que débute un nouveau round des négociations commerciales, témoignent qu'à l'OMC au moins le rapport de forces a évolué.

Néanmoins, je ne suis pas très optimiste quant à la probabilité, dans un avenir proche, de réformes fondamentales dans la structure de direction *officielle* du FMI et de la Banque mondiale. Mais, à court terme, des changements de *pratiques* et de *procédures* auraient peut-être un impact important. À la Banque mondiale et au FMI, il y a vingt-quatre sièges autour de la table. Chacun représente plusieurs pays. Dans la configuration actuelle, l'Afrique en a très peu, pour la simple raison qu'elle a très peu de droits de vote – lesquels, nous l'avons dit, sont attribués sur la base de la puissance économique. Même sans changer les règles de vote, on pourrait avoir davantage de délégués africains : à défaut de voter, ils pourraient au moins se faire entendre.

Une participation effective exige que les représentants des pays en développement soient bien informés. Puisque ces pays sont pauvres, ils ne peuvent évidemment pas s'offrir le type de personnel que les États-Unis, par exemple, réunissent pour soutenir leurs positions dans toutes les institutions économiques internationales. Si les pays développés avaient sérieusement l'intention de leur laisser davantage la parole, ils pourraient contribuer à financer un groupe de réflexion – indépendant des organisations économiques internationales – qui les aiderait à formuler une stratégie et des positions.

Transparence

Hormis un changement fondamental dans leur mode de direction, le plus puissant moyen d'assurer que les institutions économiques internationales soient plus attentives aux pauvres, à l'environnement et aux préoccupations sociales et politiques sur lesquelles j'ai mis l'accent, c'est d'accroître leur ouverture et leur transparence. Le rôle essentiel que joue une presse libre et bien informée pour tenir en lisière même nos gouvernements démocratiquement élus nous paraît aujourd'hui tout à fait naturel. Tout délit, toute incartade, tout favoritisme est passé au crible, et la pression de l'opinion publique est rude. Il est plus important encore que des institutions publiques comme le FMI, la Banque mondiale et l'OMC soient transparentes, car leurs dirigeants ne sont pas directement élus. Elles sont publiques, mais sans responsabilité *directe* devant le corps civique. Cela devrait leur imposer d'être encore plus ouvertes que les autres. Or, en fait, elles le sont moins.

Toutes les institutions internationales manquent de transparence, mais chacune de façon un peu différente. À l'OMC, les négociations qui aboutissent aux accords ont toutes lieu à huis clos, ce qui ne permet guère de repérer l'influence des entreprises et des autres intérêts particuliers – jusqu'à ce qu'il soit trop tard. Les délibérations des comités de l'OMC qui décident s'il y a eu violation des accords conclus sont secrètes. Il n'est peut-être pas surprenant que les juristes spécialisés en droit commercial et les anciens responsables des ministères du Commerce qui composent souvent ces comités se soucient peu, par exemple, de l'environnement. Mais si leurs délibérations étaient moins secrètes, l'examen public les rendrait plus sensibles aux préoccupations de l'opinion, ou imposerait une réforme dans la procédure de jugement.

Au FMI, le goût du secret est tout naturel : on connaît la discrétion traditionnelle des banques centrales, bien qu'elles soient des institutions publiques. Dans la communauté financière, le secret est considéré comme normal – contrairement à ce qui se passe dans le monde académique, où la norme reconnue est l'ouverture. Avant le 11 septembre 2001, le secrétaire au Trésor défendait même le secret des centres bancaires « extraterritoriaux ». Les milliards de dollars qui s'en vont aux îles Cayman et autres paradis fiscaux ne le font pas parce que les services bancaires y sont meilleurs qu'à Wall Street, Londres ou Francfort. Ils sont là pour le secret, qui leur permet de pratiquer l'évasion fiscale, le blanchiment d'argent sale et d'autres activités néfastes. Ce n'est qu'après le 11 septembre qu'on a compris que, parmi ces « autres activités néfastes », il y avait le financement du terrorisme.

Mais le FMI n'est pas une banque privée ; c'est une institution publique.

L'effet de l'absence d'expression publique, c'est que les modèles et les politiques ne sont pas critiqués à temps. Si les initiatives et les orientations du FMI pendant la crise de 1997 avaient été soumises à des procédures démocratiques classiques, et s'il y avait eu dans les pays en crise un large débat ouvert sur les politiques qu'il proposait, peut-être n'auraient-elles jamais été adoptées, et peut-être des stratégies beaucoup plus saines seraient-elles apparues. Ce débat aurait pu non seulement critiquer les postulats économiques discutables sur lesquels étaient fondées les prescriptions du FMI, mais aussi révéler qu'elles faisaient passer les intérêts des créanciers avant ceux des salariés et des PME. Il y avait d'autres politiques possibles, qui faisaient supporter *moins* de risques aux plus faibles, et ces stratégies alternatives auraient *peut-être* reçu l'attention sérieuse qu'elles méritaient.

Dans la période antérieure, quand j'étais au Council of Economic Advisers, j'ai vu et compris les grandes forces qui jouent en faveur du secret. Le secret offre aux gouvernants une tranquillité discrète dont ils ne jouiraient pas si leurs faits et gestes étaient soumis à l'examen du public. Non seulement il leur facilite la vie, mais il laisse les intérêts particuliers jouer à plein. Il sert aussi à dissimuler les erreurs, commises de bonne foi ou non, dues ou non à une réflexion trop superficielle. Comme on dit, « le soleil est l'antiseptique le plus puissant ».

Même quand les mesures ne sont pas commanditées par des intérêts privés, le secret éveille des soupçons – qui servent-elles en réalité ? –, et ces soupçons, même non fondés, compromettent leur faisabilité et leur durabilité politiques. C'est le secret et les suspicions qu'il inspire qui ont aidé à entretenir le mouvement de protestation. L'une des exigences des manifestants a été l'ouverture, la transparence.

Cette revendication a eu une résonance particulière, tant le FMI avait souligné l'importance de la transparence pendant la crise asiatique. Ce fut l'une des conséquences, manifestement *non voulue*, de ses débordements rhétoriques sur la transparence : quand le projecteur a fini par se retourner sur le FMI lui-même, on a trouvé qu'il en manquait[5].

Le secret mine aussi la démocratie. Il ne peut y avoir de responsabilité démocratique que si les citoyens devant lesquels ces institutions publiques sont censées être responsables sont bien informés de ce qu'elles font – et aussi des choix auxquels elles sont confrontées et de la façon dont elles tranchent. Nous avons vu au chapitre 2 que les démocraties modernes reconnaissent le *droit de savoir* comme une liberté fondamentale du citoyen, assurée par des lois telles que le Freedom of Information Act aux États-Unis. Mais nous avons constaté que, s'ils soutiennent en paroles la transparence et l'ouverture, le FMI et la Banque mondiale n'ont pas encore embrassé ces idées pour eux-mêmes.

Réformer le FMI et le système financier mondial

Il existe quelques thèmes communs auxquels l'entreprise de réforme est confrontée dans toutes les institutions économiques internationales, mais chacune pose un ensemble de problèmes spécifique. Si nous commençons notre analyse par le FMI, c'est en partie parce qu'il révèle plus clairement certains phénomènes qui sont présents sous une forme atténuée dans les autres institutions.

J'ai structuré l'analyse du chapitre précédent autour d'une question : comment une organisation composée de fonctionnaires si talentueux (et bien payés) peut-elle commettre tant d'erreurs ? J'ai suggéré qu'une partie de ses problèmes venait de la discordance entre son objectif supposé, celui pour lequel elle a été initialement créée – promouvoir la stabilité économique mondiale –, et des objectifs plus récents – tels que la libéralisation des marchés des capitaux – qui sont mieux faits pour servir les intérêts de la communauté financière que ceux de l'économie mondiale. Cette discordance a conduit à des incohérences intellectuelles dont la portée n'a pas été purement académique. Comment s'étonner qu'il ait été difficile d'en faire dériver des politiques cohérentes ? La science économique a été trop souvent remplacée par l'idéologie, qui, à défaut d'être toujours un guide très sûr, donnait des directives claires et était en gros conforme aux intérêts de la communauté financière, même si, quand elle conduisait à l'échec, ces intérêts n'étaient pas bien servis.

L'une des distinctions importantes entre l'idéologie et la science, c'est que la science reconnaît les limites de ce que l'on sait : il y a toujours de l'incertitude. Le FMI, lui, n'a jamais aimé discuter des incertitudes liées aux politiques qu'il recommande. Il se plaît à donner une image d'infaillibilité. Avec cette attitude et cet état d'esprit, il lui est difficile de tirer les leçons de ses erreurs. Comment pourrait-il en apprendre quelque chose s'il ne parvient même pas à les admettre ? Certes, de nombreuses organisations aimeraient bien qu'à l'extérieur on les juge infaillibles, mais le problème du FMI, c'est qu'il agit souvent comme s'il croyait *presque* lui-même à son infaillibilité.

Le FMI a reconnu des erreurs dans la crise asiatique : il a admis que les politiques d'austérité budgétaire ont exacerbé les difficultés, et que la stratégie de restructuration du système financier en Indonésie a provoqué une ruée sur les guichets des banques qui n'a fait qu'aggraver les choses. Mais, on n'en sera pas surpris, il s'est efforcé de limiter les critiques et les débats. Et le Trésor aussi : il était responsable, puisqu'il s'était fait le promoteur de beaucoup de ces politiques. Tous deux ont été furieux quand un rapport de la Banque mondiale a mis le doigt sur ces erreurs et sur quelques autres, et a trouvé un écho à la une du *New York Times*. Aussitôt, des ordres ont été donnés pour museler les critiques. Mais il y a plus révélateur : le FMI n'a jamais approfondi ces questions. Il ne s'est jamais demandé ce qu'il y avait de faux dans ses modèles, pourquoi il y avait eu des erreurs, ou ce qu'il pouvait faire pour qu'elles ne se répètent pas dans la prochaine crise – il y en aura sûrement une. (En janvier 2002, l'Argentine est en crise. Une fois de plus, les plans de sauvetage du FMI n'ont rien donné. Les mesures d'austérité budgétaire qu'il a exigées ont précipité l'économie dans une récession toujours plus profonde.) Le FMI ne s'est jamais demandé pourquoi ses modèles sous-estiment *systématiquement* la gravité des récessions – ni pourquoi ses mesures sont *systématiquement* trop restrictives.

Il tente de justifier son attitude d'infaillibilité institutionnelle par l'argument suivant : s'il se montrait hésitant, pas très sûr du bien-fondé de ses mesures, il perdrait sa crédibilité – or le succès de sa stratégie exige qu'il reste crédible aux yeux des marchés. Nous sommes, là encore, en plein paradoxe. Le FMI, toujours prompt à faire l'éloge de la « perfection » et de la « rationalité » du marché, croit-il vraiment qu'il renforce sa crédibilité en se montrant beaucoup trop sûr de lui dans ses prévisions ? Avec cette cascade de prédictions qui ne se réalisent jamais, le Fonds monétaire international paraît assez peu infaillible, en particulier si les marchés sont aussi rationnels qu'il le prétend. À présent, il a perdu une bonne part de sa crédibilité, non seulement dans les pays en développement mais aussi dans la base d'appui qui lui est chère, la communauté financière. S'il avait été plus honnête, franc, modeste, il est clair qu'il serait en meilleure posture aujourd'hui.

Parfois, les dirigeants du FMI avancent une autre raison à leur refus de présenter plusieurs options en précisant les risques associés à chacune : dans les pays en développement, disent-ils, cela ne ferait que semer le trouble dans les esprits ! On sent, sous le paternalisme, un scepticisme profond à l'égard des procédures démocratiques.

Il serait beau que le FMI, puisqu'on lui signale ses problèmes, changeât d'état d'esprit et de comportement. Ce ne sera probablement pas le cas. Il s'est toujours montré remarquablement lent à apprendre de ses fautes – en partie, nous l'avons vu, sous le puissant impact de l'idéologie et de sa croyance en son infaillibilité, en partie parce que sa structure hiérarchique renforce la vision du monde dominante. Ce n'est pas, comme on le dit dans le jargon des écoles d'affaires modernes, une « organisation apprenante », et, comme toute organisation qui a du mal à apprendre et à s'adapter, il se retrouve en difficulté quand l'environnement change autour de lui.

Pour qu'il y ait un vrai changement d'état d'esprit, je l'ai dit, il faudrait que le mode de gouvernement change, mais à court terme ces percées sont improbables. Davantage de transparence aiderait, mais, même là, les réformes sérieuses vont se heurter à des résistances.

Un large consensus – en dehors du FMI – s'est établi autour d'une idée-force : limiter le champ d'action du FMI à son domaine central, la gestion des crises. Il n'aurait plus à s'occuper (en dehors des crises) du développement, ni des économies en transition. Je suis tout à fait d'accord – en partie parce que les réformes qui pourraient lui permettre d'œuvrer au développement et à la transition sur un mode démocratique, équitable et durable ne sont pas en vue.

Ce rétrécissement du champ d'action du FMI toucherait aussi d'autres domaines. Actuellement, il est chargé de la collecte de statistiques économiques précieuses, et, même si, dans l'ensemble, il fait du bon travail, ses responsabilités pratiques nuisent à l'exactitude des chiffres qu'il publie. Pour donner l'impression que ses plans réussissent, pour que les chiffres «collent», il doit impérativement ajuster les prévisions économiques. Beaucoup d'utilisateurs de ces chiffres ne comprennent pas qu'il ne s'agit pas de prévisions ordinaires. Celles du PIB ne sont pas fondées sur un modèle statistique complexe, ce ne sont même pas les meilleures estimations des bons connaisseurs de l'économie en question, ce sont simplement les chiffres qui ont été «négociés» dans le cadre d'un plan du FMI. Ce type de conflit d'intérêts est inévitable quand l'institution qui agit est aussi responsable des statistiques; beaucoup d'États en ont fait l'expérience, puis ont créé un bureau des statistiques indépendant.

Le FMI exerce aussi une autre activité : la surveillance – l'examen de la performance économique des pays dans le cadre des «consultations au titre de l'article IV», évoquées au chapitre 2. C'est par ce biais qu'il fait progresser ses points de vue particuliers dans les pays en développement qui ne dépendent pas de son aide. Puisqu'un ralentissement économique dans un pays peut avoir des effets négatifs sur d'autres, il est utile que tous fassent pression pour que chacun maintienne son dynamisme économique. Il y a un bien public mondial. Le problème, c'est le questionnaire du rapport : le FMI privilégie l'inflation. Or le chômage et la croissance sont tout aussi importants. Et ses recommandations reflètent aussi sa vision particulière de l'équilibre entre l'État et les marchés. Mon expérience directe des «consultations au titre de l'article IV» aux États-Unis m'a persuadé que cette mission aussi devrait être confiée à d'autres. Puisque ce sont ses voisins qui subissent l'impact le plus direct du ralentissement d'un pays, et qu'ils sont bien mieux informés des conditions qui y règnent, une surveillance régionale serait une solution viable.

Si l'on oblige le FMI à revenir à sa mission initiale – en le recentrant sur un champ d'action plus réduit –, cela permettra de le rendre beaucoup plus responsable devant les citoyens. Nous pourrons alors déterminer avec précision si, oui ou non, il a prévenu des crises en créant un environnement mondial plus stable, et s'il a réglé correctement celles qui ont éclaté. Mais il est clair que réduire son rayon d'action ne résout pas les problèmes que pose le FMI. Ce qu'on lui reproche tout particulièrement, c'est d'avoir exigé des mesures, comme la libéralisation des marchés des capitaux, qui ont aggravé l'instabilité mondiale, et d'avoir mené de grandes opérations de sauvetage qui, tant en Asie orientale qu'en Russie ou en Amérique latine, ont échoué.

Les tentatives de réforme

Au lendemain de la crise asiatique et des échecs du FMI, il y a eu accord général pour conclure que quelque chose n'allait pas dans le système économique international et qu'il fallait prendre des mesures pour stabiliser l'économie mondiale. Mais, au Trésor et au FMI, beaucoup pensaient que des modifications mineures suffiraient. Le manque d'envergure de leur plan, ils l'ont compensé par un nom grandiose : *réforme de l'architecture financière mondiale*. Il s'agissait de laisser croire à un grand changement des règles du jeu, capable de prévenir une nouvelle crise.

Sous la rhétorique, il y avait quelques vraies questions. Mais, de même que les dirigeants du FMI avaient tout fait pour détourner l'attention de leurs erreurs et de leurs problèmes systémiques, de même ils ont fait tout ce qu'ils ont pu pour limiter les réformes, sauf celles qui pouvaient donner au FMI *davantage de pouvoir et de moyens* et imposer aux marchés émergents *davantage d'obligations* (par exemple, de nouvelles normes fixées par les pays industriels avancés).

La façon dont a été menée la discussion sur la réforme

conforte ces soupçons. Le débat « officiel » a été concentré dans les mêmes institutions et dominé par les mêmes États qui « gèrent » de fait la mondialisation depuis plus de cinquante ans. D'où, aujourd'hui, un grand scepticisme dans le monde entier. Retrouvant autour de la table les mêmes personnes, depuis toujours responsables du système, les pays en développement se sont demandé si tout cela était bien sérieux. De leur point de vue, c'était une pantalonnade : les politiques faisaient semblant de vouloir faire quelque chose pour corriger les inégalités, tandis que les intérêts financiers œuvraient de toutes leurs forces à préserver le statu quo. Les sceptiques ont eu en partie raison. Mais en partie seulement. La crise a bel et bien imposé l'idée que quelque chose n'allait pas dans la mondialisation, et cette idée a mobilisé les esprits critiques sur un très large éventail de problèmes, de la transparence à la pauvreté et de l'environnement aux droits des travailleurs.

À l'intérieur des organisations elles-mêmes, de nombreux dirigeants influents baignent dans l'autosatisfaction. Les institutions ont modifié leur discours. Elles parlent de transparence, de pauvreté, de participation. Même s'il y a un abîme entre les mots et la réalité, ce discours a des effets dans leur comportement, leur transparence, l'intérêt qu'elles portent à la pauvreté. Elles ont de meilleurs sites Internet, et il y a plus d'ouverture. Les évaluations participatives de la pauvreté ont suscité un engagement plus large et une meilleure prise de conscience des effets des plans sur le sort des pauvres. Mais, si profonds qu'ils puissent paraître vus du dedans, ces changements, vus du dehors, semblent bien superficiels. Le FMI et la Banque mondiale ont toujours des normes de communication de l'information très inférieures à celles des États dans des démocraties comme les États-Unis, la Suède et le Canada. Ils tentent de cacher des rapports cruciaux. S'ils sont souvent contraints, finalement, de les révéler, c'est seulement parce qu'ils n'ont pas réussi à empêcher les fuites. Le malaise monte dans les pays en développement vis-à-vis des nouveaux plans qui comprennent des évaluations participatives de la pauvreté, car les participants s'entendent dire que les choses sérieuses, tel le cadre macroéconomique, sont hors du champ de la discussion[6].

Il y a d'autres exemples de changement dans les mots plus que dans les actes. On a pris conscience aujourd'hui des dangers des flux de capitaux à court terme et de la libéralisation prématurée des marchés financiers, et même de hauts dirigeants du FMI les reconnaissent à l'occasion[7]. Il s'agit d'un grand tournant dans la position officielle du Fonds monétaire, mais il est encore trop tôt pour savoir si, ou comment, ce basculement rhétorique va influer sur les politiques qu'il met en œuvre dans les pays. Jusqu'à présent, on ne voit rien venir, comme l'illustre ce petit épisode. Peu après son entrée en fonctions, le nouveau directeur général du FMI, Horst Köhler, entreprit une tournée dans certains pays membres. En visite en Thaïlande fin mai 2000, il émit une idée qui, à cette date, était un lieu commun à l'extérieur du FMI et commençait à s'infiltrer dans le FMI lui-même : libéraliser les marchés des capitaux comportait des risques. L'Indonésie voisine saisit aussitôt la balle au bond et, quand il s'y rendit, en juin, elle fit savoir qu'elle allait étudier la possibilité d'intervenir sur ces marchés. Mais les Indonésiens – et Köhler – ont vite été rappelés à l'ordre par les services du FMI. La bureaucratie a encore gagné. La libéralisation des marchés des capitaux pouvait poser problème sur le plan théorique, mais il était clair que ceux qui sollicitaient l'aide du FMI ne devaient jamais parler d'intervenir ni de contrôler.

Il y a eu aussi d'autres gestes, pas vraiment sincères ou pas vraiment au point[8]. Tandis que se multipliaient les critiques contre les grandes opérations de renflouement des années quatre-vingt-dix, plusieurs réformes manquées se sont succédé. On a d'abord eu l'idée de prêter avant qu'une crise ne se soit produite, avec le « prêt de précaution » au Brésil – qui a retardé sa crise mais de quelques mois seulement, et au prix fort. Puis on a imaginé la ligne de crédit préventive, également conçue pour qu'un pays dispose de moyens financiers dès que la crise éclate[9] : cela n'a rien donné non plus, car, aux conditions prévues, la proposition n'intéressait personne[10]. Puisqu'on reconnaissait que les *bail-out*, les opérations de sauvetage, avaient pu aggraver l'« aléa moral » et induire des pratiques de prêt discutables, on a alors élaboré la stratégie dite de *bail-in*, où les créanciers allaient devoir supporter une partie des coûts –

même si on ne l'a pas essayée sur de grands pays comme la Russie, mais sur des pays faibles et impuissants tels l'Équateur, l'Ukraine, la Roumanie et le Pakistan. Le *bail-in*, je l'ai dit au chapitre 8, a été globalement un échec. Dans certains cas, comme la Roumanie, il a été abandonné, non sans avoir nui considérablement à l'économie du pays. Dans d'autres, comme l'Équateur, il a été maintenu, avec des effets encore plus dévastateurs. Le nouveau secrétaire au Trésor des États-Unis et le nouveau directeur général du FMI ont tous deux exprimé leurs réserves sur l'efficacité globale des opérations de sauvetage massif, après quoi ils les ont poursuivies – 11 milliards de dollars prêtés à la Turquie en 2000, 21,6 milliards à l'Argentine en 2001. L'échec final du sauvetage en Argentine semble avoir imposé, enfin, le *début* d'un réexamen de cette stratégie.

Même quand certaines réformes jouissaient d'un consensus très large – mais pas universel –, la résistance est venue des centres financiers, parfois soutenus par le département du Trésor. Pendant la crise asiatique, où il était constamment question de transparence, on voyait bien que, pour comprendre ce qui se passait sur les marchés émergents, il fallait savoir ce que faisaient les fonds spéculatifs et les centres bancaires des paradis fiscaux. On craignait, du reste, qu'un renforcement de la transparence ailleurs n'oriente davantage de transactions vers ces canaux, de sorte qu'au total on en saurait moins. Le secrétaire Summers prit le parti des fonds spéculatifs et des centres bancaires extraterritoriaux, il résista aux appels à les rendre plus transparents : trop de transparence, expliqua-t-il, risquait de réduire les incitations à la collecte d'informations, ce qu'on appelle en jargon technique la fonction « découverte du prix ». Les réformes dans les centres bancaires extraterritoriaux, ces refuges conçus pour contourner le fisc et les réglementations, ont donc été au mieux superficielles. Nul ne devrait s'en étonner : l'existence même des paradis fiscaux résulte de mesures délibérées des pays industriels avancés, dont les marchés financiers et les riches ont été les ardents promoteurs.

D'autres réformes, même apparemment mineures, se sont heurtées à une forte résistance, parfois venue des pays en développement autant que des pays développés. Puisqu'il était clair que l'endettement à court terme jouait un rôle crucial dans les crises, on s'est intéressé de près aux clauses qui permettent de convertir en un clin d'œil une obligation qu'on croyait à long terme en dette à court terme[11]. Et, puisque montait l'exigence du *bail-in* – l'implication des créanciers dans les opérations de sauvetage –, la pression pour que soient introduites des clauses dites « d'action collective », qui faciliteraient leur participation « forcée » aux règlements de faillite, est montée aussi. Les marchés obligataires ont jusqu'à présent résisté avec succès à ces deux réformes – alors qu'elles avaient reçu, semble-t-il, un certain soutien du FMI. Ils ont fait valoir que ces dispositions risquaient de renchérir le crédit pour le pays emprunteur. Or justement : aujourd'hui, les emprunts ont des coûts énormes, en particulier quand les choses tournent mal, mais une partie seulement de ces coûts sont à la charge de l'emprunteur.

Ce qu'il faudrait faire

Si la reconnaissance des problèmes a beaucoup avancé, les réformes du système financier international ne font que commencer. À mon sens, celles que je vais énumérer devraient compter parmi les principales.

1. *Reconnaître les dangers de la libéralisation des marchés des capitaux*, et admettre que les flux de capitaux à court terme, l'« argent spéculatif », imposent d'énormes externalités, des coûts supportés par d'autres que les deux parties de ces transactions (les prêteurs et les emprunteurs). Chaque fois qu'il y a des externalités massives, les interventions de l'État sont souhaitables – dont celles qui passent par le système bancaire et par la fiscalité[12]. Au lieu de résister à ces interventions, les institutions financières internationales doivent travailler à les rendre plus efficaces.

2. *Réformer les faillites et recourir aux gels.* Quand des emprunteurs privés ne peuvent pas rembourser leurs créanciers, nationaux ou étrangers, la façon juste de traiter le problème est la faillite, et non une opération de sauvetage des créanciers financée par le FMI. Ce qu'il faut, c'est une réforme de la légis-

lation sur la faillite qui reconnaisse la nature spéciale des faillites dues aux perturbations macroéconomiques. Ce dont on a besoin, c'est d'un super-chapitre 11, des articles de législation des faillites qui accélèrent la restructuration et accordent un préjugé plus favorable au maintien de l'équipe de direction existante. Cette réforme aura l'avantage supplémentaire d'inciter les créanciers à plus de diligence professionnelle, au lieu d'encourager le type de prêt imprudent qui a été si courant dans le passé. Tenter d'imposer des réformes du droit des faillites plus favorables aux créanciers en ne tenant aucun compte des caractéristiques spéciales des faillites macro-induites n'est pas la solution : non seulement cela ne répond pas au problème des pays en crise, mais c'est un remède qui probablement ne durera pas. Comme nous l'avons si nettement constaté en Asie orientale, on ne peut pas greffer purement et simplement les lois d'un pays sur les coutumes et les normes d'un autre[13]. Les problèmes de défaut de paiement d'une dette *publique* (comme en Argentine) sont plus compliqués, mais, là encore, il faut s'appuyer davantage sur les faillites et les gels, idée que le FMI, semble-t-il, a dernièrement acceptée lui aussi. Mais le FMI ne peut pas jouer le rôle central. Le FMI est un très grand créancier, et il est dominé par les pays créanciers. Un système de règlement de faillite où le créancier ou son représentant est aussi le juge de faillite ne sera jamais accepté comme juste.

3. *Moins compter sur les opérations de sauvetage.* Si l'on recourt davantage aux faillites et aux gels, on aura moins besoin de ces grands renflouements qui ont si souvent échoué, l'argent servant soit à assurer aux créanciers occidentaux un meilleur remboursement qu'ils n'en auraient eu sans cela, soit à maintenir les taux de change à des niveaux surévalués plus longtemps qu'ils n'y seraient restés (ce qui permet aux riches du pays de faire sortir une plus grosse partie de leurs capitaux à des conditions plus favorables, mais endette encore plus lourdement le pays). Comme nous l'avons vu, les opérations de sauvetage n'ont pas seulement échoué, elles ont contribué aux problèmes en réduisant l'incitation du prêteur à faire attention quand il prête, et celle de l'emprunteur à se couvrir contre les risques de change.

4. *Améliorer la réglementation bancaire* – tant sa conception que sa mise en œuvre, et à la fois dans les pays développés et dans ceux en développement. Une réglementation bancaire faible dans les pays développés peut conduire à de mauvaises pratiques de prêts, à l'exportation de l'instabilité. On a pu se demander si la règle du « niveau suffisant de fonds propres pondérés en fonction des risques » a renforcé la stabilité du système financier dans les pays développés, mais il n'y a guère de doute qu'elle a contribué à l'instabilité mondiale en encourageant le prêt à court terme. La déréglementation du secteur financier et l'importance excessive accordée au « niveau suffisant de fonds propres » ont été des erreurs déstabilisantes. Ce qu'il faut, c'est une conception plus large et moins idéologique de la réglementation, adaptée aux moyens et au contexte de chaque pays. La Thaïlande avait raison d'avoir imposé des restrictions aux prêts à la spéculation immobilière dans les années quatre-vingt. On a eu tort de l'inciter à abolir ces restrictions. Et il y en a plusieurs autres, comme les limitations de vitesse (les restrictions sur le taux de croissance des actifs des banques), qui, très probablement, renforcent la stabilité. Mais les réformes doivent en même temps ne pas perdre de vue l'objectif général : s'il est important d'avoir un système bancaire sûr et sain, ce doit être aussi un système qui finance les entreprises et la création d'emplois [14].

5. *Améliorer la gestion du risque.* Aujourd'hui, la volatilité des taux de change fait peser un risque énorme sur les pays du monde entier. Si le problème est clair, la solution ne l'est pas. Les experts, dont ceux du FMI, ont oscillé entre diverses recommandations. Ils ont encouragé l'Argentine à arrimer sa devise au dollar. Après la crise d'Asie orientale, ils ont soutenu que les pays devaient avoir un taux de change soit entièrement flottant, soit fixe. Avec le désastre en cours en Argentine, il est probable que cette position va encore changer. Quelles que soient les réformes opérées dans les mécanismes du taux de change, les pays resteront toujours exposés à des risques considérables. De petits pays comme la Thaïlande, qui achètent et vendent des produits à de nombreux autres, sont confrontés à un problème difficile, puisque les taux de change entre les prin-

cipales devises varient de 50 % ou plus. Arrimer leur monnaie à l'une d'elles ne résoudra pas les problèmes : cette option risque en fait d'aggraver ses fluctuations par rapport aux autres devises. La crise de la dette latino-américaine dans les années quatre-vingt[15] a été provoquée par l'énorme augmentation des taux d'intérêt qu'a entraînée la politique monétaire restrictive du président de la Federal Reserve, Paul Volcker, aux États-Unis. Les pays en développement ont appris à gérer ces risques, probablement en achetant des assurances contre ces fluctuations sur les marchés internationaux des capitaux. Malheureusement, aujourd'hui ils ne peuvent s'assurer que pour les fluctuations à court terme. Il est certain que les pays développés sont bien mieux placés pour gérer ces risques que les pays en développement, et ils devraient contribuer à la mise en place de ces marchés des assurances. Il serait donc judicieux pour les pays développés de consentir leurs prêts aux pays en développement sous des formes qui réduisent les aléas, par exemple en prévoyant que les risques de fortes fluctuations des intérêts réels seront à la charge des créanciers.

6. *Améliorer les filets de sécurité.* L'une des composantes de la gestion du risque consiste à mettre les populations les plus vulnérables du pays en meilleure position face aux périls. La plupart des pays en développement ont des filets de sécurité sociale faibles, à commencer par leurs systèmes d'indemnisation du chômage. Même dans les pays développés, les filets de sécurité sont faibles et inadéquats dans les deux secteurs qui sont les secteurs principaux des pays en développement, l'agriculture et les petites entreprises. L'aide internationale sera donc ici essentielle, même si les pays doivent améliorer les filets de sécurité locaux.

7. *Améliorer les réactions aux crises.* Nous avons vu leur échec dans la crise de 1997-1998. L'assistance a été mal conçue et mal réalisée. Les plans n'ont pas suffisamment tenu compte de l'absence de filets de sécurité et de l'importance cruciale du maintien des flux du crédit, et ils n'ont pas vu que l'effondrement du commerce entre les pays allait étendre la crise. Les mesures ont

été fondées non seulement sur de mauvaises prévisions, mais sur l'incapacité à comprendre qu'il est plus facile de détruire les entreprises que de les recréer, et que les dégâts provoqués par la hausse des taux d'intérêt ne s'effaceront pas quand on les rebaissera. Un rééquilibrage s'impose : il faut rétablir l'équilibre entre les préoccupations des travailleurs et des petites entreprises et celles des créanciers ; et la conscience de l'impact des mesures sur les capitaux nationaux – dont elles favorisent la fuite – doit contrebalancer l'attention manifestement excessive qu'on prête actuellement aux investisseurs étrangers. Les réactions aux futures crises financières devront être envisagées au sein du contexte social et politique. Outre les ravages directs des émeutes qui éclatent quand les crises sont mal gérées, on n'attirera pas les capitaux dans des pays en proie à des troubles sociaux et politiques, et aucun gouvernement, sauf le plus répressif, ne peut les contrôler, en particulier quand les mesures sont perçues comme imposées de l'extérieur. Le plus important, c'est qu'il faut revenir aux principes économiques de base. Au lieu de se concentrer sur une évanescente psychologie de l'investisseur et sur une imprévisible confiance, le FMI doit revenir à son mandat initial : fournir des fonds pour restaurer la demande globale dans les pays confrontés à une récession. Les pays du monde en développement ne cessent de demander pourquoi les États-Unis, lorsqu'ils sont confrontés à une crise économique, se prononcent pour des politiques budgétaire et monétaire expansionnistes, alors que quand ils se trouvent, eux, dans la même situation, on exige qu'ils fassent exactement le contraire. Quand les États-Unis sont entrés en récession, en 2001, on ne s'est pas demandé s'il fallait ou non un plan de stimulation, mais quel contenu il devait avoir. À présent, les leçons de l'Argentine et de l'Asie orientale devraient être claires. La confiance ne sera jamais restaurée si l'économie reste embourbée dans une récession profonde. Les conditions que le FMI impose aux pays en échange de son soutien financier doivent non seulement être bien plus étroitement circonscrites, mais aussi s'inscrire dans cette perspective.

D'autres changements seraient souhaitables. Obliger le FMI à rendre publiques ses prévisions quant à l'impact de ses plans sur la « pauvreté » et le chômage l'amènerait à prendre en considération ces aspects-là. Les pays doivent savoir quelles sont les conséquences probables de ses recommandations. S'il se trompe systématiquement dans ses analyses – si, par exemple, la pauvreté augmente toujours plus que dans ses prévisions –, il faudra lui demander des comptes. En posant les questions clairement : y a-t-il une erreur systémique dans ses modèles ? Ou essaie-t-il délibérément de fourvoyer les décideurs politiques ?

Réformer la Banque mondiale et l'aide au développement

L'une des raisons pour lesquelles je reste optimiste quant à la possibilité de réformer les institutions économiques internationales, c'est que j'ai vu le changement se produire à la Banque mondiale. Il n'a pas été facile, et il n'est pas allé aussi loin que je l'aurais souhaité, mais il a été important.

Quand j'y suis entré, le nouveau président, James Wolfensohn, avait déjà bien avancé dans son effort pour rendre la Banque plus sensible aux préoccupations des pays en développement. Même si la nouvelle direction n'était pas toujours très claire, les fondements intellectuels pas toujours très fermes, et le soutien au sein de l'institution loin d'être général, la Banque mondiale avait commencé à prendre en compte sérieusement les critiques de fond qui lui étaient adressées. Les réformes supposaient un changement de philosophie dans trois domaines : le développement ; l'aide en général et celle de la Banque en particulier ; les relations entre la Banque et les pays en développement.

Pour réévaluer son orientation, la Banque mondiale a étudié comment les cas de développement réussi s'étaient produits[16]. Certaines des leçons de ce réexamen ont été celles qu'elle avait tirées depuis longtemps : l'importance du respect des contraintes budgétaires, de l'éducation – y compris pour les femmes – et de la stabilité macroéconomique. Quelques thèmes nouveaux sont cependant apparus. Le succès ne vient pas seulement de la promotion de l'enseignement primaire, mais aussi de la création d'une base technologique forte qui passe par un soutien à la formation avancée. Il est possible de promouvoir l'égalité et la croissance rapide *simultanément* : en fait, il s'avère que les politiques plus égalitaires aident la croissance. Le soutien au commerce et à l'ouverture est important[17], mais ce sont les emplois créés par l'expansion des exportations, et non les pertes d'emplois induites par la hausse des importations, qui font décoller la croissance. Quand les États ont pris des mesures pour promouvoir les exportations et les nouvelles entreprises, la libéralisation a eu de bons résultats ; quand ils ne l'ont pas fait, elle a souvent échoué. L'État joue un rôle clef dans le succès du développement en encourageant des secteurs particuliers et en contribuant à créer des institutions qui stimulent l'épargne et allouent efficacement les investissements. Les pays qui ont réussi ont aussi privilégié la concurrence et la création d'entreprises : ils leur ont donné plus d'importance qu'à la privatisation et à la restructuration des firmes existantes.

Surtout, ces pays ont suivi une méthode globale de développement qui dépasse de loin les considérations techniques. Il y a trente ans, les économistes de gauche et de droite étaient d'accord sur la nature de l'objectif central du développement : améliorer l'efficacité de l'allocation des ressources et augmenter le capital disponible. Leur seule divergence portait sur les moyens : fallait-il, pour y parvenir, une planification dirigée par l'État ou des marchés totalement libres ? Finalement, aucune des deux solutions n'a abouti. Le développement n'est pas seulement une question de ressources et de capital mais une transformation de la société[18]. Il est clair que les institutions financières internationales ne sauraient assumer la responsabilité de cette mutation. Mais elles peuvent y jouer un rôle important et, au strict minimum, elles ne doivent pas entraver son succès.

L'aide

Mais entraver les transitions efficaces, c'est justement ce que pourrait faire la façon dont l'aide est souvent accordée – assortie d'innombrables conditions imposées. Nous avons vu au chapitre 2 que la conditionnalité – la nuée de conditions, souvent de nature politique, posées comme préalable à l'aide – n'a pas fonctionné.

Elle n'a pas conduit à des politiques plus judicieuses, à une croissance plus rapide, à de meilleurs résultats. Quand les pays pensent que des réformes leur ont été imposées, ils ne se sentent pas vraiment engagés par elles. Or leur participation est essentielle pour qu'un vrai changement de société ait lieu. Pis : la conditionnalité a miné la vie démocratique. On a enfin commencé à admettre, même au FMI, qu'elle est allée *trop loin*, que ces dizaines de conditions ont empêché les pays en développement de se concentrer sur les priorités. Mais s'il y a eu, en conséquence, une tentative d'*affiner* la conditionnalité, le débat sur la réforme va plus loin à la Banque mondiale. Certains soutiennent qu'il faut remplacer la conditionnalité par la *sélectivité* : on aiderait les pays qui ont de bons antécédents, on les laisserait choisir eux-mêmes leur stratégie de développement, et on en finirait avec la microgestion caractéristique du passé. Les chiffres prouvent que l'aide accordée sélectivement peut avoir un impact important, tant pour promouvoir la croissance que pour réduire la pauvreté.

L'annulation de la dette

Les pays en développement ont besoin non seulement que l'aide leur soit donnée d'une façon qui contribue à leur développement, mais aussi qu'il y en ait davantage. Des sommes relativement limitées pourraient faire d'énormes différences en matière d'alphabétisation et de santé. L'aide au développement a en fait diminué en termes réels (ajustés pour tenir compte de l'inflation), et plus encore si on la calcule en pourcentage des revenus des pays développés, ou par tête d'habitant des pays en développement. Il faut une base de financement : cette aide (et d'autres biens publics mondiaux) doit reposer sur un fondement permanent, à l'abri des vicissitudes de la politique intérieure aux États-Unis ou ailleurs. Plusieurs propositions ont été faites. Quand le FMI a été créé, on lui a donné le droit d'émettre des droits de tirage spéciaux (DTS), une sorte de monnaie internationale. Puisque aujourd'hui les pays mettent chaque année de côté des milliards de dollars dans des réserves – sage précaution pour se protéger contre les aléas des marchés internationaux –, une partie des revenus n'est pas réinjectée dans la demande globale. Le ralentissement économique mondial de 2001-2002 a mis ces préoccupations au premier plan. Émettre des DTS pour financer des biens publics mondiaux – dont l'aide au développement – pourrait contribuer à maintenir le dynamisme de l'économie mondiale tout en aidant certains des pays les plus pauvres du monde. Un second projet consiste à financer l'aide au développement sur les revenus des ressources économiques planétaires : les minerais des fonds marins et les droits de pêche dans les océans.

Ces derniers temps, on a beaucoup parlé de l'annulation des dettes, et avec raison. Si on ne les annule pas, beaucoup de pays en développement ne pourront tout simplement pas se développer. D'énormes proportions de leurs recettes d'exportation actuelles vont directement rembourser leurs emprunts aux pays développés [19]. Le mouvement du Jubilé 2000 a réussi une immense mobilisation internationale pour l'effacement des dettes. Il a obtenu l'appui des Églises dans le monde développé. Elles y ont vu un impératif moral, fondé sur les principes de base de la justice économique.

La responsabilité morale des créanciers est particulièrement nette dans le cas des prêts de la guerre froide [20]. Quand le FMI et la Banque mondiale prêtaient de l'argent à Mobutu, le célèbre président du Zaïre (aujourd'hui République démocratique du Congo), ils savaient (ou auraient dû savoir) que ces sommes, pour l'essentiel, ne serviraient pas à aider les pauvres de ce pays mais à enrichir Mobutu. On payait ce dirigeant corrompu pour qu'il maintienne son pays fermement aligné sur l'Occident. Beaucoup estiment injuste que les contribuables des pays qui se trouvaient dans cette situation soient tenus de rembourser les prêts consentis à des gouvernants corrompus qui ne les représentaient pas.

Le mouvement du Jubilé a réussi à faire progresser sensiblement l'annulation de la dette. Si, avant 2000, il existait un plan d'allégement pour les pays très endettés, peu répondaient aux critères que le FMI avait posés. Fin 2000, sous la pression internationale, vingt-quatre pays avaient passé le seuil.

Mais il faut aller plus loin. Dans l'état actuel des choses, les accords ne concernent que les pays les plus pauvres. Des pays comme l'Indonésie, ravagée par la crise asiatique et par les échecs de la politique du FMI, sont jugés encore trop prospères pour avoir droit au parapluie.

Réformer l'OMC et équilibrer l'ordre du jour des négociations commerciales

Les manifestations planétaires contre la mondialisation ont commencé lors de la réunion de l'OMC à Seattle parce que c'était le symbole le plus évident de l'injustice mondiale et de l'hypocrisie des pays industriels avancés. S'ils avaient prêché – et imposé – l'ouverture des marchés des pays en développement à leurs produits industriels, ils avaient continué à garder leurs propres marchés fermés aux produits des pays pauvres, comme le textile et l'agriculture. S'ils disaient aux pays en développement qu'ils ne devaient en aucun cas subventionner leurs industries, eux-mêmes ne se privaient pas de verser des milliards à leurs agriculteurs, ce qui interdisait aux pays pauvres de les concurrencer. Tout en prêchant les vertus des marchés concurrentiels, les États-Unis s'empressaient d'exiger des cartels mondiaux dans l'acier et l'aluminium quand leurs industries nationales semblaient menacées par les importations. Ils avaient fait pression pour la libéralisation des services financiers, mais résisté à celle des services où les pays en développement étaient bien placés : la construction et les services maritimes. Et nous avons vu à quel point l'ordre du jour des négociations commerciales a été injuste : non seulement les pays pauvres n'ont pas reçu une part équitable des bénéfices, mais la région la plus pauvre du monde, l'Afrique noire, a vu sa situation réelle s'aggraver à la suite du dernier round.

Ces injustices ont été reconnues de plus en plus largement. Cette prise de conscience et la détermination de certains pays en développement ont abouti au nouveau round de négociations commerciales lancé à Doha en novembre 2001, qui a mis à son ordre du jour le redressement de certains des déséquilibres passés. On l'a baptisé le Development Round, mais la route du changement est longue. Les États-Unis et les autres pays industriels avancés ont seulement accepté des *discussions*. Le seul fait de *discuter* d'une correction de certains déséquilibres a été perçu comme une concession !

L'un des domaines où la situation est particulièrement inquiétante, ce sont les droits de propriété intellectuelle. Ils sont utiles pour inciter les innovateurs à innover – bien qu'une bonne partie de la recherche la plus importante, dans les sciences fondamentales et en mathématiques par exemple, ne soit pas brevetable. Personne ne nie l'importance des droits de propriété intellectuelle. Mais il y a un juste équilibre à trouver entre les droits et intérêts des producteurs, et ceux des utilisateurs – pas seulement les utilisateurs dans les pays en développement, mais aussi les chercheurs dans les pays développés. Dans les dernières phases des négociations de l'Uruguay Round, tant l'Office of Science and Technology que le Council of Economic Advisers ont fait savoir qu'ils craignaient que l'équilibre n'ait pas été correctement établi : l'accord faisait passer les intérêts des producteurs avant ceux des utilisateurs. Nous redoutions que l'élan du progrès et de l'innovation n'en fût en réalité entravé. Après tout, le savoir est l'« intrant » le plus important dans la recherche, et le renforcement des droits de propriété intellectuelle pouvait en augmenter le prix. Nous nous inquiétions aussi des conséquences pour les pauvres : on leur refusait le droit de se servir de médicaments capables de sauver des vies. Le problème devait ensuite retenir l'attention internationale avec l'affaire des médicaments contre le sida en Afrique du Sud. L'indignation internationale a contraint les compagnies pharmaceutiques à reculer – et il semble qu'à l'avenir les effets les plus négatifs de l'accord international vont être strictement limités. Mais il importe de noter que, à l'origine, même l'administration démocrate des États-Unis a soutenu les firmes pharmaceutiques. Nous n'étions pas pleinement conscients d'un autre danger, qu'on appelle aujourd'hui la biopiraterie. Les firmes pharmaceutiques internationales font breveter des remèdes traditionnels. Ce faisant, elles ne cherchent pas seulement à gagner de l'argent avec des « ressources » et des savoirs qui appartiennent en toute justice aux pays en développement. Elles essaient aussi d'étrangler des entreprises de ces pays qui fournissaient ces médicaments traditionnels. On ne sait pas vraiment si ces brevets résisteraient à l'examen des tribunaux en cas de plainte, mais il est clair que les pays non développés n'ont pas les moyens juridiques et financiers nécessaires pour les contester. Ce problème a suscité d'intenses réactions affectives, et aussi des inquiétudes économiques potentielles, dans l'ensemble du monde en développement. Je me trouvais récemment dans un village des Andes en Équateur, et même là le maire indigène a reproché à la mondialisation d'avoir conduit à la biopiraterie.

Pour réformer l'OMC, il faudra rééquilibrer l'ordre du jour des négociations commerciales – en y incluant les intérêts des pays en développement, mais aussi des préoccupations comme celles liées à l'environnement, qui dépassent le champ du commerce.

Mais, pour corriger les déséquilibres actuels, le monde n'a pas besoin d'attendre la fin d'un nouveau round des négociations commerciales. La justice économique internationale exige que les pays développés prennent des mesures pour s'ouvrir au commerce équitable et établir des relations justes avec les pays en développement, sans recourir à la table des négociations ou tenter d'extorquer des concessions en échange. L'Union européenne a déjà agi dans ce sens avec son initiative « Tout sauf les armes », qui autorise la libre importation en Europe de tous les produits des pays les plus pauvres à l'exception des armements. Cette mesure ne répond pas à toutes les doléances des pays en développement : ils ne seront toujours pas en mesure de concurrencer l'agriculture européenne lourdement subventionnée. Mais c'est un grand pas dans la bonne direction. Il s'agit maintenant d'amener les États-Unis et le Japon à en faire autant. Des décisions dans ce sens seraient extrêmement bénéfiques pour le monde en développement, et elles profiteraient même aux pays développés, puisque leurs consommateurs paieraient moins cher.

VERS UNE MONDIALISATION À VISAGE HUMAIN

Les réformes que j'ai esquissées contribueraient à rendre la mondialisation plus juste et plus efficace pour élever les niveaux de vie, en particulier celui des pauvres. La question n'est pas seulement de transformer les structures institutionnelles. C'est l'état d'esprit qu'il faut changer. Les ministres des Finances et du Commerce perçoivent la mondialisation comme un phénomène essentiellement économique, mais pour de nombreux habitants du monde en développement elle est beaucoup plus.

L'une des raisons de l'assaut contre la mondialisation est qu'elle paraît miner les valeurs traditionnelles. Les conflits sont réels, et dans une certaine mesure inévitables. La croissance économique – dont celle qu'induit la mondialisation – aura pour effet l'urbanisation, qui sapera dans leurs fondements les sociétés rurales traditionnelles. Malheureusement, jusqu'à présent, les responsables de la mondialisation, s'ils vantent ses apports positifs, ont trop souvent mal mesuré ce qu'elle a de négatif : la menace qu'elle représente pour l'identité et les valeurs culturelles[21]. C'est d'autant plus surprenant qu'au sein même des pays développés on est bien conscient de ce type de problème. L'Europe, quand elle défend sa politique agricole, n'invoque pas seulement des intérêts particuliers, mais aussi son souci de préserver les traditions de ses campagnes. Partout, les habitants des petites villes disent que les grands détaillants nationaux et les centres commerciaux ont tué leurs magasins et leurs quartiers.

Le rythme de l'intégration mondiale est très important. Si les choses se font progressivement, les institutions et les normes traditionnelles, au lieu d'être submergées, peuvent s'adapter et répondre aux nouveaux défis.

Et il y a un autre point essentiel : ce que la mondialisation fait à la démocratie. Telle qu'on l'a préconisée, la mondialisation paraît souvent remplacer les dictatures des élites nationales par la dictature de la finance internationale. Les pays s'entendent dire que, s'ils n'acceptent pas certaines conditions, les marchés des capitaux ou le FMI refuseront de leur prêter de l'argent. On les contraint – c'est le fond du problème – à abandonner leur souveraineté, à se laisser « discipliner » par les caprices des marchés financiers, dont ceux de spéculateurs qui ne pensent qu'au gain à court terme, pas à la croissance à long terme et à l'amélioration des niveaux de vie : ce sont ces marchés et ces spéculateurs qui dictent aux pays ce qu'ils doivent et ne doivent pas faire. Mais les pays ont de vrais choix à faire, c'est à eux de dire jusqu'à quel point ils acceptent de s'assujettir aux marchés des capitaux internationaux. Ceux qui – en Asie orientale, par exemple – ont évité les rigueurs du FMI ont obtenu une croissance plus rapide, davantage d'égalité et une plus forte réduction de la pauvreté que ceux qui ont obéi à ses ordres. Puisque des décisions différentes affectent différemment diverses catégories, il incombe au processus politique – et non aux bureaucrates internationaux – de choisir entre les options. Même si la croissance devait en souffrir, c'est un coût que beaucoup de pays en développement sont peut-être prêts à payer s'il leur permet de créer une société démocratique et équitable, tout comme de nombreuses sociétés actuelles jugent bon de sacrifier un peu de croissance pour un meilleur environnement. Tant que la mondialisation sera présentée comme elle l'a été, elle sera un asservissement. Il est donc naturel que certains lui résistent, notamment les asservis.

Aujourd'hui, la mondialisation est défiée sur toute la planète. Elle mécontente, et à juste titre. La mondialisation peut être une force bénéfique : celle des idées démocratiques et de la société civile a changé les modes de pensée, et des mouvements politiques planétaires ont imposé l'allégement des dettes et le traité sur les mines antipersonnel. La mondialisation a aidé des centaines de millions de personnes à améliorer leur niveau de vie au-delà de ce qu'eux-mêmes (et la plupart des économistes) auraient cru imaginable il y a peu. La mondialisation de l'économie a bénéficié à des pays qui l'ont mise à profit en cherchant de nouveaux marchés d'exportation et en s'ouvrant à l'investissement étranger. Cela dit, les pays pour lesquels elle a été le plus profitable ont été ceux qui ont pris eux-mêmes leur destin en main et ont compris le rôle que peut jouer l'État dans le développement : ils ne s'en sont pas remis à l'idée d'un marché autorégulateur qui résoudrait seul les problèmes qu'il crée.

Mais, pour des millions de personnes, la mondialisation n'a pas été un succès. Elle a aggravé leur situation car elles ont perdu leur emploi, et leur vie est moins sûre qu'avant. Elles se sentent de plus en plus impuissantes, confrontées à des forces qui échappent à leur contrôle. Leur démocratie est minée, leur culture érodée.

Si nous demeurons incapables de tirer les leçons de nos erreurs, si la mondialisation reste gérée comme par le passé, non seulement elle n'engendrera pas le développement mais elle continuera de répandre la pauvreté et l'instabilité. S'il n'y a pas de réforme, le choc en retour qui a commencé va s'amplifier, et l'hostilité envers la mondialisation avec lui.

Ce sera une tragédie pour nous tous, et d'abord pour les milliards de personnes qui auraient pu bénéficier de la mondialisation. Les populations du monde en développement seront celles qui auront le plus à y perdre économiquement, mais cette situation aura des retombées politiques plus générales qui toucheront aussi le monde développé.

Si les réformes esquissées dans ce chapitre sont prises au sérieux, on peut espérer qu'un processus de mondialisation plus humain pèse puissamment dans le bon sens, car l'immense majorité des habitants des pays en développement pourront en bénéficier et lui feront bon accueil. Dans ce cas, le grand mécontentement contre la mondialisation nous aura tous bien servis.

La situation actuelle me rappelle celle d'il y a soixante-dix ans. Quand le monde a sombré dans la Grande Crise, les partisans du libre marché ont dit : « Ne vous inquiétez pas, les marchés s'autorégulent. Laissons-leur le temps, et la prospérité reviendra. » Peu leur importaient les vies qui seraient détruites en attendant ce prétendu redressement. Keynes a rétorqué que les marchés ne se corrigeaient pas tout seuls, en tout cas pas dans des délais pertinents (on connaît sa formule célèbre : « À long terme, nous serons tous morts[22] »). Le chômage risquait de se perpétuer pendant des années, et il fallait donc que l'État intervienne. Keynes a été cloué au pilori, traité de socialiste, d'ennemi du marché. Il était pourtant, en un sens, farouchement conservateur. Fondamentalement, il avait foi dans les marchés. Si l'État pouvait corriger cette unique lacune, pensait-il, l'économie parviendrait à fonctionner assez efficacement. Il ne voulait pas l'abolition totale du système du marché. Mais il savait que, si ces problèmes de fond n'étaient pas traités, il y aurait d'énormes pressions populaires. Et le remède de Keynes a réussi. Depuis la Seconde Guerre mondiale, des pays comme les États-Unis, en suivant les prescriptions keynésiennes, ont connu des récessions moins nombreuses et plus courtes qu'avant, et des périodes d'expansion plus longues.

Aujourd'hui, le système capitaliste est à la croisée des chemins, exactement comme pendant la Grande Crise. Dans les années trente, il a été sauvé par Keynes, qui a conçu des politiques susceptibles de créer des emplois et de venir en aide aux victimes de l'effondrement de l'économie mondiale. À présent, des millions de personnes dans le monde attendent de voir s'il est possible ou non de réformer la mondialisation pour que ses bénéfices soient largement partagés.

Heureusement, la conscience de ces problèmes progresse, et la volonté politique de s'y attaquer grandit. La quasi-totalité des responsables du développement, même les membres de l'*establishment* de Washington, conviennent aujourd'hui des dangers d'une libéralisation des marchés des capitaux non accompagnée d'une réglementation. Ils reconnaissent aussi que la rigueur excessive de la politique budgétaire pendant la crise asiatique de 1997 a été une erreur. Quand la Bolivie est entrée en récession en 2001, en partie à cause du ralentissement économique mondial, on a appris que, selon certaines informations, elle allait peut-être échapper à la cure d'austérité traditionnelle et à la réduction de ses dépenses publiques. De fait, à l'heure où j'écris, en janvier 2002, il semble que la Bolivie va être autorisée à stimuler son économie, ce qui l'aidera à surmonter la récession : elle utilisera les revenus que vont bientôt lui rapporter ses réserves de gaz naturel, récemment découvertes, pour se maintenir à flot jusqu'à la reprise. Au lendemain de la débâcle argentine, le FMI a reconnu les faiblesses de la stratégie du sauvetage massif, et il commence à parler du recours aux gels et aux règlements de faillite, solution de rechange que je préconise, avec d'autres, depuis des années. L'annulation de la dette obtenue grâce aux efforts du mouvement du Jubilé et les concessions faites à Doha pour le lancement d'un nouveau round de négociations commerciales dit « du développement » constituent deux victoires supplémentaires.

Malgré ces avancées, il reste beaucoup à faire pour combler l'écart entre rhétorique et réalité. À Doha, les pays développés ont seulement accepté d'ouvrir des discussions sur un programme de négociations commerciales plus équitable, mais les déséquilibres du passé ne sont toujours pas corrigés. La faillite et les gels sont désormais à l'ordre du jour, mais rien n'assure qu'il y aura un juste équilibre entre les intérêts des créanciers et ceux des débiteurs. La participation des experts et des citoyens des pays en développement aux discussions sur la stratégie économique s'est beaucoup accrue, mais elle ne se traduit toujours pas par des modifications dans les politiques suivies. Il faut changer les institutions et changer l'état d'esprit. L'idéologie du libre marché doit céder la place à des analyses fondées sur la science économique, qui a une vision plus équilibrée du rôle de l'État parce qu'elle a conscience à la fois de ses échecs et de ceux du marché. Il faut sentir quel est le juste rôle des conseillers extérieurs : aider à la prise de décision démocratique en clarifiant les effets des différentes options – dont leur impact sur les diverses catégories sociales, et en particulier les pauvres –, et non miner la démocratie en imposant des politiques particulières à des pays qui n'en veulent pas.

Il est clair que la stratégie de réforme doit avancer sur plusieurs plans. Le premier, c'est la transformation de l'ordre économique international. Mais elle va prendre du temps. Il y en aura donc un second : l'incitation aux réformes que chaque pays peut accomplir lui-même. Les pays développés ont une responsabilité particulière : ils doivent, par exemple, démanteler leurs barrières commerciales et pratiquer ce qu'ils prêchent. Cela dit, leurs responsabilités sont peut-être lourdes, mais rien ne les oblige vraiment à les assumer. Après tout, les « centres bancaires extraterritoriaux » et les fonds spéculatifs servent des intérêts situés dans les pays développés, et ceux-ci peuvent parfaitement résister à l'instabilité que la non-réforme risque de créer dans le monde en développement. De fait, on peut soutenir que les États-Unis ont profité à plusieurs titres de la crise asiatique.

Il faut donc que les pays en développement prennent eux-mêmes leur bien-être en charge. Ils peuvent gérer leur budget pour vivre selon leurs moyens, si maigres soient-ils, et éliminer les barrières protectionnistes qui, si elles rapportent très gros à quelques-uns, imposent aux consommateurs des prix beaucoup trop élevés. Ils peuvent mettre en place des réglementations fortes pour se protéger des spéculateurs du dehors ou de l'inconduite de leurs propres milieux d'affaires. Et surtout, ils ont besoin d'un État efficace, avec un pouvoir judiciaire fort et indépendant, d'un État démocratique, ouvert, transparent, affranchi de la corruption qui a tué l'efficacité tant dans le secteur public que dans le secteur privé.

Ce qu'ils doivent demander à la communauté internationale, c'est seulement cela : qu'elle reconnaisse leur besoin et leur droit à faire eux-mêmes leurs choix, en vertu de leurs propres jugements politiques – à décider par exemple qui doit supporter les risques. Il faudrait les encourager à adopter des lois sur les faillites et des dispositifs de réglementation adaptés à leur propre situation, pas aux gabarits conçus par et pour les pays développés[23].

Il faut des politiques de croissance durable, équitable et démocratique. Telle est la raison d'être du développement. Développer, ce n'est pas aider une poignée d'individus à s'enrichir, ni créer une poignée d'industries absurdement protégées qui ne profitent qu'aux élites du pays. Développer, ce n'est pas apporter des Prada et des Benetton aux riches des villes et laisser les pauvres des campagnes croupir dans leur misère. Ce n'est pas parce qu'à une certaine époque on trouvait des sacs Vuitton dans les grands magasins de Moscou que la Russie était devenue une économie de marché. Développer, c'est transformer la société, améliorer la vie des pauvres, donner à chacun une chance de réussir, l'accès aux services de santé et d'éducation.

Ce développement-là n'aura pas lieu si seules quelques personnes dictent sa politique à un pays. Les décisions doivent être prises démocratiquement, ce qui veut dire non seulement avec l'intervention active d'un large éventail d'économistes, de responsables et d'experts des pays en développement, mais aussi avec une participation bien plus large, au-delà des experts et des politiques. Les pays en développement doivent prendre en charge eux-mêmes leur avenir. Mais nous, Occidentaux, nous ne pouvons nous dérober à nos responsabilités.

Il n'est pas facile de changer les méthodes. Les bureaucraties sont comme les individus : elles prennent de mauvaises habitudes et souffrent quand il faut les changer. Mais les institutions internationales doivent entreprendre les révisions, peut-être déchirantes, qui leur permettront de jouer le rôle qu'elles *devraient* jouer afin que la mondialisation réussisse, pas seulement pour les milieux aisés et les pays industriels, mais aussi pour les pauvres et les pays en développement.

Le monde développé a sa place à tenir dans la réforme des institutions internationales qui gouvernent la mondialisation. Nous les avons créées, nous devons travailler à les réparer. Si nous voulons répondre aux inquiétudes légitimes des mécontents de la mondialisation, la mettre au service des milliards de personnes pour lesquelles elle a échoué et lui donner visage humain, élevons la voix, parlons haut ! Nous ne *pouvons* pas, nous ne *devons* pas rester passifs.

NOTES

1. Le terme « gouvernance d'entreprise » renvoie aux lois qui déterminent les droits des actionnaires, y compris minoritaires. Quand la gouvernance d'entreprise est faible, les directeurs peuvent, de fait, voler le pouvoir aux actionnaires, et les actionnaires majoritaires aux minoritaires.

2. Des études de la Banque mondiale ont contribué à fournir des preuves empiriques de ce point de vue. L'une d'elles a pour coauteur Michael Bruno, mon prédécesseur au poste d'économiste en chef de la Banque mondiale et ancien dirigeant de la Banque centrale d'Israël. Voir M. Bruno et W. Easterly, « Inflation crises and long-run growth », *Journal of Monetary Economics*, n° 41, février 1998, p. 3-26.

3. Les économistes ont analysé ce qui caractérise ces biens : les fournir à un individu supplémentaire a des coûts marginaux réduits ou nuls, ne pas les lui fournir a des coûts importants.

4. Les économistes ont mené une analyse approfondie des raisons pour lesquelles ces marchés n'existent pas : il peut s'agir, par exemple, des problèmes d'imperfection de l'information (asymétries de l'information) qu'on appelle la sélection négative (ou antisélection) et l'aléa moral.

5. Il était paradoxal que les appels à la transparence viennent du FMI, depuis

longtemps critiqué pour sa propre opacité, et du département du Trésor, qui, selon l'expérience que j'en ai faite, est l'institution la plus secrète du gouvernement américain (j'ai pu constater que même la Maison-Blanche avait souvent du mal à lui soutirer des informations sur ce qu'il avait en tête).

6. Dans certains milieux, on estime que les autorités du pays sont aptes à décider lorsqu'il s'agit... de fixer, par exemple, les dates de début et de fin de l'année scolaire.

7. La prétention du FMI à l'infaillibilité institutionnelle rend ces changements de position particulièrement acrobatiques. En l'occurrence, il semble que les hauts responsables ont pu faire valoir, en essayant de garder leur sérieux, qu'ils avaient depuis longtemps mis en garde contre les risques liés à la libéralisation des marchés des capitaux. Affirmation qui relève, au mieux, de la finasserie (et qui porte elle-même atteinte à la crédibilité de l'institution). Si les dirigeants du FMI étaient conscients de ces risques, leur attitude en devient encore plus impardonnable. Ceux qui ont subi leurs pressions savent que ces inconvénients n'ont été évoqués – dans le meilleur des cas – que fugitivement, comme des points auxquels on pourrait réfléchir plus tard. Ce qu'on leur a dit, c'était d'avancer, et vite, dans la libéralisation.

8. Comme nous l'avons vu au chapitre 8, la multiplicité des objectifs et les réticences à débattre publiquement du changement tacite de mandat en faveur des intérêts de la communauté financière ont conduit à trop de cas d'incohérence intellectuelle. Ce qui a rendu d'autant plus difficile de proposer des réformes cohérentes.

9. Une ligne de crédit préventive assure automatiquement des crédits dans certaines situations d'urgence, liées à une crise.

10. Il y avait des problèmes plus graves. Si une ligne de crédit préventive garantissait que des fonds nouveaux seraient disponibles en cas de crise, elle ne pouvait empêcher que d'autres prêts à court terme ne soient pas reconduits. Or le niveau d'exposition aux risques que les banques seraient disposées à accepter tiendrait probablement compte des nouveaux emprunts du pays dans le cadre de la ligne de crédit préventive. On pouvait donc craindre que le volume net de capitaux disponibles face à une crise n'en soit pas tellement changé.

11. Ces clauses permettent à un créancier d'exiger d'être remboursé dans certaines circonstances – en général quand d'autres créanciers se font rembourser.

12. En Europe, on s'est beaucoup intéressé à une proposition fiscale particulière, qu'on appelle la taxe Tobin – sur les transactions financières transfrontières. Voir par exemple H. Williamson, « Köhler says IMF will look again at Tobin tax », *Financial Times*, 10 septembre 2001. Il existe aujourd'hui un important corpus de textes qui analysent cette taxe aux niveaux théorique et empirique. On trouvera un compte rendu de cette littérature sur le site http ://www.ceedweb.org/iirp/biblio.htm. Notons avec intérêt que même l'ex-secrétaire du Trésor a écrit un article pouvant être interprété comme un soutien au principe de base de la taxe (L.H. Summers et V.P. Summers, « When financial markets work too well : A cautious case for a securities transactions tax », *Journal of Financial Services Research*, vol. 3, n°s 2-3, 1989, p. 261-286). Mais il reste d'importants problèmes de mise en œuvre, en particulier dans un monde où la taxe n'est pas imposée au niveau de toute la planète et où les titres dérivés et autres instruments financiers complexes sont devenus dominants. Voir aussi J.E. Stiglitz, « Using tax policy to curb speculative short-term trading », *id.*, p. 101-115. Pour le projet initial, voir J. Tobin, « A proposal for international monetary reform », *Eastern Economic Journal*, vol. 4, 1978, p. 153-159, et B. Eichengreen, J. Tobin et C. Wyplosz, « Two cases for sand in the wheels of international finance », *Economic Journal*, n° 105, mai 1995, p. 162-172. Voir également un recueil d'essais : M. ul Haq, I. Kaul et I. Grunberg (éd.), *The Tobin Tax : Coping with Financial Volatility*, New York, Londres, Oxford University Press, 1996.

13. Cette réforme retient de plus en plus l'attention. Le gouvernement canadien, en partie parce qu'il exerce la présidence du G8 et du G22 pour l'année 2001-2002, tient actuellement une grande conférence sur le sujet. Certains voient dans l'analyse du FMI sur les faillites et les gels une initiative préventive, en prévision de celles que pourraient prendre le Canada et d'autres pays.

14. Comme nous l'avons vu, l'ouverture d'un pays aux banques étrangères n'a pas forcément pour effet d'accroître les prêts, en particulier aux PME nationales. Les États doivent poser des exigences semblables à celles du Community Reinvestment Act aux États-Unis pour s'assurer que, s'ils ouvrent leurs marchés, leurs petites entreprises ne se retrouveront pas privées de capitaux.

15. La crise de la dette a touché l'Argentine en 1981, le Chili et le Mexique en 1982, le Brésil en 1983. La croissance de la production est restée très lente tout au long du reste de la décennie.

16. La réévaluation, nous l'avons déjà signalé, a en fait commencé plus tôt, sous la pression des Japonais, et s'est traduite par la publication en 1993 de l'étude pionnière de la Banque mondiale intitulée *Le Miracle asiatique*. Les rapports annuels de la Banque sur l'état du développement, dits *Rapports sur le développement dans le monde*, ont reflété le nouveau cours de sa pensée. Le rapport de 1997, par exemple, a réexaminé le rôle de l'État. Celui de 1998 s'est concentré sur le savoir (dont l'importance de la technologie) et l'information (notamment les imperfections des marchés liées à l'information imparfaite). Ceux de 1999 et de 2001 ont insisté sur le rôle des institutions, et pas seulement sur celui des politiques suivies. Le rapport 2000 a adopté un point de vue bien plus large sur la pauvreté.

17. La Banque mondiale, on n'en sera pas surpris, n'a pas encore réfléchi aussi sérieusement qu'elle le devrait aux critiques théoriques et empiriques de la libéralisation du commerce comme celles qu'avancent F. Rodríguez et D. Rodrik, «Trade policy and economic growth : a skeptic's guide to the cross-national evidence», *in* Ben Bernanke et Kenneth S. Rogoff (éd.), *Macroeconomics Annual 2000*, Cambridge, MA, MIT Press (NBER), 2001. Quels que soient les mérites intellectuels de cette thèse, elle heurte de front la position «officielle» des États-Unis et des autres gouvernements du G7, qui voient dans le commerce un bien.

18. Cette transformation a de multiples dimensions : il faut accepter, entre autres, le changement (admettre qu'on peut se comporter autrement qu'on ne le fait depuis des générations), les principes de base de la science et de la pensée scientifique, et le risque inhérent à l'esprit d'entreprise. Je suis convaincu que, dans de bonnes conditions, tout cela peut se produire assez vite. Pour une analyse plus détaillée de cette perspective du «développement comme transformation», voir J.E. Stiglitz, *Towards a New Paradigm for Development : Strategies, Policies and Processes*, 9e conférence Raul Prebisch donnée au Palais des Nations, Genève, CNUCED, 19 octobre 1998.

19. Dans plusieurs pays, le service de la dette représente plus du quart des exportations. Dans un ou deux, près de la moitié.

20. Ces dettes sont parfois appelées «dettes odieuses».

21. Jim Wolfensohn, qui s'est fait le promoteur d'initiatives culturelles à la Banque mondiale, est une importante exception.

22. J.M. Keynes, *A Tract on Monetary Reform*, Londres, Macmillan, 1924.

23. Ces derniers temps, les pays en développement ont été incités toujours plus énergiquement à se conformer à des normes (par exemple bancaires) qu'ils ont fort peu contribué à établir. Et l'on vante souvent ces mesures comme l'une des rares «concrétisations» des efforts de réforme de l'architecture économique mondiale. Quels que puissent être leurs effets positifs sur la stabilité économique mondiale, la façon dont elles ont été imposées a engendré un très vif ressentiment dans le monde en développement.

Table des matières

DÉJÀ PARU AUX ÉDITIONS FAYARD

Maude Barlow, Tony Clarke
La Bataille de Seattle.
Sociétés civiles contre mondialisation marchande, 2002.

Agnès Bertrand, Laurence Kalafatides
OMC, le pouvoir invisible, 2002.

Susan George
Le Rapport Lugano, 2000.

Edward Goldsmith, Jerry Mander (dir.)
Le Procès de la mondialisation, 2001.

Helena Norberg-Hodge
Quand le développement crée la pauvreté.
L'exemple du Ladakh, 2002.

René Passet
L'Illusion néo-libérale, 2000.
Éloge du mondialisme par un « anti » présumé, 2001.

Vandana Shiva
Le terrorisme alimentaire : comment les multinationales affament le tiers-monde, 2001.

Aminata Traoré
Le Viol de l'imaginaire, 2002.

Cet ouvrage a été réalisé en Times par Palimpseste à Paris

Impression réalisée sur CAMERON par
BRODARD ET TAUPIN
La Flèche

pour le compte des Éditions Fayard
en mai 2002

Imprimé en France
Dépôt légal : mai 2002
N° d'édition : 24086 – N° d'impression : 13443
ISBN : 2-213-61239-0
35-57-1439-5/06